高寒区供水渠道监测预警

蔡正银　何建村　主编

科学出版社

北　京

内 容 简 介

本书针对我国新疆北部等高寒区供水渠道安全监测、风险评估及灾害预警预报系统建设应用等关键技术问题，总结了高寒区供水渠道工程病害发生机制、监测技术及预警预报现状，详细介绍了高寒区供水渠道风险识别与预警指标体系，归纳了传统测试手段在高寒区渠道监测的应用，并论述了针对高寒区渠道特殊边界环境研发的新型渠道渗漏监测技术与冻胀监测传感器，最后介绍了高寒区供水渠道预警预报系统的搭建与应用。

本书可供从事高寒区供水渠道安全监测、风险评估及灾害预警预报系统建设应用的科研工作者参考使用，对于指导我国高寒区供水渠道监测预警问题的解决具有重要参考价值。

图书在版编目(CIP)数据

高寒区供水渠道监测预警/蔡正银，何建村主编. —北京：科学出版社，2022.7

ISBN 978-7-03-071252-3

Ⅰ. ①高… Ⅱ. ①蔡… ②何… Ⅲ. ①寒冷地区-渠道-监测系统-预警系统-研究 Ⅳ. ①U61

中国版本图书馆 CIP 数据核字(2021)第 274896 号

责任编辑：周 丹 曾佳佳/责任校对：郝甜甜

责任印制：张 伟/封面设计：许 瑞

科学出版社 出版

北京东黄城根北街 16 号

邮政编码：100717

http://www.sciencep.com

北京中科印刷有限公司 印刷

科学出版社发行 各地新华书店经销

*

2022 年 7 月第 一 版 开本：720×1000 1/16

2022 年 7 月第一次印刷 印张：13

字数：260 000

定价：119.00 元

(如有印装质量问题，我社负责调换)

《高寒区供水渠道监测预警》编委会

主　编：蔡正银　何建村

编　委：黄英豪　朱　洵　张桂荣　王怀义
李　卓　贺传卿　李登华　张　晨

前　　言

水资源日益短缺现已成为全球性问题。新疆地处欧亚大陆腹地，属于典型的干旱、半干旱地区，降水稀少、蒸发强烈，水资源严重短缺且时空分布不均。20 世纪 90 年代末相继建设了一批长距离供水渠道工程。1997 年开工、2000 年开始运行的北疆供水工程总干渠，在带来巨大社会经济效益的同时，渠道自身也正承受病害老化及超设计供水的压力。总干渠渠道沿线膨胀泥岩分布广泛，致使每年边坡失稳、滑坡愈演愈烈；渠道又位于高寒地区，冻害现象严重，且部分区域地下水为咸水，使得渠道混凝土衬砌剥蚀；此外，因土工膜破损、老化现象严重，渠道膜后积水严重，停水期渗透水压力引起的混凝土衬砌破坏现象普遍发生。

围绕国家将新疆建成“一带一路”中的经济带核心区与自治区“三化”建设的布局，总干渠也正逐步加高扩建以达到增强供水能力的目的。而如何开展高寒区供水渠道安全监测、风险评估及灾害预警预报系统建设应用是当前北疆供水渠道实际建设运行中亟须解决的重要问题。本书主要阐述了高寒区供水渠道的安全监测方法、评估体系及灾害预警预报系统的设计与应用，以期为北疆高寒区供水渠道的风险评估及灾害预警预报提供研究基础。

本书共分 5 章。第 1 章系统总结了高寒区供水渠道工程病害发生机制、现场监测技术及预警预报研究现状；第 2 章详细介绍了高寒区供水渠道风险识别与预警指标体系；第 3 章阐述了传统测试手段在高寒区渠道监测的应用；第 4 章重点介绍了针对高寒区渠道特殊边界环境研发的新型渗漏监测技术与冻胀监测传感器；第 5 章介绍了高寒区供水渠道预警预报系统的搭建与应用。

本书的出版得到了南京水利科学研究院出版基金的大力支持，其主要内容由编者选取国家重点研发计划项目“高寒区长距离供水工程能力提升与安全保障技术”（编号：2017YFC0405100）的部分研究成果编撰而成。本书的编写得到了中国工程院邓铭江院士的关心和指导，在此谨致以衷心的感谢！

南京水利科学研究院黄英豪、张桂荣、李登华、李卓、朱洵、张晨、王羿、范开放等参与了本书第 1～4 章的编写；新疆水利水电科学研究院贺传卿、王怀义、杨桂权、马爱华等参与了第 5 章的编写。全书由蔡正银、何建村组织、修改并定稿。

高寒区供水渠道监测、评估及预警等问题，涉及多学科交叉，本书的出版仅为抛砖引玉，希望更多科研工作者参与到该项研究工作中来。由于本书由多位人员编写，成稿时间仓促，加之水平有限，其中若存在不足之处，敬请各位读者不吝斧正。

编　者

2021 年 10 月

于南京清凉山

目　录

第1章 绪　　论

我国是一个水资源严重短缺的国家，水资源总量约为2.8万亿m^3，居世界第六位，而人均水资源占有量仅为2300m^3，约为世界人均水资源占有量的1/4。另外，我国土地范围广、气候类型复杂、降水空间分布不均衡等因素导致我国水资源分布不均[1]。新疆地处欧亚大陆腹地，属于典型的干旱、半干旱地区，降水稀少而蒸发强烈，存在着严重的资源性缺水问题。另外，新疆水资源还存在严重的时空分布不均衡性。从时间上来看，总体呈现春旱、夏洪、秋缺、冬枯的特点；从空间上来看，西部、北部地区水资源相对丰富，而南部地区水资源相对稀少，制约了当地工农业生产，影响了人民生活水平。

围绕国家将新疆建成“一带一路”中的经济带核心区和自治区“三化”建设的布局，新疆迎来发展的战略机遇期。总干渠正在开展的“一期二步”工程，是在原有的“一期一步”的基础上对渠道加高扩建，从而使其设计输水能力大幅提升，用以满足工农业生产、生活用水需求，这对于缓解疆内水资源不足和分布不均、保障疆内人民生活安定、维持新疆长治久安具有非常重要的意义。然而，输水渠道工程带来巨大社会经济效益的同时，其自身也承受着病害老化和超设计供水的压力。由于北疆输水明渠跨越距离长，沿线地质和气候情况异常复杂，因此渠道从建设期开始就经历着严峻考验。其中，以总干渠沿线的病害问题最为突出。总干渠渠道沿线膨胀泥岩分布广泛，每年边坡失稳、滑坡愈演愈烈；渠道整体坐落于高纬度、高寒地区，冻害现象严重；部分区域地下水为咸水，渠道混凝土衬砌易被剥蚀；由于土工膜破损、老化，膜后积水严重，停水期渗透水压力引起的混凝土衬砌破坏现象普遍发生。如何开展高寒区供水渠道安全监测、风险评估及灾害预警预报系统建设应用，是当前北疆供水渠道实际建设运行中亟须解决的重要问题。

1.1　高寒区供水渠道工程病害发生机制

高寒区供水渠道在冻融循环、季节性输水、高纬度强光照等影响因素下可能产生渗漏等安全隐患，降低渠堤的渗流稳定性，导致溃堤等安全事故，给沿线地区的经济和人民财产安全造成不可估量的损失[2]。既往工程实践经验表明，高寒区供水渠道工程病害主要可归纳为渠道冻害、渠道水害(渠道渗透破坏)、渠道滑坡及多种病害综合(图1.1)。

图 1.1 高寒区渠道典型破坏照片

1.1.1 渠道冻害

我国西北、华北及东北等季节性冻土地区，冬季气候寒冷，低温持续时间长，自然冻深较大，加之周而复始的昼夜温差作用，使得供水渠道普遍遭受不同程度的冻害[3]。往往在建成后的第一个冬季，一些供水渠道工程就出现渠底上抬、渠身出现较大变形甚至裂缝，严重降低了渠道的供水能力；另一些供水渠道虽通水初期冻害破坏不甚严重，但因经常通水运行，冻害现象逐年累积、加剧发展，往往需花费大量人力物力年年维修，否则输水渠道运行三至五年即遭大规模破坏。

据调查资料，新疆维吾尔自治区的北疆渠道工程有半数以上的混凝土干、支渠均因冻胀受到不同程度的破坏。黑龙江省某大型灌区约 83%的支渠以上渠系工程受到不同程度冻害。吉林省某大型灌区调查的216座工程中，受冻害的占39.4%。河北省对石津、唐河等 10 个灌区调查，部分未采取防冻胀措施的输水渠道普遍存在冻害问题，裂缝多，缝宽达 15mm 以上[4]。陕西关中地区混凝土衬砌渠道冻害问题亦较严重，据某些灌区调查，渠道阴坡的平均冻胀率为 75.3%，阳坡为 27%。宁夏 20 世纪 70～80 年代修建的惠农渠、七星渠等渠道的衬砌工程，均因冻胀出现隆起、开裂，以致预制板架空、错位、互相穿插、重叠等破坏，冻胀非常严重。据青海省统计，全省万亩以上灌区干、支渠防渗工程中，有 50%～60%遭受冻害[5]。

总结分析既往工程经验，输水渠道冻害产生的主要机理为冻胀破坏、冻融破坏及冰冻破坏等。

1)冻胀破坏

土体处于负温条件时，孔隙中部分水分冻结成冰，将导致土体原有热学平衡被打破，在温度梯度影响下，未冻结区内水分向冻结锋面迁移并遇冷成冰；随着冻结锋面推进以及水分进一步迁移和集聚，土体体积逐渐增大，发生冻胀现象[6-8]。

土体冻结过程中水分迁移和成冰作用是产生土体冻胀的主要原因。影响土体冻胀的主要因素有土的粒度组成、矿物成分、水分、密度、温度、载荷以及盐分[8]。

长距离输水渠道运行中如遇温度降低，渠基土中的水结冰膨胀而体积增大，当膨胀压力超过混凝土的耐压时，衬砌层就会发生隆起，导致长距离输水渠道出现损坏的现象。长距离输水渠道冻胀破坏的产生还会导致开裂、折断等问题[2]。同时，进入春季，结冰融化以后，长距离输水渠道的强度就会降低，很容易导致主体结构出现滑塌现象，严重影响长距离输水渠道运行的稳定性[8-11]。

2) 冻融破坏

长距离输水渠道内部以混凝土衬砌层为主。混凝土衬砌层具有一定的吸水性，但在低温环境下会出现结冰膨胀的现象，一般情况下体积会比原来增大，严重影响长距离输水渠道的强度。另外，长距离输水渠道发生冻融破坏，很容易导致混凝土衬砌层出现脱落的现象，在水流的作用下，渠基土体被掏刷，以此引发渗漏、渠段滑塌等问题，影响长距离输水渠道运行的稳定性[11]。

3) 冰冻破坏

长距离输水渠道在低温情况下结冰是极易产生的一项冻害，主要是因为长距离输水渠道出现结冰或渠道水面被完全封冻以后，冻冰层会随着冰的积累不断加厚，对长距离输水渠道产生较大的冰自重以及膨胀压力等，进而引发变形、移位等问题，对长距离输水渠道运行的稳定性造成一定的影响。另外，长距离输水渠道冰冻问题的产生，可在一定程度上阻挡渠道内部水体的流动，进而影响输水的效率。同时，如果情况较为严重的话，还会出现冰坝、渠水漫溢等问题，对长距离输水渠道造成一定的安全威胁[11]。

学者们围绕渠道冻害问题展开了相关研究，得到了众多研究成果。

杨继华等分析了渠道冻害的三个必备条件，即易冻胀的土质条件、土的含水条件及温度条件，消除或削弱其中一个条件即可避免冻胀发生或减轻冻害程度[12]。蔡正银等选取北疆输水灌渠典型土体，定量研究了该种渠基土在温度降低过程中盐-冻胀变形与土体干密度、Na_2SO_4 含量和含水率等主要因素之间的关系[13]。张如意等分析了渠道原型观测成果，发现在负温影响下，水分迁移在 60cm 深度范围聚集是导致渠基土体冻胀引起渠道衬砌结构发生破坏的主要原因，可采取排水、防水措施以防止渠道冻胀破坏发生，使渠基土体含水率控制在起始冻胀含水率 13.8%左右[14]。

王正中等指出了太阳辐射是地表热量的主要来源，是影响渠道温度场的重要因素；因渠道走向、结构形式、所处位置等原因，渠道阴阳坡受到的太阳辐射不同，引起了渠道横向温度场的非对称分布，产生了不稳定的冻融状态[15]。江浩源等建立了考虑太阳辐射及阴影遮蔽的渠道水-热-力耦合方程，以新疆阜康某灌区大型输水渠道为例，利用 COMSOL 软件进行仿真发现：太阳辐射和阴坡遮蔽导致阴阳坡热边界差异显著，其日均温差最大为3.5℃，阴坡早于阳坡15天冻结，晚于阳坡1天融化，冻深最大差值为31cm；输水渠道坡板和底板最大冻胀变形分别发生在 1/4～1/3 坡长处和偏阳坡处，阴阳坡冻胀变形差值最大为4.0cm[16]。

王正中等以理论分析阐明了弧底梯形混凝土衬砌结构因法向冻胀力数值小、分布均匀、恢复力大，整体适应变形及抗冻胀能力强，从而更优于梯形断面[17]。唐少容等开展了考虑冻融循环作用的U形混凝土衬砌渠道边坡冻胀特性离心模型试验，认为渠道在持续的低温环境中未发生明显的破坏，渠底和渠坡位置产生了显著的冻胀变形[18]。

1.1.2 渠道渗透破坏

渗流导致的渗透破坏有两种类型：一是由于渗流力的作用，局部渠道土体产生移动或者土体颗粒流失，从而使土体变形失稳，主要表现为流砂和管涌；二是由于渗流作用，水压力或浮力发生变化，从而使土体或结构失稳，主要表现为岸坡滑动或挡土墙等构筑物失稳。这些都严重危害着供水渠道工程的安全稳定性[19]。

影响渗透变形发生的因素主要包括土体内部几何条件(主要包括颗粒细观组成与土体级配情况等)和外部水力条件(主要包括水力比降和渗透速率等)，另外还与土体所受应力状态有关。

Skempton 等认为，覆盖层的上部荷载主要是由粗颗粒构成的土骨架来承载的，因此，细颗粒承受了相对较小的有效压力，所以在初始孔隙率较大的土体中，只需要较小的水力比降就会发生渗透破坏[20]。陈建生等认为管涌的发生具有一定的随机性，受到覆盖层厚度、颗粒不均匀系数等因素的影响，往往发生在最薄弱或经过冲刷的部分土层[21]。Kenney 等认为材料内部稳定性可定义为“在渗流作用下，颗粒材料阻止自身内部细颗粒流失的能力”，从而进一步将土体分为两部分：一部分是可支撑荷载并传递应力的粗颗粒骨架，另一部分是存在于粗颗粒骨架孔隙中的可动细颗粒，它的位置受到渗流力作用随时可能发生变化且不承担力的作用，细颗粒可以在由粗颗粒形成的孔隙之间自由移动[22]。

毛昶熙等讨论了渗透力的本质，认为渗透力并非只是作用土骨架颗粒上的切向力，应当考虑到渗流过程中作用在土颗粒上的浮力，目前渗流力学并不完全类同于土力学的观点[23]；其根据太沙基提出的向上渗流破坏的公式结合单个土颗粒上自重与渗流力平衡的原则，提出了管涌临界比降计算公式[24]。

周晓杰等认为集中渗漏通道的形成和发展是一个渐进过程，在未达到临界水力比降时，细颗粒迁移形成通道的尖端处流速不断降低，且流速如果降低到细颗粒启动流速以下，渗透破坏将暂时趋于缓和稳定阶段，渗漏通道不再继续发展；而细颗粒的起动流速主要受通道截面、颗粒形状和通道倾角的影响[25]。

利用数码可视化跟踪技术和数字信息计算机实时处理技术，周健等研究发现细颗粒运移的启动与渗漏通道的形成均具有很大的随机性，很大程度上与土骨架的结构有关，渗漏通道往往是从土体最薄弱的地方开始形成；还发现形成与砂土的级配曲线有关，不均匀系数越大，其渗透稳定性就越差[26]。

刘昌军等利用显微摄像可视化跟踪技术、数字图形的计算机实时处理技术，开展室内小尺寸堤基管涌物理模型的细观试验研究，从细观角度研究堤基管涌发展过程中的渗流过程、水头、管涌通道前端的颗粒运动、颗粒含量和水力梯度等参数的动态变化过程，发现堤基的渗透破坏在宏观上可分为三个阶段：无明显渗透破坏阶段，堤基局部发生管涌破坏阶段和堤基整体破坏阶段；管涌前端破坏从细观上也分为三个阶段：细颗粒流失或局部调整阶段，可动颗粒与骨架颗粒互相转化阶段和骨架颗粒整体流失阶段[27]。

1.1.3　渠道滑坡

渠道滑坡的产生是由多种因素共同导致的，可分为内部因素和外部因素。岸坡结构是滑坡形成的内部因素。结构松散有软弱夹层，或者松散堆积斜坡的土石界面在饱水时出现泥化等情况均会导致岸坡滑动。持续强降水、地震作用、岸坡地下水位过高、冻融循环及干湿交替作用是导致渠道滑坡的外部因素。

高寒地区输水渠道滑坡的外部触发因素主要为冻融循环及干湿交替作用[6]。其中，冻融作用之所以能诱发滑坡有两点原因：一是反复冻融会改变地下水的流场使得边坡土体软化，二是冻融循环会弱化土体的抗剪强度，从而降低边坡的稳定性[28]。

叶万军等对洛川 Q_2 黄土进行冻融循环和快剪试验后，指出反复冻融会使黄土强度弱化，冻融 10 次左右后其物理力学状态开始趋于稳定[29,30]。张泽等采用压汞法获取黄土孔隙特征，定量研究了冻融循环作用对黄土孔隙结构的影响，结果表明冻融作用后小孔隙减少、大孔隙增多，孔隙结构均匀化、简单化[31]。

邓铭江等以北疆高寒区供水工程为例，研究发现渠道膨胀土边坡在干湿交替、冻融循环作用下破坏明显，主要表现为浅层膨胀土开裂造成坡面完整性降低及其内部基土力学特性劣化，严重影响渠道膨胀土边坡的整体稳定性[32]。蔡正银等以北疆膨胀土渠道边坡为研究对象，开展了湿干循环及湿干冻融耦合循环作用下膨胀土渠道边坡劣化过程离心模型试验，研究发现湿干循环作用下膨胀土渠道边坡的劣化模式主要为浅层土体强度衰减和表面裂隙发育，同时伴随着显著的土体崩解剥落特征；湿干冻融耦合循环作用下膨胀土渠道边坡劣化过程中则未出现明显的土体崩解剥落现象，主要劣化模式为渠顶区域土体裂隙拓展、连通[33]。陈生水等通过离心模型试验对干湿循环作用下的膨胀土边坡变形发展过程进行了探索，认为膨胀土渠道边坡的劣化失稳具有浅层性和渐进性的特点[34]。

徐丽丽等认为季节冻土区膨胀土渠坡防护的目标是尽量抑制破坏区的含水率变化幅度，从而保证膨胀土边坡的土体结构不被破坏，抑制裂隙发育；基于对土体的冻胀和膨胀特性理论研究，提出了兼顾防水与排水的综合防护技术，确保防护措施的长效性[35]。蔡耀军结合国内外大量工程实例分析，特别是南水北调中线南阳段膨胀土试验成果，提出了针对膨胀土渠坡不同的破坏机理与地质环境条件所采取的坡面防护、工程抗滑、坡顶防渗等综合措施，以及加强观测与反馈分析并深入进行工程研究的建议[36]。

1.2 高寒区供水渠道现场监测技术研究现状

渠基土中应力场、位移场及渗流场是相互影响，且受外界温度场的影响[37]。温度场变化会导致渠基土中水分迁移使渗流场发生变化，渗流场变化又导致渠基土比热容、导热系数发生变化，进而影响传热过程及温度分布；温度引起土体冻融相变还会使水分向冻融界面运移，水分运移过程中携带热量使温度分布发生变化。应力场和位移场的变化可使土体冻融温度、孔隙比、孔隙水压力发生变化，从而影响温度场和渗流场；同样，温度场和渗流场的变化导致的土体冻融状态、含水量的变化又会对应力场和位移场产生影响[5]。

评判供水渠道安全性及其供水能力前，需对渠身运行过程中的温度场、应力场、位移场及渗流场进行全面监测，获取包括温度、冻胀量、冻胀力、冻胀变形速率、含水量、渗透压力等参数。

1.2.1 高寒区供水渠道冻害监测技术

渠道冻害监测内容应围绕温度、含水量、细颗粒含量三要素[9]，有针对性地进行冻胀变形、含水量、地温(冻结深度)、地下水位及气象等方面的监测[38]。

潘鑫等在宁夏青铜峡市选取两段渠道，利用冻土器对渠道冻深进行监测，采用热敏电阻和数字万用表对土壤温度进行监测，利用 TDR 时域反射仪对土壤含水率进行监测，采用定位线法对冻胀量进行监测，利用土压力盒对法向冻胀力进行监测，从而获得了相应影响因素的变化数据[39]。

刘鸣等[40]根据南水北调中线一期工程南阳、新乡膨胀土(岩)试验段工作成果，从监测项目、系统组成、仪器布置、仪器选型、埋设技术等方面，系统地总结了膨胀土(岩)渠坡监测技术和实践经验。王世玉等监测了北疆供水工程深挖方渠道的变形和渠坡的渗流情况，以判定渠道运行的稳定性，监测项目包括渠坡变形监测和渗流监测，监测结果有效地指导了渠道安全运行[41]。刘祖强等为分析南水北调中线工程渠坡膨胀土含水率变化对渠坡稳定性的影响，对现场自动采集的含水率、吸力、降水量、土温和气温等数据进行了初步分析和灰关联分析，初步认为强膨胀土含水率变化的主要影响因素依次为温度、降水量、蒸发量和吸力等；对渠坡膨胀土含水率变化的长期监测及其数据分析，为南水北调工程渠坡膨胀土胀缩变形的分析及渠道安全运行提供了依据[42]。韦耀国等为了解南水北调中线弱膨胀土质下深挖方和高填方典型渠段破坏特点，采用 SLOPE/W 模块及 Bishop 法，获得了不同工况下各渠段最危险滑动面及安全系数，并提出了具体测点布置方案，为典型测点布置和监控指标拟定提供了参考[43]。

张如意等从气温、地温、土质、水分和冻深发展五个方面来研究渠道冻胀破坏链式关系。气温采用设置在渠道岸边百叶箱中的温度计、最高和最低温度计进行观测；地温采用遥感土壤温度计，测定渠基土壤 0～1.2m 不同深度处的土壤温度；冻深采用冻土器在冻结期进行观测；土壤水分采用土钻在衬砌结构下 0～1.2m 不同深度处取土样，用烘干法测定土壤的含水率；冻胀变形量采用预埋固定件使用水准仪和经纬仪分别测定水平位移和垂直位移量；冻胀应力采用荷重传感器自冻结前期每日进行观测[14]。

周富强等选取北疆某长距离供水渠道作为研究对象，开展了冬季冻胀、春季融沉、通水期及停水后四种工作状态下阴面渠坡的原位监测试验，沿渠坡阴面距渠堤布置了 4 支冻胀融沉计以监测渠道阴坡顺坡向及法线方向的冻胀融沉变形量，同时在相应部位地表埋设了 8 支温度计，同步观测地表温度。研究发现：①冻胀融沉期坡脚变形最大，其残余变形一直持续于渠道的一个运行周期；②融沉期间渠道变形量变化最大，其危害也更大；融沉期间及通水前后，法向隆起部位变形得到一定改善，法向沉陷部位变形进一步加剧；③输水期间，顺坡向变形不大，坡面中下部法向隆起量存在不可恢复的残余变形，坡面中上部的变形基本恢复至冻胀前状态[44]。

近年来，随着激光器单色性、方向性等性能的提高，通过激光测量位移的光学非接触测量技术日渐成熟。朱力强等利用激光器、反射棱镜和位置敏感元件(PSD)，设计了基于棱镜反射原理的冻胀远程监测系统；反射棱镜固定在冻胀监测点上，包含激光器和 PSD 的光电测量装置安装在线路的基准点上；当监测点由于冻胀产生相对于基准点的高度变化时，激光器发射的激光经过棱镜反射后在 PSD 上的照射位置也会发生变化；通过测量反射激光点在 PSD 上的位置，即可获得监测点与基准点之间的高程变化，也就是冻胀值[45]。王春雷等结合季节冻土冻胀特点，研究出一套冻胀监测系统的构建方法，包括监测方案设计、无线自动采集系统及数据处理分析三部分，并对各项实施过程中的关键技术进行了阐述[46]。周富强等采用三维激光扫描技术开展了严寒、寒冷地区不同渠道结构在渠底、岸坡结冰情况下的原位冻胀量监测试验研究，结合渠道自身的实际运行工况，对不同渠道护坡形式的冻胀量影响因素进行了分析，成果表明利用三维激光扫描技术进行渠道冻胀量监测是可行的[47]。

1.2.2 传统供水渠道渗漏监测技术

传统水利工程渗漏监测方法以点式监测为主，监测仪器主要有测压管、渗压计及量水堰等，通过测取渗透压力和渗流量来进行渗漏探查。如谢向荣等就渗流渗压、变形、应力应变、大气环境量四个方面对膨胀土渠道进行监测，通过埋设钢筋计、锚杆应力计、土压力计等监测渠道土体的应力应变，通过埋设渗压计、孔隙水压力计等监测渠道的渗流渗压，通过建立气象站监测渠道区域的风速、风向、降水量、气温等因素实现对大气环境量的监测[48]。

近年来，通过学界与工程界的不断努力，从综合示踪法、电法，到弹性波法、电磁法、光纤光栅法，再到分布式光纤传感技术，渗漏监测手段不断升级完善。

1) 综合示踪法

综合示踪法是利用水体某些天然存在或人工添加的特殊元素，采用一定技术或者设备监控这些特殊元素的异常，从而进行渗流途径的判断。综合示踪法可分为两种：天然示踪法和人工示踪法。天然示踪法主要包括环境同位素示踪法和温度示踪法，具有成本低、无污染、效率高等优点；人工示踪法主要利用人工放射性同位素，具有便于追踪测量、方便快捷、结果准确等优点，但对环境污染严重。

环境同位素示踪法利用稳定的 D(^{2}H)、^{18}O 作为示踪剂，由于渠道水上部的流速大于下部，且上部与下部的环境同位素和水化学成分的变化不同，因此可以通过对渗漏水的对比分析，区分出其是来自渠道的上部还是下部，找到渗漏通道的入口位置[49]。

温度示踪法基于如下原理：渠基土在无渗漏的时候只存在渗流现象，水流流速稳定且缓慢，土体和水体间进行了充分的热量交换，因此它们的温度基本一致；当渗漏通道出现时，通道中水体流动速度明显加快，水温也更接近渗漏通道入口处的水温，此时水体出现的温度差将导致热传导；受水体流速的影响，通道中的水与土体间的热量交换无法充分进行，原有的温度场受到扰动而发生显著变化，新的温度场形成；将原有温度场与现有温度场进行比对分析即可确定渗漏通道空间位置[50]。

放射性同位素示踪法的原理为，利用人工放射性同位素为示踪剂，测定水渗透流向、流速等参数，标记渗漏通道的入口及位置[51]。

2) 电法

渗漏通道的存在将改变材料介质的电阻率、电位差或电容等参数，电法探测技术即是通过探测渠基土的电学参数，分析其电学参数变化，通过软件反演可判别出渠道渗漏通道的位置、规模及形态。目前常用方法为电阻率法，包括直流电阻率法和高密度电阻率法[52]。

直流电阻率法主要是基于渠基土材料有一定的导电性，而且电导率与渠基土的含水率和孔隙率有密切关系。对于含水率高、孔隙率小的渠基土，其电导率相对较高。因而，通过对可能存在渗漏通道的渠道进行电导率的监测，绘制电导率等值线图，根据电导率的变化规律实现对渗漏及渗漏路径的监测。

高密度电阻率法为直流电阻率法的升级，是将电测深法和电阻率剖面法结合起来，布置大量电极并通过阵列方式不断改变测量电极，同时探测电阻率沿水平以及垂直方向的变化情况，以确定异常段的水下位置的勘探方法[52]。相较于直流电阻率法，该方法测点更密，探测更为灵敏，测量结果易于分析；但是地形的差异会对该技术的精度产生较大影响，电极距离过大会降低电法的效率，而且地面的起伏也会使探测发生偏差。该技术勘探的是位场，所以分辨率也会受到探测深度的影响，因而该监测技术应用的推广受到一定的限制[53]。

3) 弹性波法

弹性波层析成像技术是利用地震波或声波进行地球物理高精度层析成像，是一种边界投影反演方法。该技术利用观测数据，依据一定的物理定律和数学关系进行反演计算，从而得到物体内部与检测场的相关参数分布，并以图像的形式表现出来。在进行现场测试时，利用冲击震源激发地震波，多通道采集地层震动记录，通过软件分析提取面波频散特性，从而得到物体内部的结构和物性。弹性波层析成像需要预先埋设声测管或 PVC 管进行检测，因此工程量大且成本相对较高[54]。

4) 电磁法

电磁法包括瞬变电磁法、频率域电磁法、地质雷达法等。

瞬变电磁法利用二次磁场对时间的变化率与地下导体的特性关系、感生电流强度与二次磁场对时间的变化率之间的线性关系，实现对地下导体参数变化及渗流的测定。该方法不受地形和接地电阻的影响，且探测深度大、速度快。

频率域电磁法通过探测渠道的电导率是否存在异常区，判断存在的渗漏及其位置。地层的岩性和水的电导率决定了渠基土的电导率，而水的电导率与溶解于水中的离子种类及其浓度有关，不同的水体电导率差别较大，因此电导率异常区域很可能发生了渗漏。

地质雷达法通过向地下发射高频电磁波，根据接收到的反射波的波形特征、频率、振幅、反射时间等可以推断地下介质所在的空间位置、几何形态、结构和电性质，从而实现对地下地层的探测。地质雷达法对于探测渗漏十分有效，不仅不易受到场地条件的制约，而且快捷、直观、准确、分辨率高。

电磁法面临的主要问题为探测深度与其分辨率间的矛盾，而且该技术容易受外界磁场影响，测量精度会大幅降低[55]。

1.2.3　基于光纤传感技术的渠道渗漏监测技术

渠堤内部发生渗流会引起周围环境温度的变化，通过监测温度变化来研究渗流被认为是一种有效的监测手段。由于渠堤的渗流位置与其周围温度相关性很大，有关学者也提出了耦合理论，这为分布式光纤传感技术在渠堤渗漏监测方面运用提供了一定的理论依据，相关研究也在不断完善。

基于分布式光纤温度传感技术的渗流监测方法是一种新型的渗流监测方法。与传统渗漏监测方法相比较，分布式光纤测渗方法有以下优点：抗高压能力强、抗电磁干扰能力强、耐腐蚀性强、耐高温、防雷击、成本低廉、施工过程简单等。随着分布式光纤技术日益完善，大量学者投入了较多时间和精力来研究基于分布式光纤的测温系统，使这些技术日趋成熟。

1) 光纤光栅法

光纤光栅是一种波长选择性反射器件，它可以利用相位掩模方法，利用紫外光侧向呈一定角度照射，对光纤纤芯的折射率沿光纤轴向方向进行周期性的调制，从而形成光纤光栅[56]。这种周期性的折射率扰动只会对很窄的一段光谱造成影响，所以光波在光栅中传播时相应频率的入射光波将会被反射回来，其余的透射则不会受到影响，这样光纤光栅就无形中对光波进行了筛选。这种调谐波长反射现象首先是由威廉 • 布拉格爵士提出的，因此这种光栅被称作布拉格光栅，反射条件则称作布拉格条件[57,58]。

该法的基本原理在于：应用光纤布拉格光栅传感技术通过对在光纤内部写入的光栅反射或透射布拉格波长光谱进行检测，实现被测结构的应变和温度量值的绝对测量；而光纤布拉格光栅的反射或透射波长光谱主要取决于光栅周期和反向耦合模的有效折射率，任何使这两个参量发生改变的物理过程都将引起光栅布拉格波长的漂移；通过测量布拉格波长的漂移反映被测量参数的变化，当光栅发生应变时，其反射光中心波长亦发生改变。

布拉格波长由 $\lambda_B=2\Lambda n_{eff}$ 决定，当光栅周围环境发生动态变化时，光纤光栅自身温度可能发生改变。由于光纤材料的热光效应，所以光栅的折射率 n_{eff} 会发生变化；同时热胀冷缩效应影响了光栅的周期 Λ，进而导致光栅布拉格波长 λ_B 的漂移。而当渗漏发生在光纤光栅附近时，效率更高的平流热会超过较低的传导热，渗漏区光纤光栅温度分布不再稳定，从而出现异常，温度的改变导致布拉格波长移动，通过检测布拉格波长移动的情况实现对温度的测定，从而实现对裂缝和渗漏的监测。

光纤光栅监测法以其精度高、成本低、易统计等优点得到广泛使用，但由于其监测方式仍属点式监测，不能整体性地覆盖监测对象，因此经常会监测不到某些位置，如果这些位置发生渗漏，则会对供水渠道产生不可预知的安全隐患。为了避免这种漏测现象的发生，就得增设监测点，增大光纤光栅的铺设密度，这样就大大地浪费了材料，提高了成本，增加了施工难度。

2) 分布式光纤监测渗漏监测

分布式光纤传感技术作为一门迅猛崛起的高新传感技术，其理论发展和实践应用正在不断地深入当中。基于分布式光纤温度传感技术的渗漏监测系统亦随着分布式光纤测温技术日益完善。

分布式光纤温度传感系统基于分布式光纤测温技术(DTS)，是近年来新兴的一种测量空间温度场分布的传感系统。该系统能够对光纤经过之处的温度场进行分布式、连续式的实时测量，还能够获得测点的位置信息[55]。光在光纤中传播会发生散射，通常散射光被分为 3 种，即瑞利散射光、拉曼散射光和布里渊散射光。分布式光纤测温的原理可以是瑞利散射、布里渊散射或拉曼散射，其中第一种应用较少，后两种被广泛应用。分布式光纤测温系统较第一种传统的点式测温技术而言，具有测量范围大、精度高、连续式、分布式、大面积等优势；而且采用光学方法传递信号，具有绝缘好、耐腐蚀、抗电磁干扰等优点，可以进行稳定长期性测量。

基于瑞利散射的测温技术使用的特殊光纤相比普通通信光纤寿命较短，测量温度的稳定性也不如普通光纤。这种光纤测温系统在实验室研制成功之后，并未得到广泛应用，而是被性能更为优良的光纤测温技术所取代[58]。

分布式光纤拉曼测温系统利用光纤背向拉曼散射的温度效应进行测温，拉曼散射光是由不同波长的斯托克斯光和反斯托克斯光组成的。分布式光纤拉曼测温系统中，温度对反斯托克斯光强的影响最明显，瑞利光、斯托克斯光以及反斯托克斯光本身都可以作为参照信号。分布式光纤拉曼测温系统中，光源为脉冲激光，之后经过波分复用器耦合，进入温度测试区的传感光纤中后在各点上发生散射，后向散射光经波分复用器分离得到反斯托克斯光(包含了温度信息)和参考光。光信号到电信号的转化和放大由光电探测器实现，电信号通过数据采集卡采集，在计算机完成数字信号的处理，最终完成对待测温度场的测量[55]。

布里渊散射由光子与声子的非弹性碰撞产生，散射光的频率相较入射光发生变化，变化的大小与散射角和光纤的材料特性有关，而与布里渊散射光频率相关的光纤材料特性主要受温度和应变的影响，因此通过测定脉冲光后向布里渊散射光的频移就可实现分布式温度、应变的测量[56]。光纤中布里渊散射信号的布里渊频移和功率与光纤所处环境的温度和承受的应变在一定条件下呈线性关系，基于布里渊散射的测温技术是利用该线性关系，通过对传感光纤中的布里渊增益谱信号进行检测，实现对传感光纤温度的分布式测量[59]。

分布式光纤感测技术在渗流场监测上具有得天独厚的优势，在发展和运用过程中，能够克服传统监测技术的不足和缺陷，可以相对准确地获取渗流场运移和发展的规律，也能够实现分布式监测[60]。

Nikles 等指出分布式光纤在长距离的温度监测方面是很高效的。利用 DiTeSt 分析仪对地下长度为 55km 的盐水管道进行渗漏监测工作，主要利用温度曲线的局部变化，对其分析以判断发生渗漏的位置[61]。加拿大的 Myles 介绍了一种基于光纤的感测技术的背景理论和实际应用，该技术利用布里渊散射来检测电缆温度的微小变化。利用布里渊光时域分析技术（BOTDA）对长度为 30km 的海水管道实施渗漏监测工作，并提出当管道中的流体泄漏时，它将改变管道下电缆的热环境，这种变化可以被精确地检测和定位[62]。加拿大的 Côté 等则主要阐述了通过分布式光纤测温系统对 Péribonka 坝主坝的截流墙中可能存在的孔洞进行的渗漏监测，该系统基于热脉冲法测量表面的土壤热电阻率。通过将线热源与光纤温度的测量相结合，可以对热传递进行局部分析，以检测、定位和估计渗漏的发生[63]。

在我国，也有相当一部分学者从事基于分布式光纤系统的渗流监测技术的研究，研究侧重于理论分析、数值仿真分析以及试验模拟。肖衡林等详细分析了光纤与水流对流时的热传递过程，推导出多孔介质中渗流水与光纤之间的换热系数计算公式；在一定假设条件下描述了渗流水流速与其介质的导热系数以及孔隙率等因素的关系，但是该关系尚未得到确切验证[64]。刘海波等结合流体横掠管束传热准则，对渗流热对流理论计算公式进行了修正，完善了渗流流速的光纤测读算式，据此监测大坝的渗水流速、渗水量；借助于坝体内光纤的拉曼散射效应测出温度场，找出坝体温度异常区域，来确定土石坝内细微管涌发生的位置[65]。陆艳梅等介绍了堤坝渗漏与温度之间相互影响的机制，结合系统能量方程和热传导方程提出了关于大坝渗漏的传热模型，并以陡河水库为试验案例，采用 Mathematica 数值分析得到的渗水量与连通实验测量的渗水量很接近[66]。董海洲等设置了加热和不加热两种情况测量温度值，利用热平衡理论建立了数学物理模型，表述了坝体岩土体温度变化与集中渗漏流速之间的关系；在两种流态下确定渗漏流速的方法，验证了公式的正确性，为分布式光纤测温系统定量分析渗漏的应用提供了一个可靠的依据[67]。肖衡林等基于分布式光纤传感技术，对渗漏流速与光纤温度变化做了定量关系研究，最终拟合出渗漏流速与光纤温度变化的对应函数关系；他通过设计的实验分析出，光纤的温度随着加热功率的增大而升高，但是在不同介质中增加的幅度不一样；他还研究了含水率、导热系数对光纤温升效果的影响[68]。徐翔宇采用数值模拟技术研究含水量以及加热功率对围岩温度和光纤温度的影响，通过设计的实验研究分析得出渗漏速度和光纤温升的关系，拟合出了可行性经验公式[69]。吴善荀以西龙池抽水蓄能电站渗流监测系统为研究对象，分析了将该技术应用在大坝渗流监测上所存在的问题，并设置了一系列试验，最终得到不同加热功率以及不同水温条件下的温差-渗流流速曲线[70]。

但是，目前的光纤监测现状也暴露出分布式光纤在渗流场监测上的一些不足。

如 DTS 光纤测量敏感性不够，尤其当渗流场和岩土体温差不大时，DTS 的测量精度就会受到影响；缺乏有效的定量监测理论和成果，使得监测结果无法转化为准确的定量评价数据[71]。

1.3　高寒区供水渠道预警预报研究现状

风险评价和预警作为水利工程的重要内容之一，是进行水利工程监督检查的重要手段。评价过程以水利工程的负效应为落脚点，对可能产生的损失和破坏进行分析评价，同时利用预警系统对水利工程可能出现的风险进行预报，以便能及时地采取针对性措施，避免事故发生。目前国内针对长距离供水工程的预警预报研究仍处于起步阶段。

1.3.1　预警技术和方法研究

水利工程预警技术和方法可分为两类：定性评价和定量评价。

1) 定性评价

定性评价是指评价专家依据自身以往经验和直观判断，从工程系统的各个方面入手，结合一些定性的指标等，分析出可能发生的事故的类型、危险因素以及是否可控，以此保证工程的安全正常运行。目前，水利工程中广泛使用的是专家现场观察及安全检查法。

2) 定量评价

传统的定性分析方法受人为因素影响过大，过分依赖相关经验，难以量化为适用于各种水利工程的统一评价标准。常规的定值安全评价方法没有考虑到设计变量的变异性，也难以解决工程特性复杂的问题，所以考虑不确定性因素的水利工程分析方法是目前的主流做法[72]。

定量评价主要是根据以往的实验数据和事故统计资料进行分析建模，构建评价指标体系，评价出的结果是一个定量的指标。目前常用的方法包括人工神经网络、可靠性分析方法、模糊数学以及灰色系统模型等。

人工神经网络为模拟人大脑神经的某些机理的一种网络，可通过传递或转换函数实现单元输入与输出间的非线性映射[73]。黄耀英等基于监测数据，选取典型断面建立测压管水位统计模型进行定量分析，其采用正交设计–神经网络–数值计算相结合的方法，反演复合土工膜的渗透系数，而后对复合土工膜工作性态进行了综合分析[74]。王涛等利用神经模糊网络理论对天然河道及调水明渠的封河时间进行了预报，并应用于黄河和南水北调中线工程[75]。马常霞等将 Mask R-CNN 和 GCN 结合的模型架构应用于水利枢纽三维预测，并与基线系统的倒角距离及法向量距离两个评价指标进行比较，取得了较好的结果[76]。

可靠性的定义为产品、元件、系统在规定条件和规定时间内完成规定功能的能力或可能性。可靠性分析法是以概率论、数理统计和可靠度理论等为应用基础的分析方法。如针对渠坡稳定性计算问题，王建华鉴于极限状态方程的高度非线性，采用了蒙特卡罗数值模拟方法；在所有可能的滑动面中，用最优化方法寻找一个临界滑动面，使可靠指标达到最小。由于渠坡是非均质的，该优化问题是一个多极值问题，因而采用了遗传算法在整个定义域内搜索，得到全局最优解。将蒙特卡罗数值模拟与遗传算法相结合，采用了方差缩减技术——复合重要抽样技巧进行数值模拟，提高了计算效率[77]。

模糊综合评价法是一种基于模糊数学的综合评价方法，根据模糊数学的隶属度理论把定性评价转化为定量评价，即用模糊数学对受到多种因素制约的事物或对象作出一个总体的评价。模糊综合评价法的系统性强、结果清晰，能较好地解决模糊的、难以量化的问题，适合各种非确定性问题的解决。而灰色系统评价方法是以灰色朦胧集为基础的理论体系，以灰色关联为依托的分析体系，以灰色序列生成为基础的方法体系，以灰色模型(GM)为核心的模型体系，以评估、建模、预测、决策、控制和优化为主体的技术体系的一种分析方法[78]。如蔡新等引进灰色理论，以堤基工程地质条件、河势稳定性、渗透稳定性、滑动稳定性、堤防整体性和工程管理为基本要素，构建堤防安全风险评价指标体系及堤防安全评价数学模型，将所建模型用于长江堤段，并对其进行了整体安全评价[79]。

1.3.2 预警决策支持系统研究

20 世纪 70 年代，Keen 和 Scott Morton 提出了决策支持系统概念。从 20 世纪 80 年代末开始，决策支持系统不断发展，先后出现了智能决策支持系统、基于数据挖掘的决策支持系统、群体决策支持系统和空间决策支持系统等。

针对防灾减灾中的预警决策支持系统的研究，学者指出，灾害的管理技术和过程复杂，存在较多不确定因素，因此决策支持系统需要充分利用与决策过程具有相关性的灾害历史数据，集成运用数据挖掘、路线选择等多种决策支持工具，为决策者提供多种决策支持手段[80]。如郑丽娟等考虑线状水利工程建设具有施工场地多、分布广、战线长、各种安全资料管理困难、难以全面考察等特点，基于 B/S 模式，应用计算机网络技术，开发了融合工程现场安全信息管理、安全评价与预警、预案管理、案例教学于一体的施工安全管理信息系统[81]。

随着空间决策支持系统应用不断深入，与地理信息系统(GIS)等技术的有机融合程度也越来越高，学者亦利用 GIS 强大的空间分析功能，将预警分析结果和地理信息进行深入叠加分析应用[82]。王晓航等借助 GIS 技术和线性加权模型，构建了溃坝生命损失预警综合评价模型，采用洪水危险性、承灾体易损性、工程防御能力作为模型的指标，并确定了各指标所包含的因子，探讨了各因子权重系数的确定方法；在此基础上，利用地理信息系统对空间数据以及空间数据和属性数据联合分析的功能，制作了溃坝生命损失预警信息图[83]。

针对高寒区长距离供水工程的安全运维需求，马爱华等提出了一种基于私有云平台的预警预报系统研发思路。通过工程实践运用表明，该系统实现了供水工程预警预报“信息技术标准化、信息采集自动化、信息传输网络化、信息管理集成化、警情预报及时化”的技术目标[84]。目前预警预报系统发展出扩展性强、可靠性高等特点，能够适应需求变化、功能扩展等系统建设要求，使建设规模适度且能灵活扩充和滚动发展的预警预报系统成为现实可能。

1.4 本书主要内容

(1) 根据高寒区渠道特点，分析影响高寒区渠道破坏的主要因素，提出高寒区渠道破坏模式，构建高寒区渠道预警总体结构图；研究高寒区渠道预警指标的分类、预警指标筛选的条件和原则以及指标体系的构建方法，构建高寒区渠道破坏预警指标体系，并提出相应的阈值。

(2) 提出渠道全寿命期冻胀破坏、失稳破坏、渗透破坏安全评价指标体系，利用突变理论构建高寒区渠道变形监控指标；根据渠道高风险区、中等风险区和低风险区选择安全监测方式；基于工程重要性、破坏模式发生概率建立监测参数和测点组合优选赋权算法。

(3) 详细介绍高寒区供水渠道的现场监测技术和方法，针对现有分布式光纤温度传感技术的缺陷，为渠堤测渗项目专门设计开发的C型光缆和D型特种光缆提出一种新型光缆接续装置——单金具式发热测温光缆接续盒，并基于实例工程展示寒区长距离供水渠道的自动化监测预警预报技术。

(4) 针对高寒区供水渠道安全监测中渠道变形测量等存在的问题，通过现场调查、仪器研发与调试、室内试验、现场验证等相结合的研究方法，提出长距离渠道变形监测的土工布基应变光缆测量技术，研发出高寒区渠道全断面冻胀变形及冻胀力新型监测传感器。

(5) 围绕高寒区供水工程预警预报系统总体设计，阐述预警预报系统私有云平台构架设计、数据监测及采集方案设计、信息数据结构设计、安全设计及预警预报信息管理与预警预报系统设计。

(6) 围绕预警预报系统建设和应用，阐述预警预报信息数据监测采集设施安装与实施、信息管理与预警平台系统集成，以及预警预报系统的功能拓展与升级冗余。

(7) 围绕预警预报系统的未来发展，展望预警预报标准体系完善和发展、关键参数监测设备的研发，以及自动监测采集设施互联网化的发展。

参考文献

[1] 刘晶, 鲍振鑫, 刘翠善, 等. 近 20 年中国水资源及用水量变化规律与成因分析[J]. 水利水运工程学报, 2019, (4): 31-41.

[2] 李登华, 张桂荣, 丁勇, 等. 高寒区长距离输水渠道光纤渗漏监测新技术研究[J]. 岩土工程学报, 2020, 42(S2): 83-87.

[3] 陈肖柏. 我国寒区工程冻害及其防治对策[J]. 地球科学进展, 1990, (3): 46-50.

[4] 李书民. 河北省渠道衬砌冻害调查及分析[J]. 防渗技术, 2000, 6(4): 28-31.

[5] 李甲林. 渠道衬砌冻胀破坏力学模型及防冻胀结构研究[D]. 咸阳: 西北农林科技大学, 2008.

[6] 何鹏飞, 马巍. 我国寒区输水工程研究进展与展望[J]. 冰川冻土, 2020, 42(1): 182-194.

[7] Shoop S A, Bigl S R. Moisture migration during freeze and thaw of unsaturated soils: modeling and large scale experiments[J]. Cold Regions Science and Technology, 1997, 25(1): 33-45.

[8] 马巍, 王大雁. 冻土力学[M]. 北京: 科学出版社, 2014.

[9] Li S, Lai Y, Pei W, et al. Moisture-temperature changes and freeze-thaw hazards on a canal in seasonally frozen regions[J]. Natural Hazards, 2014, 72: 287-308.

[10] Li S, Lai Y, Zhang M, et al. Centrifuge and numerical modeling of the frost heave mechanism of a cold-region canal[J]. Acta Geotechnica, 2019, 14: 1113-1128.

[11] 王喜泽. 长距离输水渠道防冰和防冻冰技术措施探讨[J]. 农业科技与信息, 2021, (7): 84-85+87.

[12] 杨继华, 路新景, 赵顺利. 高寒区供水渠道冻害机理分析及防治措施研究[J]. 水利科学与寒区工程, 2020, 3(1): 65-71.

[13] 蔡正银, 吴志强, 黄英豪, 等. 北疆渠道基土盐-冻胀特性的试验研究[J]. 水利学报, 2016, 47(7): 900-906.

[14] 张如意, 姜海波, 王正成. 寒冷地区输水渠道冻胀破坏链式分析及减灾研究[J]. 冰川冻土, 2016, 38(6): 1607-1614.

[15] 王正中, 芦琴, 郭利霞, 等. 基于昼夜温度变化的混凝土衬砌渠道冻胀有限元分析[J]. 农业工程学报, 2009, 25(7): 1-7.

[16] 江浩源, 王正中, 刘铨鸿, 等. 考虑太阳辐射的寒区衬砌渠道水-热-力耦合冻胀模型与应用[J]. 水利学报, 2021, 52(5): 589-602.

[17] 王正中, 李甲林, 陈涛, 等. 弧底梯形渠道砼衬砌冻胀破坏的力学模型研究[J]. 农业工程学报, 2008, 24(1): 18-23.

[18] 唐少容, 王红雨, 潘鑫, 等. U 形混凝土衬砌结构冻胀性能离心模型试验研究[J]. 农业工程学报, 2019, 35(1): 157-163.

[19] 刘康康. 基于 ROTDR 的渠道渗漏监测技术研究[D]. 南京: 南京理工大学, 2018.

[20] Skempton A W , Brogan J M . Experiments on piping in sandy gravels[J]. Géotechnique, 1994, 44(3): 449-460.

[21] 陈建生, 李兴文, 赵维炳. 堤防管涌产生集中渗漏通道机理与探测方法研究[J]. 水利学报, 2000, 31(9): 48-54.

[22] Kenney T C, Lau D. Internal stability of granular filters: Reply[J]. Canadian Geotechnical Journal, 1986, 23(3): 420-423.

[23] 毛昶熙, 段祥宝. 关于“论土骨架与渗透力”的讨论[J]. 岩土工程学报, 2017, 39(2): 385-386.

[24] 毛昶熙, 段祥宝, 吴良骥. 砂砾土各级颗粒的管涌临界坡降研究[J]. 岩土力学, 2009, 30(12): 3705-3709.

[25] 周晓杰, 介玉新, 李广信. 基于渗流和管流耦合的管涌数值模拟[J]. 岩土力学, 2009, 30(10): 3154-3158.

[26] 周健, 姚志雄, 白彦峰, 等. 砂土管涌的细观机理研究[J]. 同济大学学报(自然科学版), 2008, (6): 733-737.

[27] 刘昌军, 姚秋玲, 丁留谦, 等. 堤基管涌小尺寸模型的细观试验研究[J]. 水利学报, 2014, 45(S2): 90-97.

[28] 刘文红. 黄土高原滑坡发育背景与成灾模式研究[D]. 西安: 长安大学, 2016.

[29] 叶万军, 杨更社, 彭建兵, 等. 冻融循环导致洛川黄土边坡剥落病害产生机制的试验研究[J]. 岩石力学与工程学报, 2012, 31(1): 199-205.

[30] 叶万军, 杨更社, 李喜安, 等. 冻结速率对 Q_2 黄土性状影响的试验研究[J]. 岩石力学与工程学报, 2011, 30(9): 1912-1917.

[31] 张泽, 周泓, 秦琦, 等. 冻融循环作用下黄土的孔隙特征试验[J]. 吉林大学学报(地球科学版), 2017, 47(3): 839-847.

[32] 邓铭江, 蔡正银, 朱洵, 等. 北疆渠道膨胀土边坡破坏机制及加固措施[J]. 岩土工程学报, 2020, 42(S2): 50-55.

[33] 蔡正银, 朱锐, 黄英豪, 等. 冻融过程对膨胀土渠道边坡劣化模式的影响[J]. 水利学报, 2020, 51(8): 915-923.

[34] 陈生水, 郑澄锋, 王国利. 膨胀土边坡长期强度变形特性和稳定性研究[J]. 岩土工程学报, 2007, (6): 795-799.

[35] 徐丽丽, 刘丽佳, 徐昭巍, 等. 季节冻土区膨胀土边坡冻害防护综合技术[J]. 岩土工程学报, 2016, 38(S1): 216-220.

[36] 蔡耀军. 膨胀土渠坡破坏机理及处理措施研究[J]. 人民长江, 2011, 42(22): 5-9.

[37] 张熙胤, 张明义, 路建国, 等. 土体冻融特征研究现状与展望[J]. 冰川冻土, 2016, 38(6): 1644-1657.

[38] 石刚强. 严寒地区高速铁路路基冻胀和工程对策研究[D]. 兰州: 兰州大学, 2014.

[39] 潘鑫, 王红雨, 唐少容. 板缝结构对 U 形衬砌渠道冻胀响应的原位监测[J]. 人民黄河, 2019, 41(4): 153-158.

[40] 刘鸣, 龚壁卫, 刘军, 等. 膨胀土(岩)渠坡现场监测技术研究[J]. 长江科学院院报, 2009, 26(11): 62-66.

[41] 王世玉, 李新. 北疆供水工程深挖方渠道安全监测及分析[J]. 水利水电技术, 2014, 45(6):

48-54.
[42] 刘祖强, 郑敏, 熊涛. 南水北调中线工程渠坡膨胀土含水率监测及分析[J]. 长江科学院院报, 2018, 35(7): 74-78.
[43] 韦耀国, 赵毅恒, 杜智浩. 南水北调中线工程典型渠堤数值模拟分析[J]. 水利信息化, 2019, 1(2): 13-18+24.
[44] 周富强, 吴艳, 戴灿伟, 等. 新疆北疆某供水渠道冻胀融沉变形性状分析[J]. 水利水电技术, 2019, 50(12): 90-97.
[45] 朱力强, 闻志强, 郧成健, 等. 高寒地区高速铁路路基冻胀远程监测[J]. 铁道学报, 2019, 41(1): 109-116.
[46] 王春雷, 张戎垦, 赵晓萌, 等. 季节冻土区高速铁路路基冻胀监测系统及冻胀规律研究[J]. 冰川冻土, 2014, 36(4): 962-968.
[47] 周富强, 吴艳, 戴灿伟, 等. 三维激光扫描技术在渠坡冻胀监测中的应用[J]. 测绘通报, 2014, (11): 129-132.
[48] 谢向荣, 程翔, 李双平. 安全监测技术在膨胀土渠道监测中的应用[J]. 人民长江, 2015, 46(5): 26-29+34.
[49] 董海洲, 陈建生. 基于示踪方法的土石坝绕坝渗漏探测[J]. 辽宁工程技术大学学报(自然科学版), 2009, 28(S1): 174-177.
[50] 陈容. 基于温度示踪原理的水库渗漏探测研究[J]. 西北水电, 2018, (1): 104-108.
[51] 林统, 陈建生, 陈亮. 土石坝下伏基岩交错断层导水示踪研究[J]. 岩石力学与工程学报, 2009, 28(S2): 3645-3652.
[52] 王宏飞. 基于光纤测温的渗流检测系统研究[D]. 北京: 清华大学, 2005.
[53] 高亚成, 冷元宝. 高密度电阻率法的试验研究与应用[J]. 勘察科学技术, 2005, (6): 61-64.
[54] 葛双成, 江影, 颜学军. 综合物探技术在堤坝隐患探测中的应用[J]. 地球物理学进展, 2006, 21(1): 263-272.
[55] 吴玉龙. 基于分布式光纤测温技术的堤坝渗漏监测研究[D]. 南京: 南京理工大学, 2014.
[56] 邓翔文. 基于分布式光纤温度传感技术的渗漏监测模型试验研究[D]. 武汉: 湖北工业大学, 2011.
[57] Pope C E, Wu S P, Chuang S L, et al. An integrated fiber optic strain sensor[J]. SPIE, 1992, 1779: 113-121.
[58] Poloso T. Fibre bragg gratings optical sensing technology[J]. Smart Materials Bulletin, 2001, (9): 7-10.
[59] Hartog A H. A distributed temperature sensor based on liquid-core optical fibres[J]. IEEE Journal of Lightwave Technology, 1983, 1(3) : 498-509.
[60] 何宁, 丁勇, 吴玉龙, 等. 基于分布式光纤测温技术的堤坝渗漏监测[J]. 水利水运工程学报, 2015, (1): 20-27.
[61] Nikles M, Vogel B, Briffod F, et al. Leakage detection using fiber optics distributed temperature monitoring[C]. Proceedings of SPIE—The International Society for Optical Engineering, 2004, 5384: 18-25.

[62] Myles A. Permanent leak detection on pipes using a fibre optic based continuous sensor technology[C]. Pipelines Conference 2011, Seattle WA, 2011: 744-754.

[63] Côté A, Carrier B, Leduc J, et al. Water leakage detection using optical fiber at the Péribonka dam[C]. International Symposium on Field Measurements in Geomechanics, Boston, 2007: 1-12.

[64] 肖衡林, 鲍华, 王翠英, 等. 基于分布式光纤传感技术的渗流监测理论研究[J]. 岩土力学, 2008, 29(10): 2794-2798.

[65] 刘海波, 杨华舒, 陈刚, 等. 利用分布式光纤定位监测土石坝管涌[J]. 科学技术与工程, 2010, 10(26): 6463-6467.

[66] 陆艳梅, 陈建生, 董海洲, 等. 大坝渗漏传热模型及拉氏变换解[J]. 岩土工程学报, 2007, 29(2): 274-278.

[67] 董海洲, 寇丁文, 彭虎跃. 基于分布式光纤温度监测系统的集中渗漏通道流速计算模型[J]. 岩土工程学报, 2013, 35(9): 1717-1721.

[68] 肖衡林, 邓翔文, 何俊, 等. 基于分布式光纤温度传感技术的库水温度测量方法及应用[J]. 水利水电科技进展, 2011, 31(2): 85-88.

[69] 徐翔宇. 基于分布式光纤温度传感技术的渗漏监测方法研究[D]. 武汉: 湖北工业大学, 2012.

[70] 吴善荀. 基于分布式光纤测温的渗漏监测系统研究[D]. 北京: 清华大学, 2010.

[71] 严珺凡. 岩土体渗流场分布式光纤监测技术研究[D]. 南京: 南京大学, 2016.

[72] 杨端阳, 王超杰, 郭成超, 等. 堤防工程风险分析理论方法综述[J]. 长江科学院院报, 2019, 36(10): 59-65.

[73] 吴云芳. 大坝安全监测神经网络模型研究和子系统开发[D]. 武汉: 武汉大学, 2002.

[74] 黄耀英, 谢同, 费大伟, 等. 基于测压管实测水位的王甫洲水利工程复合土工膜工作性态反馈[J]. 岩土工程学报, 2021, 43(3): 564-571.

[75] 王涛, 杨开林, 郭新蕾, 等. 基于网络的自适应模糊推理系统在冰情预报中的应用[J]. 水利学报, 2012, 43(1): 112-117.

[76] 马常霞, 王文明. 基于图像的三维预测及其在水利枢纽中的应用[J]. 中国科技论文, 2021, 16(3): 307-311.

[77] 王建华. 跨流域调水工程输水渠坡稳定的风险分析[D]. 杭州: 浙江大学, 2005.

[78] 卢丹玫. 基于灰色理论的神经网络方法在防洪堤边坡稳定性分析中的应用[D]. 南宁: 广西大学, 2004.

[79] 蔡新, 严伟, 李益, 等. 灰色理论在堤防安全评价中的应用[J]. 水力发电学报, 2012, 31(1): 62-66.

[80] 张永利. 多灾种综合预测预警与决策支持系统研究[D]. 北京: 清华大学, 2010.

[81] 郑丽娟, 郄志红, 王斌, 等. 基于 BS 模式的水利工程施工安全管理信息系统[J]. 河北农业大学学报, 2015, 38(6): 107-113.

[82] 周景. 电网自然灾害预警管理模型及决策支持系统研究[D]. 北京: 华北电力大学(北京), 2016.

[83] 王晓航, 盛金保, 张行南, 等. 基于 GIS 技术的溃坝生命损失预警综合评价模型研究[J]. 水力发电学报, 2011, 30(4): 72-78.
[84] 马爱华, 王怀义, 何建村, 等. 基于私有云平台的高寒区长距离供水工程预警预报系统研发与应用[J]. 水利科学与寒区工程, 2020, 3(6): 49-52.

第 2 章　高寒区供水渠道风险识别与预警指标体系

渠道是水利工程的重要组成部分，具有渠线长、占地多、工程量大、管护维修任务重的特点。近年来，国家先后修建了一批长距离供水工程，极大缓解了部分地区的供水矛盾；但一些工程存在设计先天不足、管理薄弱、工程老化、应对突发事件应急保障能力薄弱等诸多问题，渠道出险甚至决口事故时有发生。渠道在发挥供水效益时，也对渠道周围构成潜在风险。如何有效降低和控制渠道风险，是各级政府、水利行政主管部门和渠道运行管理单位普遍关心的问题。

2.1　渠道工程风险分析

2.1.1　渠道工程风险分析特点

区别于水库大坝、堤防工程，渠道有着自身的特点，其风险分析也拥有自己的特色[1-21]。

首先，渠道与堤防、水库大坝在工程上有本质区别。长距离供水渠道工程建设时间跨度大、轴线长、占地多、工程量大、管护维修任务重；水库大坝建设时间跨度小、轴线短。渠道工程结构复杂，非一次性建成工程，可能内部夹杂历史工程；水库大坝多为一次性或分期建成工程，结构明确、稳定。

其次，渠道与水库大坝在破坏形式上有一定差异。水库大坝破坏时一般为单溃口或整体破坏，而渠道破坏时可能出现多溃口同时破坏或多溃口交错破坏。

再次，渠道与水库大坝在破坏后产生的危害有一定区别。水库大坝破坏时，由于水头高而产生极大峰值流量，流速极大，下泄时间较短，来不及围堵抢险，严重危害下游地区，受灾群众难以撤离，产生毁灭性灾害；渠道工程破坏时，由于水头较低，流速较小，下泄时间较长，可以围堵抢险，即便离渠道工程较近处的受灾群众难以撤离，但离渠道工程较远处的受灾群众可以撤离，但由于某些渠道工程的风险人口数量巨大、灾区面域广阔，决口后果亦极其严重。

2.1.2　渠道风险要素识别

由于渠道工程历史原因和自身特点，其在运行期间可能遇到各种各样的险情。针对渠道工程的破坏类型和破坏机理，深入分析各主要风险对渠道安全的影响，是进行渠道工程风险分析和风险计算的基础。高寒区渠道风险要素包括工程风险要素、环境风险要素、人为风险要素等[22]。

工程风险要素识别主要是查找可能导致渠道决口的工程自身缺陷。工程自身缺陷包括工程地质缺陷(如渠道基础存在软弱岩层、断层、构造及可液化土层等)，工程质量缺陷(如渠道防渗处理不合格可能导致渗透破坏,渠道压实不足或者渠道边坡过陡可能导致滑坡，渠基内存在薄弱层面可能导致渗透破坏或滑坡，渠道顶高程不足可能导致漫顶)等。

环境风险要素识别主要是查找可能导致渠道决口的外力因素。外力因素包括洪水、地震、温度变化、人为破坏(战争)等。

人为风险要素识别主要是查找渠道运行管理的薄弱环节。渠道运行管理的薄弱环节包括管理缺失或不规范、缺少必要的安全监测设施与应急电源、操作失误、盲目与非法超蓄等。

2.2　寒区渠道破坏模式识别

2.2.1　寒区渠道破坏影响因素

渠道破坏实际上是由某一项或某几项条件诱发了滑坡现象，也是多个因素指标综合作用的体现。影响滑坡的因素很多，据已有的滑坡研究成果，其主要因素一般分为内在因素和外在因素两大类。其中，内在因素是渠道本身在较长历史时期内具备或潜在具备的有利于渠道破坏发生的地质、地貌等条件等；外在因素包含工程等导致渠道破坏发生的外界因素和诱发因素等。本书总结了影响寒区渠道破坏的主要因素，具体见表 2.1。

表 2.1　寒区渠道破坏的影响因素表

因素形式	类型	破坏因素
内在因素	地形地貌	渠坡坡度
		渠坡坡高
	地层及岩性	地层岩性
		岩土强度
		岩土体结构
	地质构造	区域构造
		新构造活动
	渠坡结构	结构类型(坡角和岩层倾角)
		结构面发育程度
		软弱岩层
		软弱面控制程度

续表

因素形式	类型	破坏因素
外在因素	地表水、渠道水、地下水及冰	地下水位
		地表水、渠道水
		冰推、冰拔
	气候	温度
		温差
	降水	一次最大降水强度
		日降水强度
		月降水强度
	地震	地震烈度
		地震破坏程度
	人类工程活动	工程活动强度
		人口密度
		开挖堆填
	其他	设计不当
		施工质量差
		运行管理不当
		防洪能力不足

2.2.2　渠道工程破坏模式

针对渠道工程的破坏类型，深入分析各主要风险对渠道安全的影响，是进行渠道工程风险分析和风险计算的基础。渠道常出现的险情有渗水、管涌、上抬、坍塌、滑坡、裂缝、冻胀破坏和漫溢等。根据渠道工程破坏资料分析，渠道工程破坏可分为水力破坏和非水力破坏。其中，水力破坏可分为漫顶破坏、渗透破坏、冻胀破坏；非水力破坏主要包括失稳破坏、地震破坏、人为破坏。

2.2.3　渠道破坏模式识别

本书作者根据高寒区北疆供水工程总干渠、南干渠、西水东引等渠道进行的现场实地调研和资料收集，了解了北疆供水渠道历年灾害和处置情况，在实地调研的基础上总结了北疆高寒区渠道破坏模式。

1. 渠道主要破坏形式

1）鼓胀及裂缝

在冬季负温作用下，混凝土衬砌板与渠道基土冻结成一个整体，承受着冻结力、冻胀力及混凝土板本身收缩产生的拉应力等，当这些应力大于混凝土板在低温下的极限应力时，混凝土板就发生破坏。混凝土衬砌板的冻胀裂缝多出现在渠道坡脚以上 1/4～3/4 坡长和渠底中部，一般出现在渠道混凝土板水位线附近。

2)隆起架空

对于地下水位较高的渠道，渠道基土距离地下水较近，冻胀量较大，而渠道顶部冻胀量较小，造成混凝土衬砌板大幅度隆起、架空，一般出现在坡脚或距水面 0.5～1.0m 坡长处和渠底中部。

3)错位及坍塌

渠道混凝土衬砌板的冻融滑塌，一是冻胀隆起、架空使得坡脚支撑受到破坏，衬砌板垫层失去稳定，基土融化时上部板顺坡向下滑移、错位；二是渠坡基土冻胀隆起，融化期大面积滑坡，渠坡滑塌，导致坡脚混凝土板被推开，上部衬砌板塌落下滑。

4)整体上抬

衬砌体结构整体性好、面积较小的渠道，渠道基土冻胀较为均匀，衬砌体可能发生整体顺坡向上推移。融化期由于不均匀沉陷和不能恢复原位，通水后在水流作用下产生错位、塌陷、裂缝等破坏，在逐年冻融循环作用下破坏更加严重。

5)剥落及酥松

混凝土渠道在冬季负温作用下，混凝土内部毛细孔隙中的水结冰产生体积膨胀，当压力超过混凝土承载力时，混凝土内部产生微裂缝，空隙会变大；经过年复一年的冻融循环作用，混凝土损伤逐年扩大，形成酥松、剥落等现象，逐渐积累直至混凝土裂缝相互贯通，造成混凝土破坏。

2. 高寒区渠道主要破坏模式

破坏模式分析是应用系统综合筛选过程，确定渠道工程所有可能的破坏模式。进行破坏模式分析时，将渠道工程作为一个系统，并按照功能将系统分成渠身、渠岸防护建筑物、穿渠建筑物等子系统；然后，再将子系统细分成要素；最终，分析每一种潜在危险下要素的反应，并考虑各种要素的危险组合，得出渠道工程所有可能的破坏模式。高寒区渠道主要破坏模式有冻胀及冻融破坏、失稳破坏(滑坡)、渗透破坏、冰冻破坏、漫顶破坏等。

1)冻胀及冻融破坏

(1)冻胀破坏。冻胀破坏指渠基土冻胀和融沉对混凝土衬砌结构的破坏。当渠道基土具有冻胀性，且含水量大于起始冻胀含水量时，在冬季负温作用下，渠基土中的水冻结后体积增大，造成土体膨胀，从而使衬砌结构隆起；当冻胀变形超过衬砌结构的允许变形，或因冻胀而产生的冻胀力超过衬砌结构的抗裂或抗拉强度时，衬砌结构就会开裂甚至折断；在春季时消融又造成渠床土层过湿，使土体失去强度和稳定性，往往会导致衬砌体的滑塌。

(2) 冻融破坏。冻融破坏指混凝土衬砌材料内部孔隙水的冻融导致衬砌结构的破坏。混凝土衬砌材料具有一定的吸水性，又经常处在有水的环境中，因此材料内总是含有一定的水分，这些水分在负温冻结成冰，体积会发生膨胀，比原体积增大约 9%；当这种膨胀作用引起的应力超过材料强度时，材料就会产生裂缝，从而在第二个负温周期中，其吸水性增大，结冰膨胀破坏的作用更为剧烈；多个冻融循环应力的反复作用最终导致衬砌材料的冻融破坏，如混凝土衬砌板表层剥落、冻酥等。

2) 失稳破坏

(1) 渠道裂缝。几乎所有的渠道工程都有裂缝，关键是这些裂缝发展成为渠道破坏的可能性大小。一旦裂缝发展到某种程度，就可能成为渠道破坏隐患。

如果裂缝是贯穿性的横向裂缝，就可能成为集中渗流通道，导致渠道渗流冲刷破坏，可能溃决或决口；即使是表层裂缝，在渠道水位上升时，也有可能成为过水通道，危及安全；而且，汛期多雨水，雨水渗入裂缝，将加速裂缝发展。如果是纵向裂缝，则可能是渠道破坏的前兆，若裂缝两端向上游或下游方向发展，更有整体滑动的可能；如果再遇到汛期雨水多，雨水进入裂缝，将加速滑动发生。

(2) 渠道失稳。失稳破坏失事是渠道局部滑坡或整体滑坡引发的渠道溃决或决口。按边坡滑动发生的位置分，有临水面滑坡、背水面滑坡和崩岸。

滑坡产生是多种因素共同作用的结果，可分为内部因素和外部因素。岸坡结构是滑坡形成的内部因素。结构松散有软弱夹层，或者松散堆积斜坡的土石界面在饱水时出现泥化等均会导致岸坡滑动。持续强降水或者岸坡地下水位过高是导致渠道滑坡的外部因素。持续降水使渠道近坡面部分土体负孔压消失，成为滑坡的触发因素。

3) 渗透破坏

渗透破坏是指渠身或渠基由渗流引起的渠道变形或破坏。渗透破坏产生的原因是渗流产生的实际渗透比降大于土的临界渗透比降，使堤身后部出流部位残留过大的剩余水头，侵蚀土体而产生渗透破坏。渗透破坏的类型有管涌、流土、接触冲刷和接触流土四种。在单一性状的土层中一般发生管涌或流土破坏，在多层土中一般发生接触冲刷或接触流土破坏。

管涌通常表现为泡泉、沙沸、土层隆起、浮动、膨胀、断裂等。管涌一般发生在渠道工程的砂性基础部位，当高洪水位出现时，渗透坡降突然增大，如在渠道内坡脚覆盖土层不厚的薄弱处的渗透坡降超过土层临界坡降值，则土层很可能被顶破，产生渗流挟带泥沙溢出，这就形成了管涌险情；如堤基内部的细沙粒在渗透压力作用下继续缓慢地在粗颗粒间隙移动，就可能形成贯穿式通道(即穿孔)，若得不到制止，久而久之，会造成塌陷、跌窝等更为严重的险情。

流土是指在渗透力作用下，土体中的某一颗粒群同时起动而流失的现象。流土通常发生在渠道的基础部位，这种破坏形式在黏性土和无黏性土中均可以发生。虽然发生流土破坏的土体颗粒之间都是相互紧密结合的，相互之间具有较强的约束力，可以承受较大的水头，但是流土破坏的危害性却是最大的：若发生流土破坏，土体就会整体破坏，流土通道会迅速向上游或横向延伸；若抢险不及时或措施不得当，就有造成土体结构破坏、引发溃堤灾难发生的危险。

接触冲刷是指渗流沿两种不同土层接触面流动时，沿层面带走细颗粒的现象。接触流土是指渗流垂直于渗透系数相差较大的两相邻土层的接触面流动时，将渗透系数较小的土层中的细颗粒带入渗透系数较大的另一土层的现象。接触冲刷一般发生在堤身与其他建筑物的接合部，发生的主要原因是施工时处理不到位或后期运行中出现裂缝等安全隐患。接触冲刷的本质是细土层中的细颗粒从粗土层孔隙中流失，当粗土层中的孔隙直径大于细土层中可以移动的颗粒粒径时，接触冲刷才具备基本条件，这种基本条件是内部条件；另一条件是外部条件，即推动可移动颗粒运动的条件，称为水力条件。只有同时具备了这两种条件，层状土在层间渗流的作用下才会产生接触冲刷。

4）冰冻破坏

冰冻破坏是指冬季渠道水体结冰对混凝土衬砌结构的破坏。我国寒区大部分渠道在冬季停止供水，但少数兼有供水发电和向下游供水功能的渠道，在负温期间通水时，渠道里的水体常常会结冰，产生冰冻破坏。渠道水完全封闭后，冰冻层逐渐加厚，对渠道衬砌体产生冰压力，造成衬砌体的位移和破坏，或在冰压力和渠基土冻胀力的作用下鼓胀而发生破坏变形；同时，漂浮的冰块或冰屑团会在局部积累，减小过水断面，严重时使断面完全封闭形成冰坝，造成渠水漫溢甚至溃渠的事故。

5）漫顶破坏

渠道防洪标准过低或遇到超标准特大洪水或河道受阻时，若河水位猛涨超过渠顶高程且来不及抢护，水流将漫溢渠顶，由此产生的渠道破坏称为漫顶破坏。随着渠道的普遍加高加宽和防洪标准的提高，渠道漫顶在失事统计中所占的比例已经逐渐减小。

6）地震破坏

渠道地震险情包含着岸坡地震失稳和地震液化两种失事模式，这两种失事模式的风险率是否纳入渠道综合失事风险率中，取决于具体渠道工程的等级以及具体场地的水文地质条件。对有抗震设防要求的渠道，若经初判后渠道场地土不会发生液化，地震液化失事模式就不计入渠道地震险情失事风险率计算中；地震液化失事模式仅在经初判后场地土可能发生地震液化时才予以考虑。地震引起的渠道工程破坏现象有滑坡、裂缝、沉降、塌坑、管涌以及集中渗流破坏等。

地震液化属于过渡失效模式，其失事后果严重程度取决于它所诱发的继发灾害的严重程度，要将地震液化纳入地震险情失事模式中，必须考虑到地震液化失事模式对地震险情模式的贡献。显然，地震液化失事模式诱发的继发灾害事件的后果严重程度，除取决于堤身地基条件和地震烈度大小外，还与作用的洪水位直接相关。

7) 人为破坏

包括偷挖土方、违建或出于战争目的等的人为破坏。这些违法行为对渠道工程结构稳定性带来很大隐患，是可能导致渠道严重破坏的诱因。

2.2.4　安全风险排序

破坏模式是指在渠道风险要素作用下，导致渠道最终破坏的路径。破坏模式分析主要应用 FMECA 法[23]，即破坏模式、后果和危害度分析法。FMECA 由两项相对独立的工作组成，即破坏模式与后果分析和危害程度分析。在 FMECA 基础上进行危害程度分析的过程如下。

(1) 分析要素破坏模式发生的可能性。可由专家根据经验确定，判别标准见表 2.2。

表 2.2　渠道破坏模式发生可能性赋值表

破坏概率	年发生概率	判别标准
几乎不可能	＜1/5000	在工程寿命周期中极不可能发生，如遭遇最大可能地震或 PMF 洪水
极不可能	1/5000～1/500	在工程寿命周期中很不可能发生
不可能	1/500～1/50	在工程寿命周期中有可能发生，但不期望发生
可能	1/50～1/5	在工程寿命周期中可能阶段性发生
经常	＞1/5	经常发生，或在近 5 年内如果不处理会发生

(2) 分析后果严重程度。后果严重程度的判别标准见表 2.3。

表 2.3　后果严重程度赋值表

后果严重程度	判别标准
不严重	经济损失在 5 万～100 万元，无人员伤亡，或下游财产损失在 2.5 万～50 万元，或下泄具有永久性影响的污染物对农业无明显影响，或无环境影响，或无外部影响，或加固经费在 2 万～20 万元，或以上的各种组合
严重	经济损失在 100 万～1000 万元，多起人员严重伤害或致命伤亡，或下游财产损失在 50 万～500 万元，或下泄具有永久性影响的污染物造成长期环境或农业危害，或以上的各种组合

续表

后果严重程度	判别标准
非常严重	经济损失在 1000 万～1 亿元，有明显人员伤亡，或下游财产损失在 500 万～5000 万元，或造成大范围的环境或农业危害，或以上的各种组合
灾难性	经济损失超过 1 亿元，大量人员死亡，或下游财产损失超过 5000 万元，对环境或下游农业产生重大长期危害，或以上的各种组合

(3) 分析后果发生的可能性。后果发生的可能性的判别标准见表 2.4。

表 2.4　后果发生可能性赋值表

后果发生可能性	可能性估计	判别标准
极不可能	＜5%	破坏模式可能导致影响，但后果很不可能发生
不可能	5%～25%	破坏模式能导致影响或后果，但预期不会发生
可能	25%～75%	预期破坏模式能导致影响或后果，发生或不发生的机会相当
极有可能	75%～100%	预期破坏模式会导致影响或后果
肯定	100%	破坏模式必导致影响或后果确定发生

(4) 确定危害程度指标。每个要素破坏的危害程度可根据要素破坏模式发生的可能性、后果严重程度判断。后果发生的危害程度按表 2.5 确定。

表 2.5　危害程度赋值表

后果		要素破坏可能性				
严重性	可能性	几乎不可能	极不可能	不可能	可能	经常发生
不严重	极不可能	1	2	4	5	7
	不可能	2	3	5	7	8
	可能	3	5	7	8	9
	极有可能	4	5	7	9	10
	肯定	4	5	7	9	10
中等	极不可能	3	5	7	8	9
	不可能	5	6	8	9	11
	可能	6	8	9	11	12
	极有可能	6	8	10	11	13
	肯定	7	8	10	11	13
严重	极不可能	6	8	10	11	12
	不可能	8	9	11	13	14
	可能	9	11	12	14	15

续表

后果		要素破坏可能性				
严重性	可能性	几乎不可能	极不可能	不可能	可能	经常发生
严重	极有可能	9	11	13	14	16
	肯定	10	11	13	15	16
非常严重	极不可能	9	11	13	14	15
	不可能	11	12	14	16	17
	可能	13	14	16	17	19
	极有可能	13	14	16	17	19
	肯定	13	14	16	18	19
灾难性	极不可能	11	13	14	16	17
	不可能	12	14	16	17	18
	可能	14	15	17	19	20
	极有可能	14	16	18	19	20
	肯定	14	16	18	19	20

最后，统计每个要素的危害程度、在子系统中所占比重和在系统中所占比重，统计各个子系统的危害程度及其在系统中所占比重。根据每个要素的危害程度和每个子系统的危害程度进行排序。危害程度越大，风险越大。

2.3　高寒区渠道安全监测预警动态指标体系

2.3.1　渠道预警指标分类

高寒区渠道破坏预警指标的类型较多，从空间尺度上分为宏观、中观和微观预警指标，从时间尺度上分为长期、中期和短期预警指标，从指标内涵上则分为警源指标、警情指标和警兆指标。警情产生于警源和警兆，预警是以警源指标为依据分析警兆的报警区间，参照警情指标的警限和警度划分来预报警情的严重程度，再对照警源指标采取排警措施。因此，警兆指标的确定是预警系统的关键因素。

高寒区渠道破坏安全预警的方式主要有指标预警法、统计预警法和模型预警法。其中，指标预警法具有简单、实用和快速的特点，是统计预警法和模型预警法的基础。

2.3.2　渠道预警指标筛选条件和原则

对高寒区渠道破坏进行预警时，用一个指标往往难以准确评价边坡稳定存在的问题，需要建立评价指标体系，指标体系的科学与否直接决定着预警的准确性。因此，它是预警系统中的关键环节。

1. 渠道预警指标体系确定依据

(1) 立足于现有统计指标和数据，使用统一、公认的各种指标和以各种指标为基础的变化量，便于对结果进行比较。

(2) 一种警源可以选用多个警兆指标进行分析，即扩散指标方式，这样不仅能详细地表现警源，还可以为警兆指标建立时的筛选提供更多选择。

2. 渠道预警指标体系确定原则

(1) 全面性与代表性相结合。渠道破坏预警指标要求指标能准确、清楚地反映边坡安全问题。

(2) 定性和定量指标。高寒区渠道预警中，定性和定量指标非常重要，因而必须全面加以利用，从而全面反映边坡的现状。

(3) 科学性与可操作性相结合。寒区渠道预警指标的构成既要科学合理，又必须考虑数据和信息的可获取性，尽可能多利用经过甄别的统计数据。

(4) 相对独立。有些渠道预警需要一个指标，有些渠道预警需要多个指标，设计指标时应尽可能减少各个指标之间的重叠区域，将其相关性减至最低限度。

3. 高寒区渠道预警指标体系构建方法

在高寒区渠道预警指标体系构建过程中，首先要进行触发渠道破坏的模式挖掘，找出渠道可能的破坏模式，对影响渠道破坏的因素进行指标拟定。一般采用以下几个步骤。

1) 层次分析

首先要对高寒区渠道破坏模式进行层次分析，根据实际情况，一般将其分为两个或三个层次，对每个层次的指标进行初选。

2) “海选”状态指标

所谓“海选”即不受条件的限制，将凡是能够描述该层次状态的所有指标尽可能全面地一一列出，其目的是全方位地考虑问题，防止重要指标(失事模式)遗漏。

3) 初步确立指标体系

初步确立指标体系就是对“海选”出的指标群(失事模式)进行初步筛选，筛掉不适宜指标，其基本方法为主观预断、理论分析和频度统计法。主观预断就是根据专家经验和专业知识，断定可入选指标，此办法可以筛掉部分指标；理论分析就是将相关理论作为衡量指标的一种尺度，去掉明显不符合该理论的指标；频度统计法是对目前的研究进行统计，选用使用频率较高的指标作为参选指标的种子。经过上述步骤可去掉相当一部分“海选”指标，从而初步确立指标体系。

4) 确立指标体系

在初步确立指标体系的基础上，对指标体系进行最后一次筛选，其基本方法是独立性分析和主成分分析，其目的是对指标之间意义上有交叉重复者再次选择或重组。所谓独立性分析就是在计算各种指标相关系数的基础上，选择一定的阈值作为标准，排除相关性密切的指标，选用相互独立的指标；主成分分析就是通过指标重组，仅选取少数几个主成分指标以承载足够多的信息，充分反映边坡的状况。

2.3.3　高寒区渠道预警指标体系总体结构

警义是预警系统的起点，是指在系统发展过程中表现警情的含义[24]。警源是指警情产生的根源，用来描述和分析警源的指标，即滑坡已存在或潜伏着的“病灶”，如寒区渠道破坏，其警源从产生原因和生成机制看主要有三类：一类是来自外在的警源即自然警源，如地形地貌、水文地质、工程地质、地震等一些灾害；一类是人为警源，如人类活动过程等；一类是内生警源，如渠道结构、渠道材料等。警情是指事物发展过程中出现的异常情况，渠道主要警情分为坍塌、滑坡、漫顶等。警兆是指警情发生异常变化导致警情发生前出现的先兆。警兆分析是预警过程中的关键环节。警兆指标又称先导指标或先行指标，它是预警指标的主体，是唯一能够直接提供预警信号的一类指标。

明确警义是前提，是预警研究的基础；寻找警源是对警情产生原因的分析，是分析和排除警患的基础；分析警兆是对警情出现先兆的分析，是预报警度的基础；预报警度是发布或排除警情的根据；发布或排除警情是预警系统的目标所在。

预警首先是分析、检验和判断风险是否可以接受的过程，本书将预警系统分为预警指标维度、时间维度、空间维度和层次维度[25]。

1) 预警指标维度

该维度是预警逻辑结构的核心。根据预警系统的基本原理，主要分警情、警度、警源和警兆四部分；基本流程是寻找警源、识别警兆、分析警情和预报警度。警源是警情产生的根源，根据影响边坡安全的因素不同分为荷载因素和非荷载因素两种；警兆是发生警情的先导指标，具有隐蔽性和瞬时性的特点，因此识别难度较大，识别方法有警源变化、统计经验和相关安全监测三类；警情分析主要根据警度的级别制定必要的处理措施，包括应急预案；警度级别的确定主要从结构的变化方向、变化速度和变化状态三个方面着手。

2)时间维度

时间是预警的重要参数，预警发布与警情发生的时间间隔越短，警情越紧急。根据这一时间间隔的长度，系统分为突发性预警、短期预警、中长期预警和长期预警四个时间阶段。其中，突发性预警显得尤为重要。警源的监控和警兆的识别是保证突发性预警有效性的重要措施。

3)空间维度

该维度涉及预警的地理空间和预警管理尺度范围。地理空间范围主要从利用3S技术对预警几何空间数据进行分析的角度来划分。预警管理尺度主要从行政以及自然特征角度划分，包括单个渠道、渠道群等。

4)层次维度

该维度主要从安全预警对象的结构建模角度进行划分，并随着力学模型的深入而逐渐完善，主要包括单因子预警(即各场之间单独考虑)、多因子预警(即考虑两场之间的耦合关系)和综合预警(即考虑多场之间的耦合关系)三类，见图2.1。

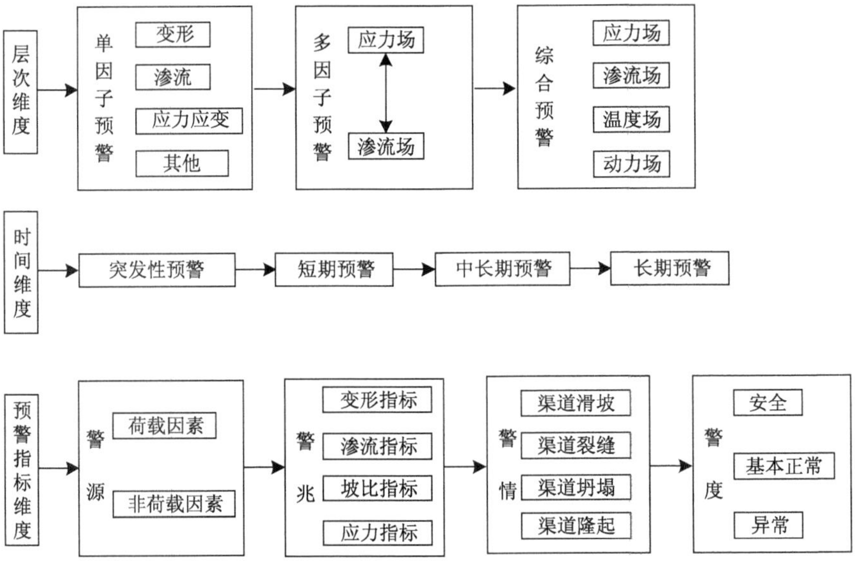

图2.1　高寒区渠道预警指标体系总体结构图

2.3.4 高寒区渠道预警指标体系结构层次

高寒区渠道破坏受到内在因素和外在因素影响，是多个因素指标综合作用的体现，因此渠道破坏的评价指标也是多因素的综合。渠道破坏指标体系第一层为基础因子和诱发因子，基础因子主要与地形地貌和边坡地质构造等因素有关，诱发因子主要表现为渠道破坏灾害发生的触发因素，如地下水位、渠道水位、降水、地震活动和人类工程活动等。第二层进一步把基础因子、诱发因子细化，其中基础因子包括地形地貌、地层岩性、地质构造、渠坡结构、人类活动、年均降水量、地震动参数等因素。为了便于指标因子的量化和取值，将第二层因子进一步细化形成第三层次因子，如地形地貌包括渠坡坡度、坡高等，渠坡结构包括结构类型、软弱岩层和软弱面控制程度等，地质构造包括区域构造和结构面发育程度等，降水状况包括一次最大降水强度、日降水强度和月平均降水强度等，人类活动包括活动强度、现有交通道路的影响等，其他包括设计不当、施工质量差、运行管理不当等。本书在综合分析影响边坡滑坡因素的基础上，结合高寒区渠道破坏特点、北疆供水渠道破坏特点等，分析渠道破坏警兆指标体系，研究预警指标的结构层次，提出高寒区渠道破坏的预警指标；温度指标、含水量指标、冻胀量指标、冻胀变形速率指标和渗透压力指标在实际渠道破坏预警中便于操作，也是渠道破坏中经常遇到的问题，因此选取温度、含水量、冻胀量、冻胀变形速率和渗透压力指标为高寒区渠道预警指标进行研究，如图 2.2 所示。

2.3.5　一般性渠道预警指标体系

一般性渠道通常指无安全监测设施渠道，主要预警指标有温度、冻胀量。渠基土预警指标阈值分别为小于 0℃，冻胀量大于 1cm。

(1) 温度。温度条件包括外界气温、渠床土体温度、土体中的温度梯度和冻结速率等。对黏土来说，自土体冻结温度至–3℃左右，土体冻胀剧烈，冻胀量占最大冻胀量的 70%～80%；–7～–3℃时，土体冻胀增长缓慢，冻胀量占最大冻胀量的 15%～20%；–10～–7℃，土体冻胀极为缓慢，冻胀量占最大冻胀量的 5%左右。对于中砂，–1～0℃为冻胀剧烈阶段，–2～–1℃为冻胀增长缓慢阶段，–3～–2℃为冻胀增长极为缓慢阶段。黏土的冻胀停止温度为–10～–8℃，亚黏土为–7～–5℃，亚黏砂土为–5～–3℃，砂土为–2℃左右。因此，土体冻结温度指标阈值确定为–1℃。

(2) 冻胀量。根据北疆供水渠道冻胀量监测资料，确定冻胀量 Δh 阈值为 $\Delta h \leqslant 1$cm，安全；1cm$< \Delta h <$3.5cm，基本安全；$\Delta h \geqslant$3.5cm，不安全。

2.3.6　有安全监测设施渠道预警指标体系

主要预警指标有温度、含水量、冻胀量、冻胀力、冻胀变形速率、渗透压力等。以上指标分别赋予安全系数。

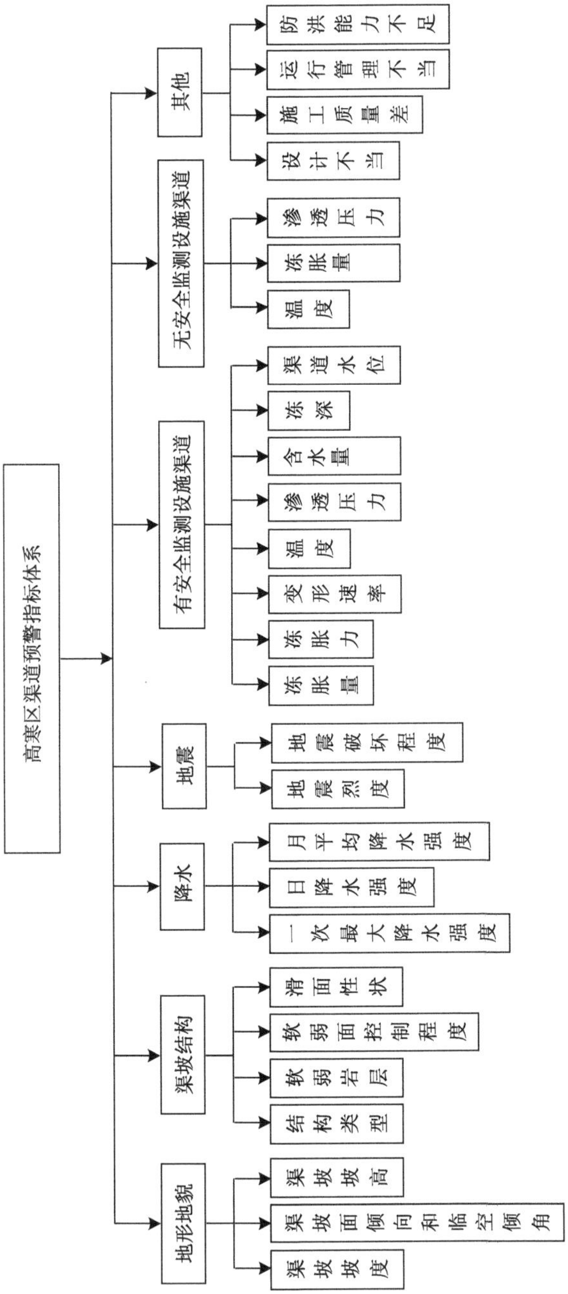

图 2.2　高寒区渠道预警指标体系图

(1) 温度。温度条件包括外界气温、渠床土体温度、土体中的温度梯度和冻结速率等。对黏土来说，自土体冻结温度至–3℃左右，土体冻胀剧烈，冻胀量占最大冻胀量的 70%～80%；–7～–3℃时，土体冻胀增长缓慢，冻胀量占最大冻胀量的 15%～20%；–10～–7℃，土体冻胀极为缓慢，冻胀量占最大冻胀量的 5%左右。对于中砂，–1～0℃为冻胀剧烈阶段，–2～–1℃为冻胀增长缓慢阶段，–3～–2℃为冻胀增长极为缓慢阶段。黏土的冻胀停止温度为–10～–8℃，亚黏土为–7～–5℃，亚黏砂土为–5～–3℃，砂土为–2℃左右。因此，土体冻结温度指标阈值确定为–1℃。

(2) 含水量。渠基中的水分是产生冻胀的主要因素，只有土体中的水分超过土的起始冻胀含水量，土体的冻结才会产生冻胀，同时含水量与外界水源的补给有关。几种典型土的起始冻胀含水量：黏土＞ $w_p+2\%$、粉土≥19%、细砂粉砂≥14%。

(3) 冻胀率。冻胀率由如下两式确定：

$$\eta=\frac{\Delta h}{H_{fd}}\times 100\%$$

$$H_{fd}=H_f-\Delta h$$

式中，Δh 为地表冻胀量，mm；H_{fd} 为设计冻深，mm；H_f 为冻层厚度，mm。冻胀率 $1<\eta\leqslant 3.5$，为弱冻胀性；冻胀率 $\eta>3.5$，为强冻胀性。

(4) 冻胀力。土体冻胀力是土体在冻结过程中表现出的一种力学性质，它与土的其他物理力学性质一样，是由试验获得的，主要受土质及其有关的物理性质、土中水含量及其分布情况、土中温度及温度梯度等主要因素影响。沿着土体冻胀方向且垂直于地表及基础底面的冻胀力称为垂直法向冻胀力。

(5) 冻胀变形速率。冻胀变形速率为小于 0.58mm/d 时安全，0.58～1.09mm/d 时基本安全，大于 1.09mm/d 时加强观察，大于 5mm/d 时不安全。

(6) 变形速率。渠坡变形和位移是渠坡稳定状态的最直观的反映，可以直接用其来判断渠坡的稳定状态。渠坡稳定的位移判断主要包括：①最大位移判断，用于确定渠坡失稳破坏的临界变形值；②位移速率，它需要根据变形速率曲线确定变形速率；③位移变化率，即时间与位移关系曲线的斜率。

渠坡的稳定变形系数 K_1 由下式确定：

$$K_1=\frac{u_0}{u_1}$$

式中，u_0 为临界变形值；u_1 为实际变形。当 $K_1<1$ 时，渠坡失稳。

渠坡的变形速率稳定系数 K_2 由下式确定：

$$K_2=\frac{V_0}{V_2}$$

式中，V_0 为临界变形速率；V_2 为实际变形速率。当 $K_2<1$ 时，渠坡失稳。

2.3.7 渠道预警指标判据标准

温度 1：外界大气温度(日最低气温)≤–2℃。

温度 2：连续多天的大气温度的日最低气温平均值，阈值为不同土质产生冻胀的起始温度，冻至冻深所用时间、冻深、冻结速率。

温度 3：土体温度冻结阈值–1℃。

温度 4：连续多天的土体温度的平均值，阈值为不同土质产生冻胀的起始温度，冻至冻深所用时间、冻深、冻结速率。

地下水位：在冻深区域以上不安全，在冻深区域以下安全。

冻结速率：黏土 10.5mm/d，含砂细粒土 6.3mm/d，砂砾料 5.6mm/d。

含水率：起始冻胀含水率，黏土≥ $w_p+2\%$、含砂细粒土≥14%、砂砾料≥15%。

冻胀量：1cm≤ Δh <3.5cm，基本安全；Δh ≥3.5cm，不安全。

冻胀变形速率：<0.58mm/d 时安全，0.58～1.09mm/d 时基本安全，>1.09mm/d 时加强观察，大于 5mm/d 时不安全。

冻胀力：垂直冻胀力 20kPa≤p<50kPa，安全；≥50kPa，不安全。

渗透压力：0～0.5m 安全，0.5～0.9m 基本安全，≥0.9m 不安全。具体判据标准见表 2.6。

冻结起始温度：黏土、含砂细粒土、砂砾料的初值由人工查表设置。

冻深：黏土、含砂细粒土、砂砾料的初值由人工查表设置。

冻胀起始含水率：黏土、含砂细粒土、砂砾料的初值由人工查表设置。

冻结速率：黏土、含砂细粒土、砂砾料的初值由人工查表设置。

塑限：初值由人工查表设置。

初值人工设置见表 2.7。

表 2.6 模型判据统计表

判断项目		单位	阈值	True	False
温度 1	日大气最低温度	℃	–2.0	≤	>
温度 2	日大气最低温度连续 *D* 天平均值	℃	冻结起始温度	≤	>
温度 3	土体冻结温度	℃	–1.0	≤	>
温度 4	土体温度连续 *D* 天平均值	℃	冻结起始温度	≤	>
地下水位		m	冻深	≥	<
冻结速率		mm/d			
含水率		%	起始冻胀含水率	≥	<
冻胀量		cm	1，3.5	≥3.5	1≤Δh<3.5
冻胀力		kPa	20，50	≥50	20≤p<50
渗透压力		m	0.5，0.9	≥0.9	0.5≤p<0.9

表 2.7　初值表

判断项目		单位	阈值
冻结起始温度	黏土	℃	–2.0
	含砂细粒土	℃	–3.0
	砂砾料	℃	–4.0
冻深	黏土	m	1.5
	含砂细粒土	m	1.8
	砂砾料	m	2.5
起始冻胀含水率	黏土	%	w_p+2%
	含砂细粒土	%	14.0
	砂砾料	%	15.0
冻结速率	黏土	mm/d	10.5
	含砂细粒土	mm/d	6.3
	砂砾料	mm/d	5.6
塑限 w_p		%	手动输入

拟定预警指标值是指标体系的核心。指标拟定方法较多，主要的指标拟定方法包括设计指标方法、经验指标方法、理论指标分析方法、实测资料分析方法等。通过这些方法的运用，确定实用的预警指标。本书采用实测资料分析法进行指标拟定。

根据相关研究及统计资料，渠道冻胀破坏、失稳破坏通常可经历三种状态，见图 2.3。

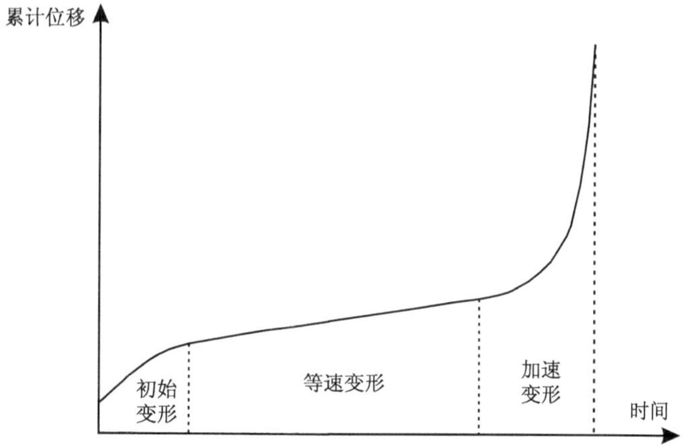

图 2.3　渠坡滑坡累计位移变化过程示意图

(1) 安全状态，指渠道产生初始变形，且累计位移较小的状态。渠道渠坡主要监测量的变化处于正常情况下的状态。

(2) 基本安全状态，指渠道边坡产生等速变形的状态。大部分边坡在经过等速变形后累计位移逐步趋于稳定，在无外界降水、渠道水位改变、地震等因素影响的情况下，渠坡将一直处于这种稳定状态。

(3) 不安全状态，指渠道边坡产生加速变形状态。边坡受到各种因素的影响在等速变形或初始变形趋于稳定的过程中突然出现加速变形的状态突变。从监测角度，可以监测到环境中某些危及安全的因素正在加剧，或主要监测量出现险情，若不采取措施将出现失事的状态。异常预警状态的边坡安全系数通常逐步减小，抗力逐渐小于荷载。

渠道的三种状态变化有许多症状和标志，这些症状和标志的界限值为状态特征值。针对渠道渠坡受到降水、渠道水位影响，结合有关规范和法规，将渠道渠坡安全状况分为三级，见表 2.8，对应不同的预警等级。设渠坡安全状况集合为V，则

$$V=\left[V_1,\ V_2,\ V_3\right]=\left[\text{安全，基本安全，不安全}\right]$$

表 2.8 渠坡安全等级划分标准表

安全状况	安全	基本安全	不安全
预警等级	1 级	2 级	3 级
采取措施	采取正常的观测及巡查工作	加强观测和巡查工作，进一步分析观测数据变化的诱因，密切关注相关监测数据有无异常增大趋势	异常预警，密切关注边坡的变化，采取有效的应急措施

(4) 渗透压力，取决于渠道内外水头差。渠道边坡的内坡与外坡水头差 1m 为阈值，0～0.5m 安全，0.5～0.9m 基本安全，大于 0.9m 不安全。

2.4 基于破坏模式与风险排序的渠道监测类目体系

渠道安全监测应充分考虑渠道线路长、渠身渠基组成复杂、接合部位多、失事模式多等特点。本章根据渠道的潜在破坏模式及失事后造成的损失等因素，合理确定进行重点监测的重要渠段和重点部位；在总结高寒区渠道破坏模式基础上，提出高寒区渠道主要破坏模式，包括冻胀破坏、失稳破坏、渗透破坏，据此进一步提出相应的破坏模式评价指标体系：①冻胀破坏，选取温度、含水量、冻胀量、冻胀率、冻胀力、冻胀变形速率为安全评价指标；②失稳破坏，选取变形量、变

形速率为安全评价指标；③渗透破坏，选取含水量、渗透压力为安全评价指标。

2.4.1　渠道分区及安全监测原则

渠道依据其易损性及失事后损失大小，可分为高风险区、中等风险区和低风险区。

(1) 高风险区：易出险且出险后损失重大的区域。

(2) 中等风险区：出险概率小但出险后损失大或出险概率大但出险后损失小的区域。

(3) 低风险区：不易出险且出险后损失较小的区域。

不同区域宜选择不同的安全监测方式。

(1) 高风险区：巡视检查、仪器监测并重。

(2) 中等风险区：巡视检查为主，仪器监测为辅。

(3) 低风险区：巡视检查为主。

安全监测工作应遵循如下原则：

(1) 巡视检查作为渠道安全监测的基本手段，应按要求的时间和频率进行，并做好规范的记录工作。

(2) 仪器监测应作为高风险区监测的重要组成部分，应根据工程等级、规模、结构形式及其地形、地质和地理环境等因素，设置必要的监测项目，选择适宜的监测方法，并应做到：①监测仪器设备应结合工程、突出重点、统筹安排、配合布置。②监测仪器设备应具有适用性、可靠性、耐久性、经济性，且便于实现自动化；仪器设备选型宜根据地质条件、结构计算、类似工程经验等确定。③仪器设备安装埋设或使用前应进行检测、校准；测量仪表应定期检定、校准。④仪器设备安装埋设和使用应做到专业施工或操作，确保质量，并应尽量减少对主体工程的影响。⑤仪器监测应适时建立基准值或背景值，按规定频次进行监测，发现异常立即复测；应做到监测连续、记录真实、注记齐全、整理及时；一旦发现问题，应及时上报。⑥仪器监测设计内容应包括监测项目设置、监测设施布置、监测方法拟定、监测周期设定、监测资料整理分析要求等；监测设施的设置应符合有效、可靠、牢固、方便及经济合理的原则。

仪器监测项目及监测设施应符合下列要求：

(1) 监测项目和监测点布设应能反映渠道运行的主要工作状况。

(2) 高风险区监测断面和部位的选择应有代表性，并应做到一种设施能测多个参数，渠道监测断面间距根据实际情况而定。

(3) 在软弱渠基、浅层强透水带、承压水带等特殊堤段或地形地质条件复杂的堤段，可适当增加监测项目和监测断面。

(4) 对有穿渠建筑物渠段，应根据建筑物与渠道接合部特点进行专项监测设计。

安全监测设计应收集下列基本资料：

(1) 工程规模、设计标准和渠道类型、级别、施工方法以及环境保护要求等资料；

(2) 水文资料；

(3) 地形、地质资料；

(4) 试验检测资料；

(5) 设计成果及最新安全评价成果；

(6) 监测仪器设备资料；

(7) 其他相关资料。

2.4.2 渠道监测项目

1. 环境量监测

环境量监测内容包括渠道水位、气温、渠道温度等项目。

2. 变形监测

(1) 变形监测项目主要包括垂直位移和水平位移监测。

(2) 变形监测平面坐标及高程应与设计、施工和运行各阶段的控制网相一致，并宜与国家控制网建立联系。有条件的可采用全球导航卫星系统(GNSS)变形监测或分布式光纤监测。

(3) 变形监测应符合下列规定：①应以表面变形监测为主，对重要部位可设置必要的内部变形监测项目。②位移测点应布置在迎水面渠肩、背水面渠肩，必要时可在背水面渠坡、渠脚各布置一个，位移测点宜与里程碑、测压管等布设结合。③渠身内部变形监测项目可采用沉降仪、测斜仪等进行监测，并宜与渗压计同孔埋设。④渠身垂直位移可采用精密水准法监测，水平位移可采用视准线法、三角网法等方法监测，精度应达到±3.0mm。⑤垂直位移以下沉为正、上升为负；水平位移以偏向背水面为正，偏向临水面为负；精度应达到±3.0mm。

3. 渗流监测

(1) 渠道渗流监测项目包括渠身浸润线、渠基渗透压力等，必要时可进行渗流量、水质分析等监测。对渠道土石接合部位应根据接合部特点进行必要的渗流监测。

(2) 渠身浸润线和渠基渗透压力监测宜用测压管或孔隙水压力计，并符合相关规范规定。对具备条件的可采用分布式光纤监测技术。

(3) 测压管布置与安装应符合下列要求：①测压管应布置在迎水面渠肩以及背水面渠肩、渠堤坡、渠道坡脚不同高程处，每个断面宜布置 4～6 个。②测压管由堵头、进水花管、导管和管口保护设备组成。③测压管宜采用双面热镀锌无缝钢管或硬工程塑料管，进水花管段应在现场外包土工织物一周半，并应避免长时间阳光直晒。④测压管钻孔应采用干钻法，下管子时应将管箍接头上满丝并用皮带将管子套牢吊起以防脱落，同时应避免损坏土工布。⑤测压管安装到位后，应及时用中砂下反滤料，同时应向管子中注清水并晃动管子，反滤料应一次完成，其深度应与花管段相对应，导管段部分应下黏土封口。

2.4.3　渠道监测类目组合模型

渠道作为水利工程中一种主要的输水方式，通常将高寒区渠道分为深挖方渠道、高填方渠道、高地下水位渠道、不良地质渠道、其他渠道(半挖半填渠道)等。由于渠道各个部位受力和建筑材料不同，所以渠道各部位具体的各类监测项目也不同，通常渠道监测布置应符合下列要求。

1. 深挖方渠道

深挖方渠道监测项目包括：①渠道水位、降水量、冰压力；②渠坡表面水平位移及垂直位移、渠坡内部水平位移及垂直位移；③渠底部渗透压力、渠坡地下水位；④锚固结构应力(锚杆应力、锚索拉力)等。抗滑桩等锚固结构上部宜布置水平位移及垂直位移测点。渠道深挖方渠段具体监测项目及监测等级如表 2.9 所示。

表 2.9　深挖方渠道监测项目分类

部位	监测类别	监测项目	重点监测对象		一般监测对象	
			关键部位	一般部位	关键部位	一般部位
深挖方渠段	巡视检查	背水坡、外堤脚及排水沟、护坡、防护堤、锚固结构	★	★	—	—
	变形	渠坡表面水平、垂直位移	★	★	—	—
		渠坡内部水平、垂直位移	★	☆	—	—
	渗流	渠底部渗透压力	★	☆	—	—
		渠坡地下水位	★	☆	—	—
	压力(应力)	锚固结构应力(锚杆应力、锚索拉力)	☆	☆	—	—
	环境量	渠道水位	★	★	—	—
		降水量	★	☆	—	—
		冰压力	★	☆	—	—

注：有★者为主要项目(必设)，有☆者为一般项目(可选)，“—”表示该部位无此项目。

2. 高填方渠道

高填方渠道的控制性的监测项目包括：①渠道水位、降水量、冰压力；②渠坡表面水平位移和垂直位移、渠坡内部分层沉降；③渠堤内渗透压力等。渠道高填方渠段具体监测项目及监测等级如表 2.10 所示。

表 2.10　高填方渠道监测项目分类

部位	监测类别	监测项目	重点监测对象		一般监测对象	
			关键部位	一般部位	关键部位	一般部位
高填方渠段	变形	渠坡表面水平、垂直位移	★	★	—	—
		渠坡内部分层沉降	★	☆	—	—
	渗流	渠堤内渗透压力	★	☆	—	—
	压力（应力）	土工膜应变	☆	☆	—	—
		土压力	☆	☆		
	环境量	渠道水位	★	★	—	—
		降水量	★	☆	—	—
		冰压力	☆	☆	—	—

注：有★者为主要项目（必设），有☆者为一般项目（可选），“—”表示该部位无此项目。

3. 高地下水位渠道

高地下水位渠道的控制性的监测项目包括：①渠道水位、降水量、冰压力；②渠坡表面水平位移及垂直位移；③渠底部渗透压力、渠坡地下水位等。渠道高地下水位渠段具体监测项目及监测等级如表 2.11 所示。

表 2.11　高地下水位渠道监测项目分类

部位	监测类别	监测项目	重点监测对象		一般监测对象	
			关键部位	一般部位	关键部位	一般部位
高地下水位渠段	巡视检查	背水坡、外堤脚及排水沟、护坡、防护堤	★	★	—	—
	变形	渠坡表面水平、垂直位移	★	★	—	—
	渗流	渠底部渗透压力	★	☆	—	—
		渠坡地下水位	★	☆	—	—
	环境量	渠道水位	★	★	—	—
		降水量	★	☆	—	—
		冰压力	★	☆	—	—

注：有★者为主要项目（必设），有☆者为一般项目（可选），“—”表示该部位无此项目。

4. 不良地质渠道

对于渠道的特殊渠段，如不良地质、中强膨胀土/岩、软土/岩、湿陷性黄土、饱和沙土、采空区等，应进行重点监测，其他渠段进行一般性监测。选择穿渠建筑物交叉部位、挖方填方过渡部位以及其他典型断面作为关键性监测断面，一般间隔为 1.5～2.5km，另每隔 100～500m 布置一般性监测断面。受跨渠建筑物影响的渠段，宜在渠道缺口部位布置一般性监测断面。渠道不良地质渠段监测项目及监测等级如表 2.12 所示。

表 2.12　不良地质渠道监测项目分类

部位	监测类别	监测项目	重点监测对象		一般监测对象	
			关键部位	一般部位	关键部位	一般部位
不良地质渠段	巡视检查	背水坡、外堤脚及排水沟、护坡、防护堤	★	★	—	—
	变形	渠坡表面水平、垂直位移	★	★	—	—
		渠坡内部水平位移及分层沉降	★	☆	—	—
		渠坡的裂缝变形	★	★	—	—
	渗流	渠底部渗透压力	★	★	—	—
		渠坡地下水位	★	☆	—	—
		土体含水量和吸力	★	★	—	—
	压力（应力）	土体应变	☆	☆	—	—
		土压力	☆	☆	—	—
	环境量	渠道水位	★	★	—	—
		降水量	★	☆	—	—
		冰压力	☆	☆	—	—

注：有★者为主要项目(必设)，有☆者为一般项目(可选)，“—”表示该部位无此项目。

5. 其他渠道

其他渠道的控制性的监测项目包括：①渠道水位、冰压力；②渠坡表面水平位移与垂直位移、渠坡内部水平位移及分层沉降；③渠底部渗透压力、渠坡地下水位等。膨胀土渠段还宜布置土体应变、含水量和吸力监测项目。其他渠段监测项目及监测等级如表 2.13 所示。

表 2.13　其他渠道监测项目分类

部位	监测类别	监测项目	重点监测对象		一般监测对象	
			关键部位	一般部位	关键部位	一般部位
深挖方渠段	巡视检查	背水坡、外堤脚及排水沟、护坡、防护堤	—	—	★	★
	变形	渠坡表面水平、垂直位移	—	—	★	★
		渠坡内部水平位移及分层沉降	—	—	★	☆
	渗流	渠底部渗透压力	—	—	★	☆
		渠坡地下水位	—	—	★	☆
	环境量	渠道水位	—	—	☆	☆
		冰压力	—	—	☆	☆

注：有★者为主要项目(必设)，有☆者为一般项目(可选)，“—”表示该部位无此项目。

6. 基于渠道类型、破坏模式监测参数和测点组合赋权模型

1) 不同破坏模式的监测参数分类

渗透破坏监测参数是渗透压力，一般在渠坡或渠基埋设渗压计测点进行监测。失稳破坏(滑坡)主要监测参数是变形，一般在渠顶或高边坡渠坡设置水平位移和沉降标点，采用 GPS、全站仪及经纬仪进行监测。冻胀破坏监测参数是冻胀量，一般在渠道内侧渠坡上布置冻胀量监测设施。其他破坏(塌陷、裂缝、不均匀沉降)主要为巡视检查。

2) 渠道工程重要性区间概率划分

对高寒区不同渠道，按照工程规模、设计流量、灌溉面积等的不同，建立对应不同等别渠道的重要性区间概率(表 2.14)。

表 2.14　高寒区渠道重要性区间概率表

重要性	区间概率(L)	判别标准
极重要	$0.8 \leqslant L < 1.0$	工程等别一、二级
重要	$0.5 \leqslant L < 0.8$	工程等别三、四级
一般	$0 < L < 0.5$	工程等别五级

对工程等别一、二级的渠道，重要性为“极重要”，区间权重为[0.8，1.0)；对工程等别三、四级的渠道，重要性为“重要”，区间权重为[0.5，0.8)；对工程等别五级的渠道，重要性为“一般”，区间权重为(0，0.5)。

3) 破坏模式发生可能性赋值分析

对应 5 种不同的渠道类型，针对渗透破坏、滑坡破坏、冻胀破坏、其他破坏

4 大类破坏模式，通过专家评判及历史渠道破坏事例，建立不同破坏模式发生可能性的概率赋值区间。参照 FMEA 法，渠道各类破坏的最大概率为 5 年每 10km 为 10%，最小为 0，得到破坏模式发生可能性概率赋值表(表 2.15)。

表 2.15　高寒区渠道破坏模式发生可能性概率赋值表

渠道类型	破坏形式(测点类型)			
	渗透破坏	滑坡破坏	冻胀破坏	其他破坏
深挖方渠道	$0.01 \leqslant R < 0.03$	$0.07 \leqslant R < 0.09$	$0.08 \leqslant R < 0.1$	$0.01 \leqslant R < 0.02$
高地下水位渠道	$0.02 \leqslant R < 0.05$	$0.08 \leqslant R < 0.09$	$0.08 \leqslant R < 0.1$	$0.01 \leqslant R < 0.02$
不良地质渠道	$0.08 \leqslant R < 0.1$	$0.07 \leqslant R < 0.08$	$0.05 \leqslant R < 0.08$	$0.01 \leqslant R < 0.02$
高填方渠道	$0.08 \leqslant R < 0.1$	$0.01 \leqslant R < 0.03$	$0.01 \leqslant R < 0.03$	$0.01 \leqslant R < 0.02$
其他渠道	$0.01 \leqslant R < 0.03$	$0.01 \leqslant R < 0.03$	$0.01 \leqslant R < 0.03$	$0.01 \leqslant R < 0.02$

4)基于工程重要性、破坏模式发生概率的组合赋权

为了优选出监测参数和测点组合，需针对不同等别渠道重要性概率和不同破坏模式发生概率进行融合计算，可引入 Cornell 提出的计算串联系统失效概率的计算方法：

$$P = 1 - \prod_{i=1}^{n}\left(1 - P_i\right)$$

式中，n 为破坏层数；P_i 为第 i 层失效概率；P 为整个体系的失效概率。

对应不同等级的渠道，不同模式破坏发生的融合概率有

$$W = 1 - \left(1 - L\right)\left(1 - R\right)$$

式中，L 为不同渠道的重要性概率，则$(1-L)$为渠道相对不重要的概率；R 为不同模式破坏发生的概率，$(1-R)$为破坏不发生的概率，$(1-L)(1-R)$为既不重要且破坏不发生的概率；W 为融合计算，为重要渠道或破坏模式发生的融合概率，视为组合权重。

具体计算时，以 L、R 的下界计算得到 W 的下边界值，以 L、R 的上界计算得到 W 的上边界值。以 W 作为测点组合优选的权重值，得到监测参数和测点组合权重赋值表(表 2.16)。将权重大于 0.09 的破坏类型和监测组合优选为监测布置类型，得到监测参数和测点组合优选结果(表 2.17)。

表 2.16　高寒区渠道监测参数和测点组合权重赋值表

渠道类型	破坏形式(测点类型)			
	渗透破坏	滑坡破坏	冻胀破坏	其他破坏
深挖方渠道	$0.082 \leqslant W < 0.1$	$0.094 \leqslant W < 0.1$	$0.096 \leqslant W < 1.0$	$0.082 \leqslant W < 0.1$
高地下水位渠道	$0.094 \leqslant W < 0.1$	$0.096 \leqslant W < 0.1$	$0.096 \leqslant W < 1.0$	$0.082 \leqslant W < 0.1$

续表

渠道类型	破坏形式(测点类型)			
	渗透破坏	滑坡破坏	冻胀破坏	其他破坏
不良地质渠道	0.096≤W<0.1	0.094≤W<0.1	0.09≤W<1.0	0.082≤W<0.1
高填方渠道	0.09≤W<0.1	0.055≤W<0.086	0.055≤W<0.086	0.055≤W<0.084
其他渠道	0.01≤W<0.065	1≤W<0.065	0.01≤W<0.065	0.01≤W<0.06

表 2.17 高寒区渠道监测参数和测点组合优选结果

风险等级	渠道类型	破坏形式(测点类型)			
		渗透破坏(渗透压力参数)	滑坡破坏(变形参数)	冻胀破坏(冻胀量参数)	其他破坏
高风险	深挖方渠道		√	√	
	高地下水位渠道	√	√	√	
	不良地质渠道	√	√	√	
中风险	高填方渠道	√			
低风险	其他渠道				

参考文献

[1] ANCOLD(Australian National Committee on Large Dams). Guidelines on Risk Assessment [S]. 2003.

[2] 解家毕, 孙东亚. 事件树法原理及其在堤坝风险分析中的应用[J]. 中国水利水电科学研究院学报, 2006, 4(2): 133-137.

[3] 贾超. 结构风险分析及风险决策的概率方法[M]. 北京: 中国水利水电出版社, 2007.

[4] 王艳艳, 吴兴征. 中国与荷兰洪水风险分析方法的比较研究[J]. 自然灾害学报, 2005, 14(4): 19-24.

[5] 曹云. 堤防风险分析及其在板桥河堤防中的应用[D]. 南京: 河海大学, 2005.

[6] HSE(Health and Safety Executive, United Kingdom). The Tolerability of Risk from Nuclear Power Stations[M]. London: Her Majesty's Stationery Office, 1988.

[7] Gerber M, von Solms R. Management of risk in the information age[J]. Computers & Security, 2005, 24(1): 16-30.

[8] 肖义. 水库大坝防洪安全标准及风险研究[D]. 武汉: 武汉大学, 2004.

[9] 刘宁. 现代大坝安全管理的理念和内涵[J]. 中国水利, 2008, (20): 6-9.

[10] HSE(Health and Safety Executive, United Kingdom). The Tolerability of Risk from Nuclear Power Station[M]. London: Her Majesty's Stationery Office, 2001.

[11] USBR. Guidelines for Achieving Public Protection in Dam Safety Decision Making[M]. Denver, Colorado: United States Bureau of Reclamation, 2003.

[12] 李雷，王仁钟，盛金保，等. 大坝风险评价与风险管理[M]. 北京：中国水利水电出版社，2006.
[13] 彭雪辉，蔡跃波，盛金保，等. 中国水库大坝风险标准研究[M]. 北京：中国水利水电出版社, 2015.
[14] Szidarovsky F, Duckstein L, Bogardi I. Levee system reliability along a confluence reach[J]. Journal of the Engineering Mechanics Division, 1975, 101(5): 609-622.
[15] Sadovsky Z. Discussion on: An inverse reliability method and its application[J]. Structural Safety, 2000, 22(1): 97-102.
[16] Tung Y K, Mays L W. Risk methods for flood levee design [J]. Water Resources Research, 1981, 17(4): 883-841.
[17] Duckstein L, Bogardi I. Application of reliability theory to hydraulic engineering design[J]. Journal of the Hydraulics Division, 1981, 107(7): 799-815.
[18] Pilarczyk K W. Dikes and Revetments—Design, Maintenance and Safety Assessment[M]. Boca Raton: CRC Press, 1998.
[19] Vrijling J K. Probability design of water defense system in the Netherlands[J]. Reliability Engineering & System Safety, 2001, 74(3): 337-344.
[20] Baecher G B, Christian J T. Reliability and statistics in Geotechnical Engineering [M]. London: John Wiley & Sons Ltd., 2003.
[21] 高延红，张俊芝. 堤防工程风险评价理论及应用[M]. 北京：中国水利水电出版社, 2011.
[22] 严祖文，彭雪辉，张延亿. 病险水库除险加固风险决策[M]. 北京：中国水利水电出版社，2011.
[23] 彭雪辉. 风险分析在我国大坝安全上的应用[D]. 南京：南京水利科学研究院, 2003.
[24] 马福恒. 病险水库大坝风险分析与预警方法[D]. 南京：河海大学, 2006.
[25] 向衍. 高坝坝体与复杂坝基互溃的力学行为及其分析理论[D]. 南京：河海大学, 2004.

第 3 章　基于传统测试手段的高寒区渠道监测技术

受到监测技术发展水平的限制，长期以来，渠道冻害的监测主要以人工观测、现场巡测为主。对输水渠道的冻害监测项目主要有气象资料的监测、基土地温的监测、基土含水率的监测、地下水的监测、冻胀变形的监测等[1-5]。

3.1　传统高寒区渠道现场监测技术和方法

3.1.1　气象资料监测

气象数据是监测的基础材料。以前气象资料的观测大多仅限于大气温度、降水等的实际人工测量，近年来随着气象观测自动化水平的提高，人工观测逐渐转为自动观测，可通过自动气象站进行；尤其是便携式自动气象站的出现，其可以方便快捷地收集环境温度、湿度、风向、风速、日照等主要气象要素，并通过无线网络进行采集。

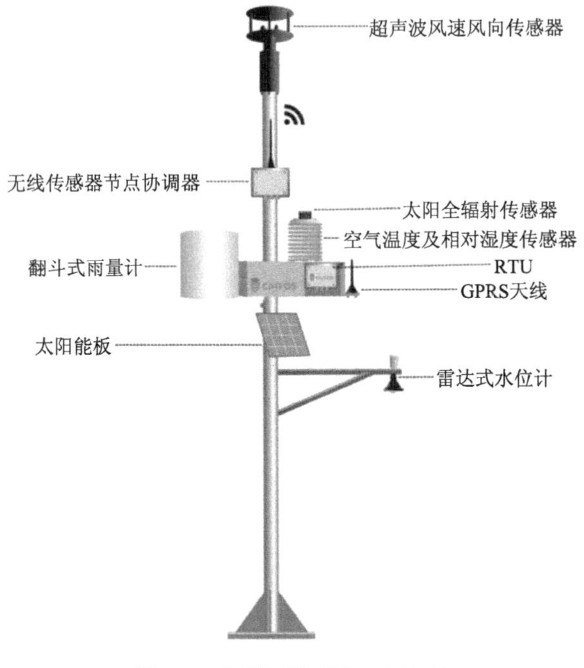

图 3.1　典型便携式自动气象站

图 3.1 为奥地利生产的 Caipos 多要素自动气象站，该气象站是目前世界上集成化程度最高、最轻便、体积最小的网络化气象监测系统，制作工艺优良，可以在严酷的环境下长期可靠运行。它主要由 Caipos 主机和一组高精度传感器组成，标准配置包括空气温度、相对湿度、太阳全辐射、风向、风速、气压及降水量传感器，体积小巧，机体坚固，便于安装、管理和防盗，并可以扩展连接远红外温度、图像等 126 种传感器。其通过 GPRS 与中央数据处理平台双向通信，紧急情况下，系统会立即向用户发送 SMS 预警短信。图 3.2 为集成了自动气象站的监测数据管理系统。

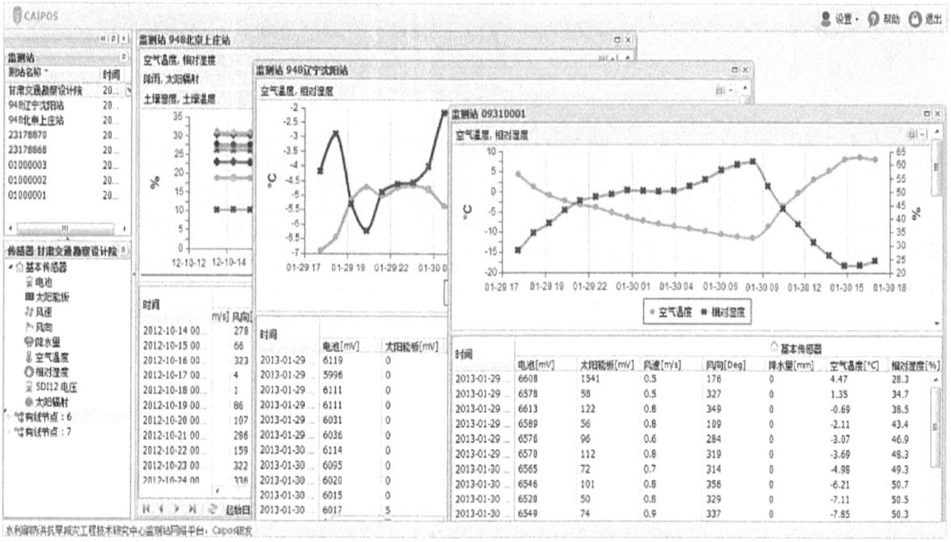

图 3.2　集成自动气象站的监测数据管理系统

3.1.2　渠基土地温监测

自动气象站主要监测大气环境温度，却无法获取渠基土体的温度。由于连续的负温环境是渠道冻胀的必要条件，因此地温的观测是渠道冻害监测重点。地温监测主要是监测渠道底部基土温度场的变化，从而可计算冻结起始时间、冻结深度等特征参数。目前测温探头多用热敏电阻、热电偶和玻璃棒缓变温度计等。采用热电偶配数字电压表测量围电压的地温测量方法以前应用较广，但缺点是需要零温瓶并另配电源，且数字电压表受寒冷气温影响较大。热电偶温度计测量地温装置如图 3.3 所示。

图 3.3　热电偶测地温装置

目前市场上应用较多的是电阻温度传感器。热敏电阻具有体积小、反应快、使用方便的优点，通过热敏电阻，可以把温度及其变化转换成电学量及其变化加以测量。例如基康的 BGK-3700 埋入式温度计，适用于–30～70℃的测温环境，分辨率可达 0.1℃。标准的铂电阻温度计结构如图 3.4 所示。

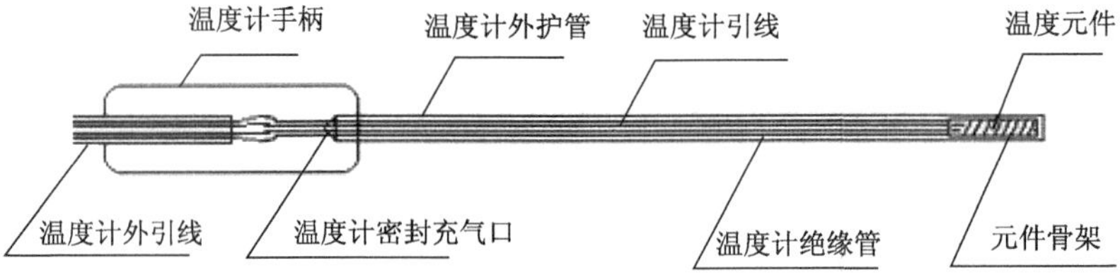

图 3.4　标准铂电阻温度计结构示意图

3.1.3　土体冻深监测

冻土器是观测冻土的仪器，通常由外管和内管组成。外管为一根标有 0 刻度线的硬橡胶管，内管为一根有厘米刻度的软橡胶管，管内有固定冰柱用的链子或铜丝、线绳，底端封闭，顶端与短金属管、木棒及铁盖相连，内管中灌注当地干净的河水、井水或自来水至 0 刻度线处。常用的有达尼林冻土器，即用一个直径 1cm 左右带刻度的软橡胶管，灌入当地地下水，插入直径 3cm 左右的套管中。采用冻土器观测冻深具有直观、可靠、投资少、制作埋设方便等优点，被视为测量冻深的标准方法，但也存在观测周期长等缺点。图 3.5 是冻土器的总体结构和内管构造。

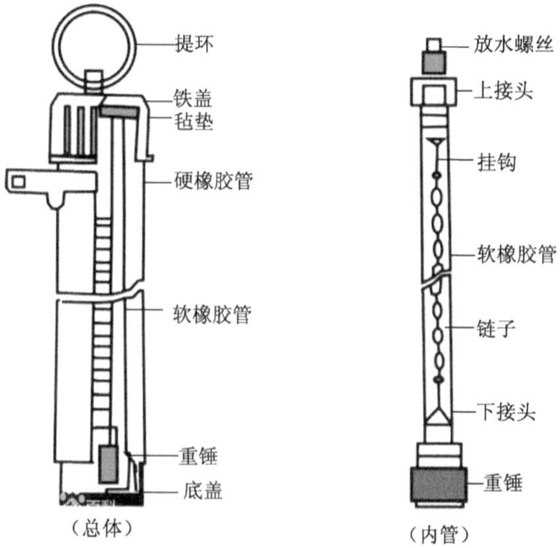

图 3.5　冻土器的结构组成

也可采用亚甲蓝冻结深度计测量冻土冻结深度。试验时将亚甲蓝冻结深度计垂直埋入土体中，并将仪器的上端露出；仪器内管可以从外管中抽出，内管上标有刻度。由于亚甲蓝溶液冻结会变白，因此可以通过读取内管上端亚甲蓝变白部分的长度得到冻土深度，如图 3.6 所示。

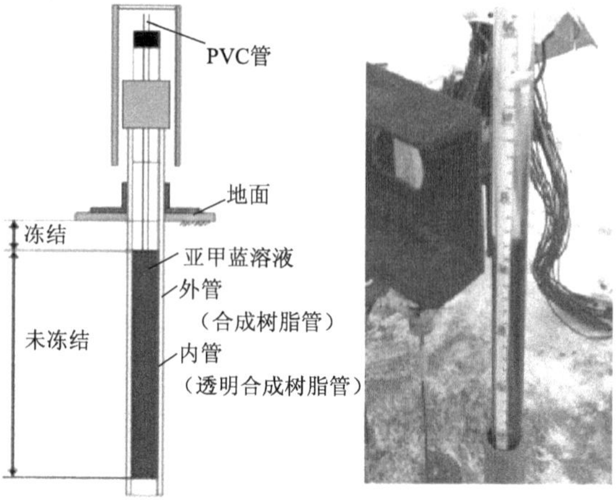

图 3.6　亚甲蓝冻结深度计

3.1.4　渠基土含水率监测

对土体含水率的测定，最直接并且应用较广的是人工钻孔现场烘干法，简单、造价低，但评价某一剖面的含水率变化动态时，可比性较差。

中子水分仪是另一种常用的测试仪器，主要包括中子源和中子探测器。中子测水分的基本原理在于动量守恒定律：氢原子的质量和中子十分接近，所以一个高速运动的快中子和氢原子发生弹性碰撞时，它的能量急剧下降，平均十多次碰撞就减速变成能量很小的热中子。在中子水分仪前端，装有一个同位素中子源，它能不断地发射出快中子；当土壤中的含氢量(即含水量)较大时，快中子很快被慢化成热中子，这些热中子犹如云雾一般紧紧围绕在中子源的周围；当土壤含水量较小时，中子被碰撞的机会少，能运动到稍远的地方去，这样中子云的密度就较稀疏。在中子源的附近，装有一个热中子探测器，它能测出进入其范围内的热中子数。这样热中子计数和土壤含水量之间就存在一种确定的关系，通过标定就能由热中子计数算出土壤含水量。中子水分仪的结构示意见图 3.7。

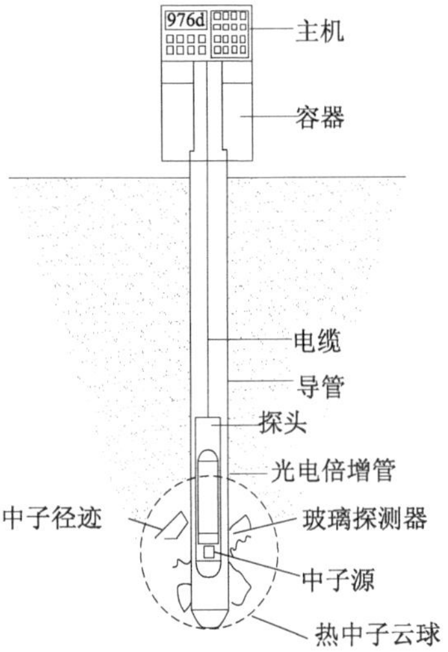

图 3.7　中子水分仪

以无损时域反射技术(time domain reflectometry，TDR)测试土体含水率的方法应用越来越广。它原来是 20 世纪 60 年代末出现的一种确定介电特性的方法，经过许多学者的不懈努力改进，20 世纪 90 年代后期国际上已经把 TDR 作为测量土壤水分的基本技术，近年来在我国应用也越来越广。TDR 是根据探测器发出的电磁波在不同介电常数物质中传输时间的不同，计算出被测物含水率，从而得到土体含水率的方法。由于土壤中水的介电常数远大于土壤中的固体颗粒和空气的介电常数，因此随土壤水分含量升高，土壤介电常数值增大，沿波导棒的电磁波传播时间也随之延长。通过测定土壤中高频电磁脉冲沿波导棒的传播时间计算出传播速度，进而就可以确定土壤含水量。TDR 测试的基本工作原理见图 3.8，常见 TDR 测试系统的组成见图 3.9。

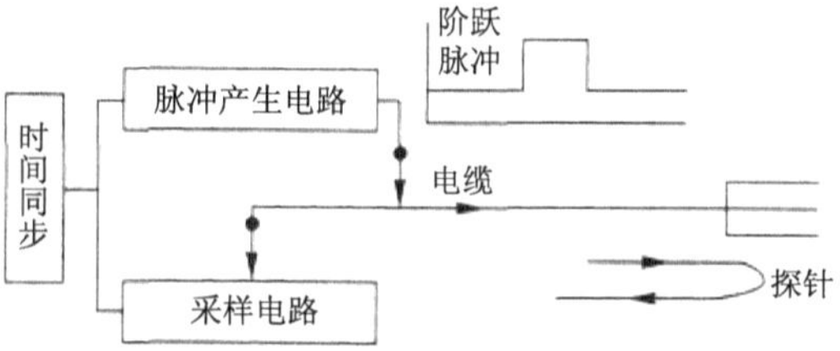

图 3.8　TDR 测试的基本工作原理

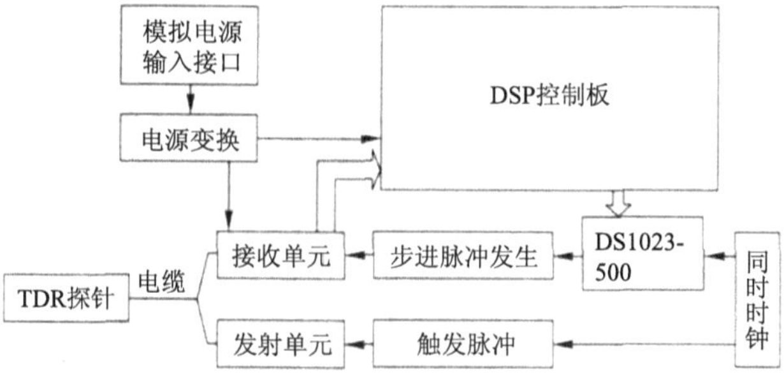

图 3.9　常见 TDR 测试系统的组成

3.1.5　地下水位监测

地下水位是指地下含水层中水面的高程，地下水位的测试一般采用埋设水位管。水位管宜选用直径 50mm 左右的钢管或硬质塑料管，管底加盖密封，防止泥沙进入管中；下部留出 0.5～1m 不打孔的沉淀段，用来沉积滤水段带入的少量泥沙；中部周围钻出 6～8 列直径为 6mm 左右的滤水孔，滤水孔纵向间距 5～10cm，相邻两列的孔交错排列，呈梅花状布置。管壁外部包扎过滤层，过滤层可选用土工织物或网纱，上部管口段不打孔，以保证封孔质量。近年来，随着 TDR 技术的发展，也开始有学者采用 TDR 测试地下水位。

地下水位自动监测系统采用水位传感器，将采集数据通过网络进行传输，可组成自动化监测系统。在水文领域具有影响力的地下水位监测仪器主要有斯伦贝谢水务公司推出的 Diver 系列产品，Keller 公司推出的 DCX 系列产品等。Micro-Diver 是自动测量记录地下水的水位、温度、电导率的仪器，长度 90mm，直径 18mm，非常轻便，内部集成了温度和压力传感器，外部为密封的不锈钢材质，可以在–20～80℃环境中使用，可测量几米至上百米的地下水位，并且精度较高。斯伦贝谢水务公司出产的 Diver 系列产品见图 3.10。

图 3.10　荷兰生产的 Diver 系列地下水水位计

3.1.6　冻胀融沉变形观测

冻胀融沉特性是寒冷地区输水渠道的重要特性，其根本原因在于渠基土自身的冻胀性和融沉性。渠道在多年反复的冻融作用下会发生衬砌板隆起架空、滑动、错位滑塌、折断等，并且长期的冻融作用会显著加剧渠道的劣化破坏，例如会使得寒冷地区的膨胀土渠道滑坡更加严重。为避免冻胀破坏，寒冷地区的水工建筑物一般要求基础埋深在冻深线以下，因而基础工程量约占整个工程量的 1/3 以上；但对于面广量大的渠道衬砌体工程，为防止冻胀而加大基础埋深从经济上考虑几乎是不可能的。因此，需要正确了解渠基土的冻胀性，尤其是冻胀量，便于针对具体情况采取比较经济合理的防冻胀措施。二维矢量冻胀融沉的简单计算原理可用图 3.11 表示。

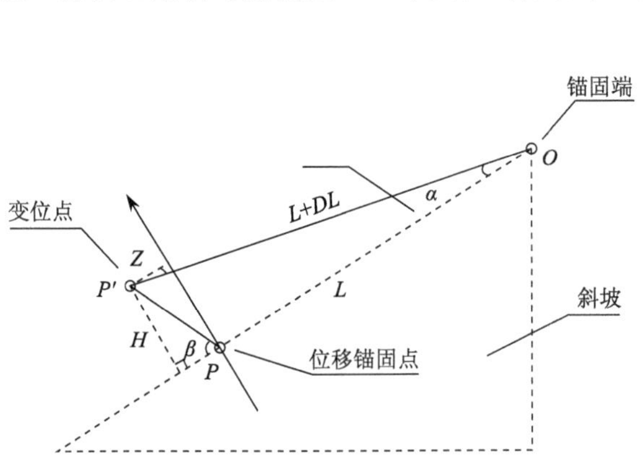

图 3.11　二维矢量冻胀融沉的计算原理

目前无论是对天然地表还是工程构筑物的变形观测，主要还是用水准仪抄平方法。这种方法一个重要的前提是埋设基准点，无论是冻结松散土层或基岩露头，基准点基础均要埋入岩土之中；松散土层中基准桩入土深度要大于4倍以上的冻土上限深度；冻融土层间要作专门防冻拔处理，一般可采用钢棒外套钢管，管间充填防冻填料。基准桩周围回填非冻胀砂砾石填料，若用基准管，管内要充填土料，孔口封闭并锉平，出露地表长度尽可能短于20cm，以减少人为扰动。基准点尽量埋设于观测点中间，其周围要做防护围栅。冻融测点要保持与观测体变形的一致性，例如以打入的锚固钢钉、建筑体上的混凝土、钢筋头等作为测点，每次观测前要首先检查测点是否被人为扰动或破坏。

3.1.7　冻胀作用力观测

冻胀作用力的观测非常困难，原因在于只有在保持土体不发生冻胀变形的情况下才能准确测试出土体的冻胀作用力，因此在实际现场测试中都需要设置反力梁，目前在冻土地基中有现场测试冻胀作用力的试验。地基土的冻胀力的测量装置见图3.12，在原状土表面与反力梁间设置压力计，利用螺栓调节压力计的高度，旋转螺栓的螺母正好贴紧反力梁，并观察计算机显示的压力值，在压力值正好超过0时停止旋转螺母。在气温降到0℃，并开始记录各种数据之前，需要检查压力计是否贴紧反力梁。

图3.12　冻胀力测试装置

3.2　高寒区渠道现场监测技术实例

为掌握实际渠道工程在运行过程中的变形和稳定特性，应开展孔隙水压力、渠基土温度、渠基土含水率、土体冻胀变形和冻胀作用力等的现场测试。近年来，随着智能传感技术及无线传输技术的快速发展，岩土工程中的孔隙水压力、土压力、位移等的监测，在条件允许的情况下，都可以通过数据采集单元纳入自动化监测系统中。依托于国家重点研发计划项目“高寒区长距离供水工程能力提升与安全保障技术”，新疆北疆地区示范应用了长距离供水渠道的自动化监测预警预报技术。

3.2.1　现场示范工程概况

1. 现场示范工程位置

项目示范工程选择新疆某供水工程的总干渠，该工程位于新疆阿勒泰地区，断面地处阿尔泰山南麓、准噶尔盆地北缘，属温带大陆性气候，春秋两季较短，冬夏两季较长，昼夜温差大，寒暑变化强烈。年平均降水量为188mm，蒸发量为1900～2300mm；最暖的7、8月平均气温为25.7℃，极端最低气温达–40℃。断面地区春季在4月到来，9月下旬以后气温下降迅速，10月份昼夜温差增大，冬季长达5个月。

2. 现场示范工程监测难点

北疆供水总干渠(以下称“ZG渠”)自2000年建成以来，已运行20余年，虽然部分渠段开展了渠基膨胀性泥岩换填，但渠坡表面防渗形式未发生根本性改变，仍是以预制混凝土衬砌、两布一膜为主的形式。为更好地了解ZG渠渠基渗流特征，同时为人工干预与应急决策提供科学依据，项目团队依托课题“高寒区供水渠道能力提升与安全保障集成示范”在北疆供水工程ZG渠建设了高寒区供水渠道自动化监测断面。

从ZG渠膜后水位管的观测可知，ZG渠大部分渠段膜后水位偏高，从国内其他大型输水工程渗漏处置的实践来看，“预制混凝土衬砌+土工膜防渗”形式下的渠道渗水几乎是不可避免的，主要原因在于防渗膜的逐年老化以及施工过程中不可避免的损毁。若渠道渗水长期赋存，将使渠基容重下降，不利于边坡的稳定性；此外，还将导致退水期产生反渗作用，对渠道的运行带来严重影响。

在ZG渠进行渠道自动化监测存在几大难点：

(1)ZG 渠位于新疆阿勒泰地区，冬季寒冷而漫长，极端低温可达–40℃，冻深达 2m；

(2) ZG 渠全长 133km，渠道线路长，穿越荒漠地区，人迹罕至，给监测设施的运行和维护带来困难；

(3) 渠道为冬季不供水渠道，每年 4 月下旬供水、9 月中旬停水，每年可维修期非常短，只有约 2 个月；

(4) 由于地处荒漠区，渠道沿线没有网电；

(5) 渠道沿线很多渠段没有 GPRS 信号，给数据的自动化传输带来困难；

(6) 自动化监测需要在渠坡上面埋设传感器，渠坡造孔难。

经综合考虑以上情况后，本次自动化监测示范选择在 ZG 渠里程桩号 19+160 断面和 30+200 断面。

3. ZG19+160 断面概况

ZG19+160 段为挖方断面，绝对高程 624.1m。2016 年底完成对该段渠道的纵横排水改造，渠基换填情况自上而下：0～40cm 为砂砾料换填层，40cm～1.6m 为含砾白砂岩换填层；3m 以下为原状土，以砂砾岩为主，部分夹杂黄色、青色泥岩。渠道断面结构如图 3.13 所示。

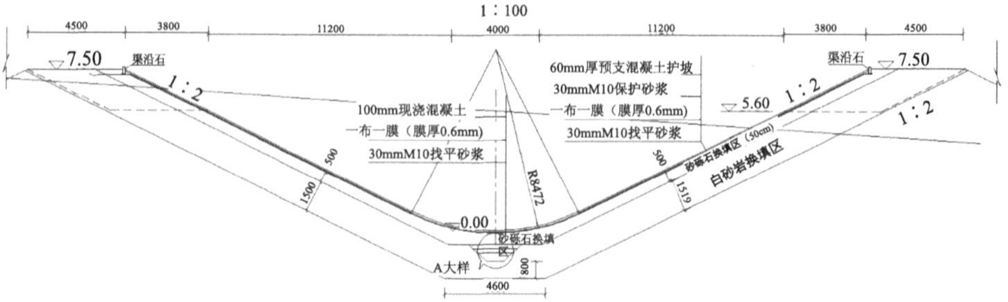

图 3.13　示范渠道的典型断面结构图(尺寸单位：mm；标高单位：m)

渠顶距渠沿石 15.1m 处设有抽排集水井；截至 2017 年 9 月，该段运行情况相对较好，未见大面积破坏，在 9 月初渠道停水期间，渠底见局部鼓胀，衬砌板剥落。为了解运行期防渗膜的渗漏情况，于 2015 年设置了膜后水位观测管，该段运行期防渗膜后积水相对偏高(图 3.14)，渠道运行存在安全风险，停水后需进行维修。该段日照条件充足，专门架设了 220V 交流电，GPRS 传输信号可满足传输要求。经充分调研，决定在该段设置渠道自动化监测断面，图 3.15 为自动化监测实施前该断面渠道的照片。

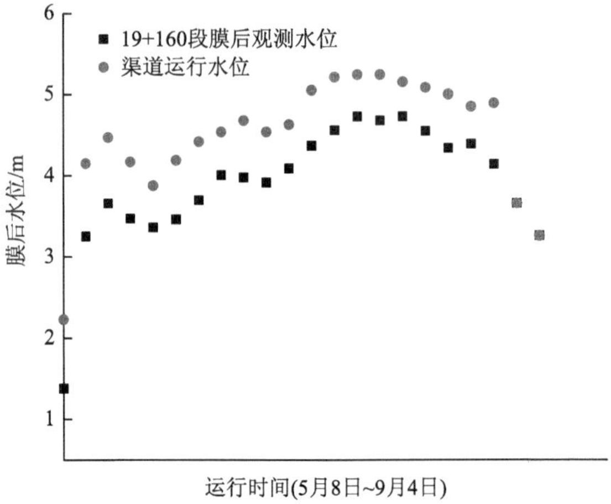

图 3.14　ZG19+160 断面渠道的膜后水位情况(2017 年)

图 3.15　ZG19+160 断面渠道照片(2017 年 9 月 4 日摄)

4. ZG30+200 断面概况

ZG30+200 同样为挖方渠段，绝对高程 623m，于 2005 年设置全断面换填，2015 年后设置纵横向排水体系，但 2016 年渠道运行期间观测到纵横排水体系不畅，膜后水持续偏高。为此，管理单位于 2016 年秋季停水后对渠基进行了 40cm 范围的砂砾料换填，但未做 0.4～1.6m 范围的白砂岩换填。2017 年 9 月停水期间，该段发生大面积滑坡，如图 3.16 所示。

ZG30+200 段于 2017 年运行期内的膜后水深如图 3.17 所示，图中显示该段膜后水深基本与渠道运行水深持平。根据地勘资料，该段膨胀性泥岩埋深浅、分布面较广，分析认为该段破坏原因为纵横排水不畅导致膜后赋存水量大，基土长期处于饱和状态，泥岩膨胀且强度大大降低，最终导致停水后发生大面积滑坡。会同管理单位研究讨论后，决定对该段在停水后进行全断面修复，横向跨度超过 40m。

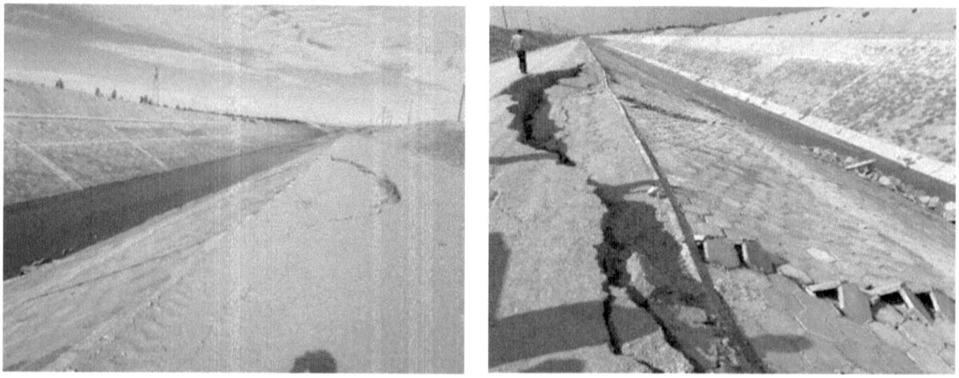

图 3.16　ZG30+200 断面渠道滑坡照片(左图为 2017 年 9 月 4 日摄，右图为 2017 年 9 月 20 日摄)

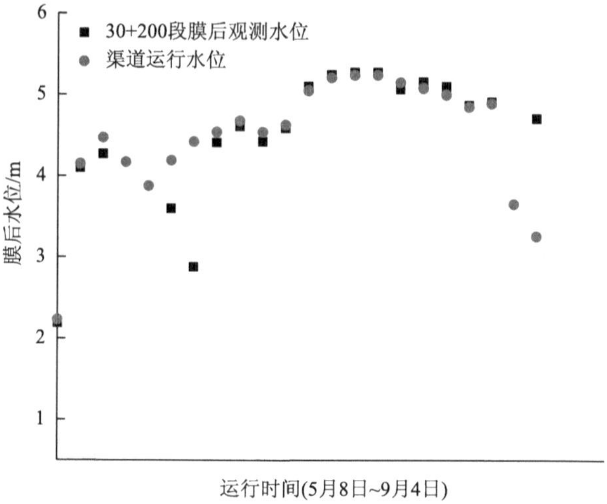

图 3.17　ZG30+200 断面渠道的膜后水位情况(2017 年)

由于自动化监测的实施，需要在对滑坡处置后才能进行监测。该断面于 2017 年 10 月 8 日开始进行断面恢复工作，主要包括衬砌板和防渗膜的拆除、渠道土方的填筑和压实、砂浆找平层等，历时半个月，于 10 月 23 日完成断面修复(图 3.18)。距该段 200m 的 30+000 处设有集水井，且集水井设有 220V 交流电，GPRS 信号相对较强。经充分调研和考察，该段具备建设自动化监测的较好条件。

图 3.18　ZG30+200 渠道断面滑坡后修复情况(2017 年)

3.2.2　传感器的选型和布设

项目团队于 2017 年 10～12 月在 ZG 渠建立了 ZG 渠高寒膨胀土地区供水工程现场监测断面，即 ZG19+160 断面以及 ZG30+200 断面。选择的两处断面日照条件充足，附近的集水井设有 220V 交流电，GPRS 传输信号较强。

为了对渠道的运行状况进行全面掌握，设置了不同的监测指标。温度、水位、孔隙水压力、渠基土含水率是判断衬砌下土体冻结深度、受水区范围的重要指标，因此本监测断面的主要监测内容包括：①环境及渠基温度；②渠基水位；③渠基孔隙水压力；④渠基土含水率。

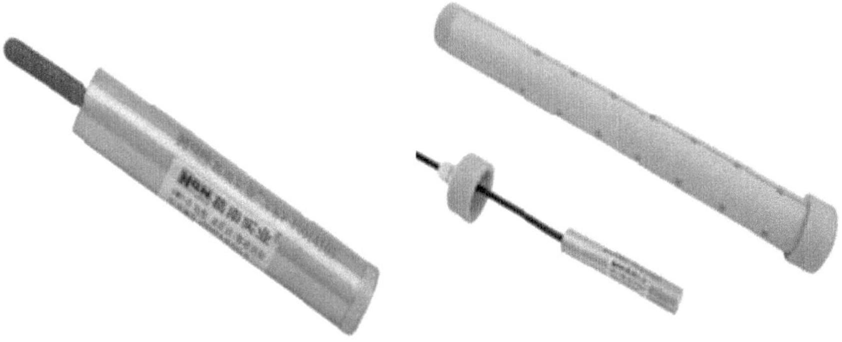

图 3.19　渠道自动化监测所用孔压传感器

本次现场监测段在渠道两侧的坡面衬砌下表面以及底部渠道衬砌下的不同深度处埋设了不同量程的 VWP-G 型投入式渗压计、水位计，其同时具有测温功能，适宜温度范围–40～120℃，分辨率≤0.025%F.S.，见图 3.19，其技术参数见表 3.1。本次现场监测所用传感器采用探槽法埋设，埋设完毕后采用原状土回填钻孔。

表 3.1　现场自动化监测孔压传感器主要技术参数

参数	数值
尺寸	24mm×120mm
测量范围	0～0.7MPa
分辨率	≤0.025%F.S.
测量精度	±0.1%F.S.
测温范围	–40～120℃
灵敏度	±0.1℃
耐水压	测量范围 1.2 倍

含水率是土的基本参数，尤其在土体冻胀中，只有超过了起始冻胀含水率的土体才会发生冻胀变形。为全面掌握渠基土含水率随渠道通停水以及温度的变化，本次现场试验采用 FDS-100 型精密土壤水分传感器(图 3.20)，分别在渠道 ZG19+160 断面左岸衬砌下表面以及渠坡不同深度处进行埋设，共计 8 只传感器。传感器由一个内含电子器件的防水室和与之一端相连的三个不锈钢针构成的探针组成，设备由环保材料制成，全密封，可长期埋设在地下任意深度，对土壤的体积含水率进行连续的测量，水分传感器的具体技术参数见表 3.2。土壤水分传感器埋设时，直接埋在被测土体中，周围无须用砂土换填，且将石头类剔除。

图 3.20　FDS-100 型精密土壤水分传感器

表 3.2　FDS-100 型精密土壤水分传感器技术参数

参数	数值
探针长度	55 mm
探针直径	3 mm
测量精度	±3%

续表

参数	数值
工作温度范围	–40～85℃
测量稳定时间	2 s
测量主频	100 MHz
工作电压	7～24 V
工作电流	25～35 mA
输出电压	0～2 V

为全面了解渠道的渗流及温度场和水分场的变化情况，两个示范断面分别布设了大量的传感器，渠道 ZG19+160 断面共埋设 14 支渗压计、2 支水位计，渠道 ZG30+200 断面共埋设 16 支渗压计、2 支水位计。两个断面传感器的布置如图 3.21 和图 3.22 所示。

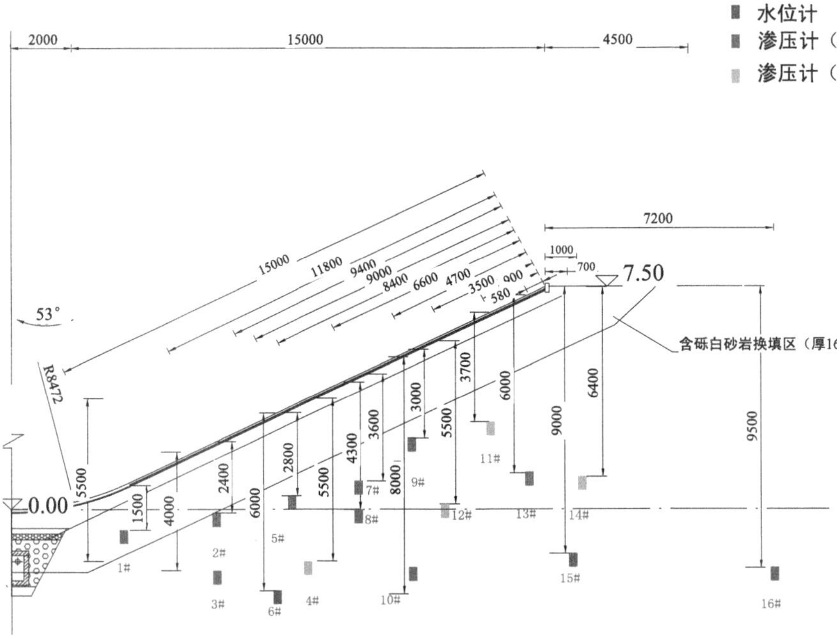

图 3.21　ZG19+160 断面传感器布设图(尺寸单位：mm，标高单位：m)

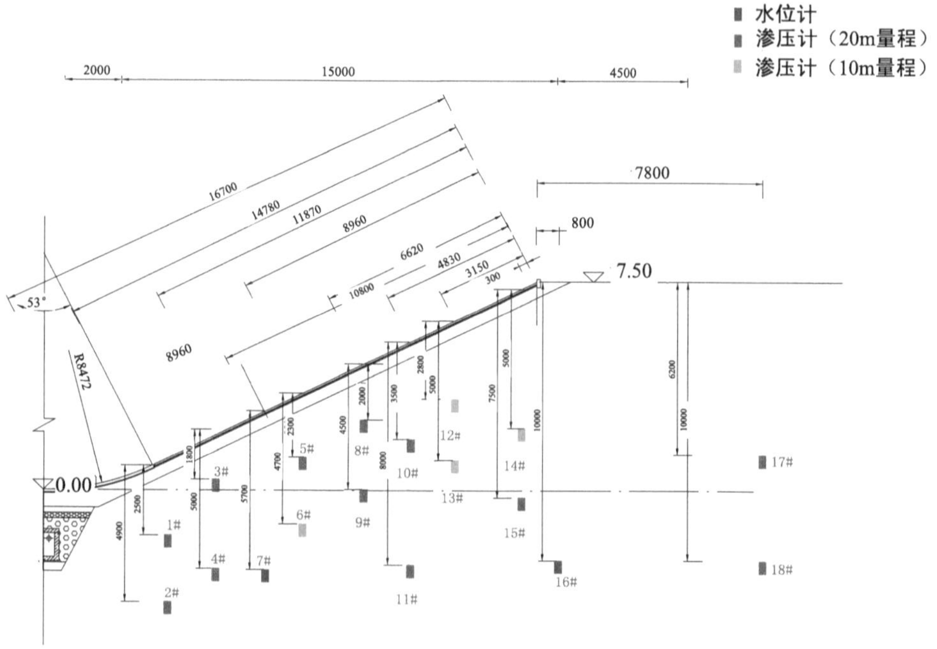

图 3.22　ZG30+200 断面传感器布设图(尺寸单位：mm，标高单位：m)

3.2.3　现场自动化监测示范工程建设

埋设工作主要包括孔位钻孔及传感器投放。钻孔工作由渠顶向渠底进行，钻孔孔径为 110mm，渠坡钻孔采用搭设钻孔平台的方式(图 3.23)。部分较深的钻孔在钻进至渠底下方后见水，随后发生塌孔，对发生塌孔的钻孔进行了套管跟进复打。

根据钻孔结果，19+160 段渠基地层描述如下：0～4.5m 为人工回填砂砾石层，4.5m 以下为砂砾岩；砂砾岩中含石英颗粒，且黏粒含量较大，含少量黄色、青色泥岩；砂砾岩颜色为棕色，砾石尺寸以 3～10cm 为主，砾石成分以石英为主，砾石磨圆度中等到好。

30+200 段在结构剖面与 19+160 段除无衬砌下方 1.6m 白砂岩换填层外，其余基本相似。渠基换填层下方以青色泥岩、黄色泥岩为主(青色泥岩居多)，范围在 2.7～8.5m，个别钻孔有少量砂砾岩，但厚度很薄。断面修复期间进行了基土疏排工作，修复完毕后的渠基含水量较小，钻孔期间未发生明显塌孔。

传感器投放过程依次为传感器浸泡排气、安装套管、初始读数记录、回填中砂、投放传感器、二次回填中砂、膨润土球封孔、注水并回填。根据钻孔孔径换算中砂用量，保证传感器埋置于中砂内；传感器上方膨润土高度大于 1m，确保封孔完整(图 3.24)。

传感器投放完毕后连接 MCU 模块，模块直接采用 220V 交流电变 15V 直流电供电。已安装调试完毕的 MCU 模块箱所采集的信号通过移动 GPRS 通信信号传输至服务器中，再由计算机客户端调取测试数据。现场作业情况如图 3.25 所示。

图 3.23　渠道断面搭建平台钻孔

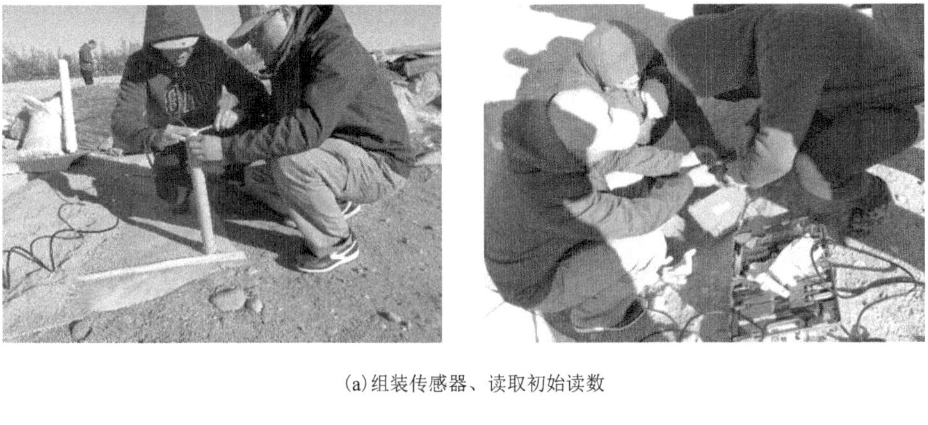

(a)组装传感器、读取初始读数

(b)传感器底部填砂、投放传感器

(c)传感器二次填砂、膨润土球封孔

(d)钻孔回填、开槽走线

(e)水位计安装投放

图 3.24　传感器布设和安装过程图

(a) MCU 安装平台浇筑和安装

(b) 传感器走线保护和采集模块接入

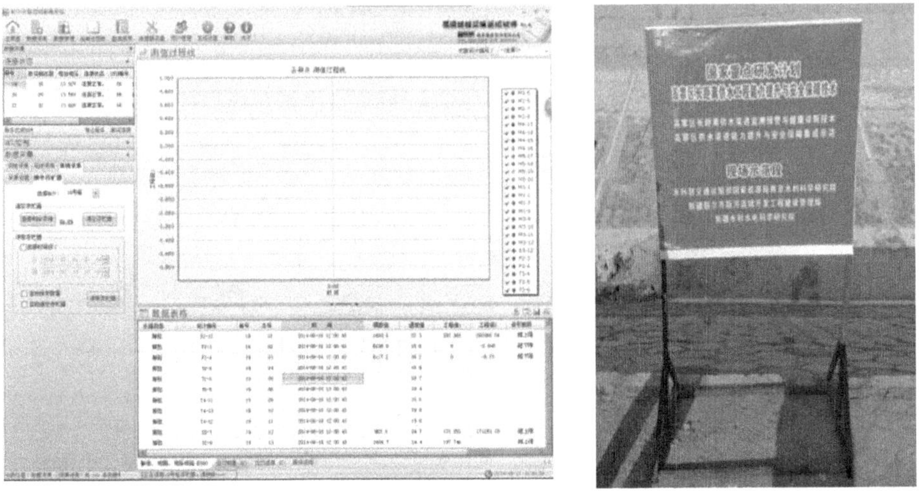

(c) 数据采集界面和现场示范指示牌

图 3.25　MCU 平台及远程采集界面

3.2.4　典型监测数据的分析

1. ZG19+160 断面监测数据分析

两处监测示范断面渠道在 2017 年秋季建成后即开始持续监测，除个别时间段由于渠道加高工程的示范建设，新建设的网电电压不稳外，其余时间都可以实现自动化监测。图 3.26 给出了 19+160 段各测点在运行期间的水头变化。通水期近 4 个月的监测数据表明，几乎所有测点都获得了从 0 孔压至正孔隙水压力值的过程，说明干渠水位趋于稳定后，水位高程以下的渠基几乎处处饱和。另外，一些靠近衬砌的测点水头值变化响应剧烈，如 1#、2#、5#、11#测点等，几乎与渠道水位变化同步，这与前章所述膜后水位的变化规律是一致的。

距离防渗层较近，即埋深较浅的测点水头变化如图 3.27 所示。从图中可以看出，5 月上旬通水期前期，位于含砾白砂岩换填层的 1#测点水头日增长率几乎与干渠水位的变化率重合，说明该测点与干渠内几乎是连通的；而位于换填层和渠基交界面的 2#测点，因水位变化和高程的缘故，水头变化响应相对滞后；距离防渗层最近、高程更高的 5#测点，受干渠水位变化的影响，水头值响应较 1#、2#测点更晚，但水头日增长率相对最大，5 月 7～14 日这一时间段内达到了 250.5mm/d，其后由于干渠水位上升速率减缓，上述测点的水头上升速率也随之放缓；对于高程最大的 11#测点，当干渠水位达到 4.9m 时出现正孔隙水压力读数，7 月 23 日测得最大水头值为 620.5mm，水头损失 1.43m。

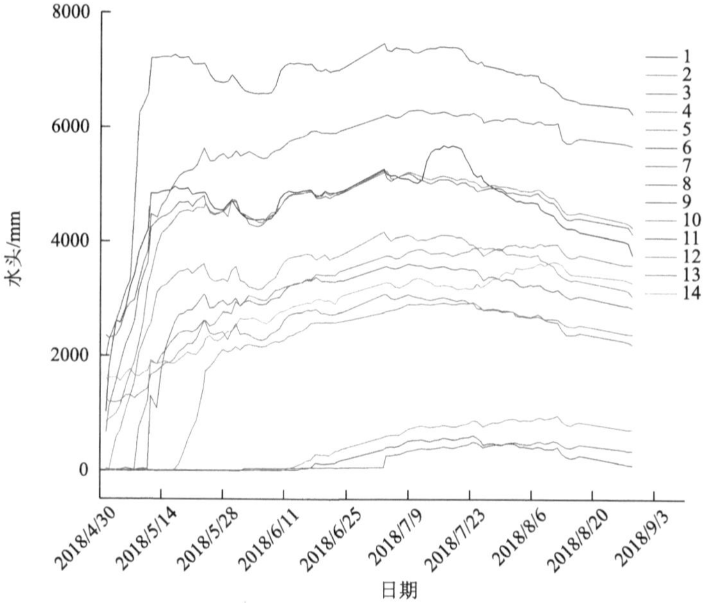

图 3.26　19+160 段监测概况

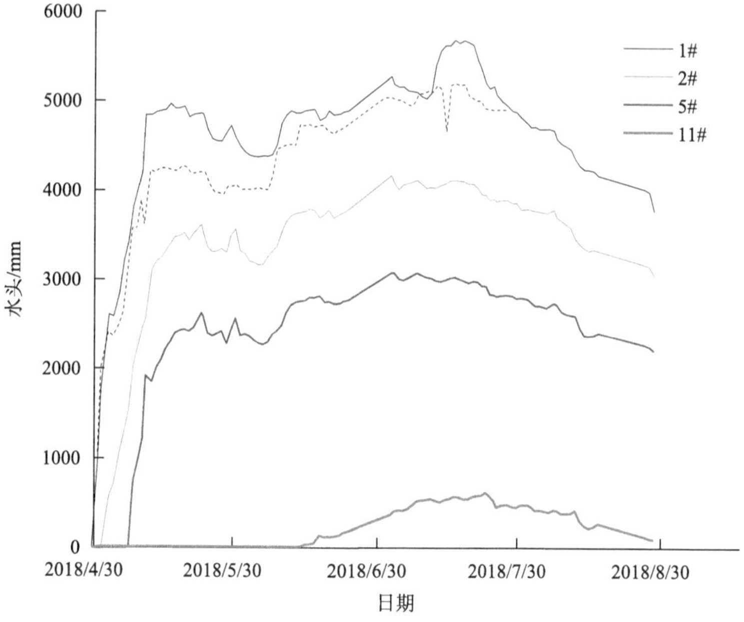

图 3.27　1#、2#、5#、11#测点在通水期间的水头变化(虚线为干渠水位)

考察位于渠基中上部的 8#、10#、12#、13#、14#测点的水头变化规律，如图 3.28 所示。需要说明的是，7#、9#分别于 2018 年 5 月 18 日、6 月 20 日失效，因而未能获取运行期内完整的水头变化数据，但 8#、10#测点观测期信号传输稳定，且分别与 7#、9#在同一垂直面，因此不影响该断面的渠基水头变化规律分析。从图中可以看出，10#测点率先测得水头读数，5 月 1～15 日上旬期间水头上升速率达到了 315mm/d，其后增速放缓，水头峰值出现在 7 月 10 日，达到了 6304.2mm。8#测点于 5 月 11 日测得读数，12#、13#、14#测点测得读数日期分别为 5 月 17 日、6 月 2 日、6 月 11 日。不同测点的孔隙水压力读数的先后响应也反映了渠基由非饱和向饱和转变的过程。

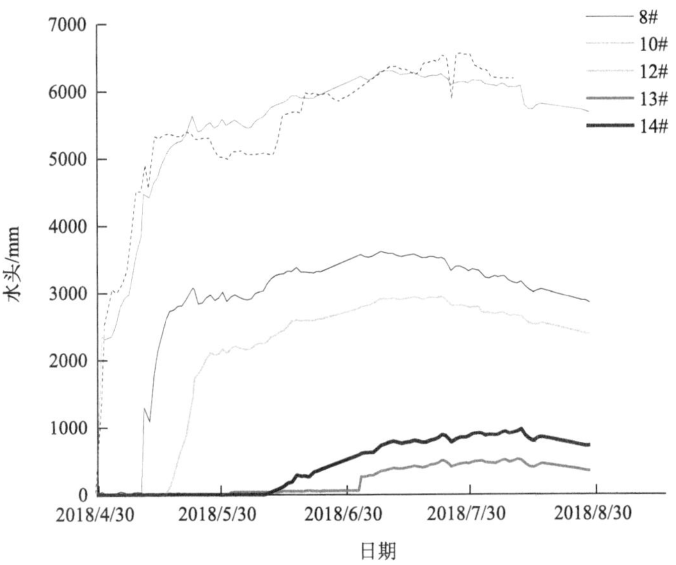

图 3.28　8#、10#、12#、13#、14#测点在通水期间的水头变化(虚线为干渠水位)

6#、15#测管水位计监测了运行期间渠基内的水位变化，如图 3.29 所示。6#水位管距离渠底较近，与渠坡衬砌下表面直接连通，因此在通水初期便获得了水位读数，整个运行期内，6#测管的水位变化幅度与干渠水位几乎保持同步。15#测管距离渠底相对较远，5 月 1 日通水当天该测管测得水位值由 0m 突然上升至 1.27m，其后水位上升速率较 6#测管缓慢，5 月 2 日～6 月 3 日期间的水位上升速率为 55.7mm/d，而同时间段干渠水位和 6#测管水位上升速率分别为 100mm/d、144mm/d。其后受干渠水位流量控制，测管水位上升速率放缓。将膜后水位与 6#观测管数据进行对比，可以看出膜后水位变化与水位管水位变化是保持同步的，进一步说明了该断面的坡面防渗层基本处于失效状态。

将 19+160 断面运行期内的渠基内各测点孔压读数在渠基剖面图中连线，得到运行期渠基浸润线的变化，如图 3.30 所示。从图中可以看出，通水期内渠基浸润线随干渠水位的升高而抬升。渗漏水通过渗透系数相对较大的含砾白砂岩换填层进入膨胀性泥岩层，并逐渐向远端外排。根据实际钻探情况，该段换填层以下以含石英颗粒的棕色砂砾岩为主，夹杂 3～10cm 的砾石，渗透系数较低的黄色、青色泥岩含量相对较少，因此整个运行期内未出现换填层与渠基交界面的水头降落现象。

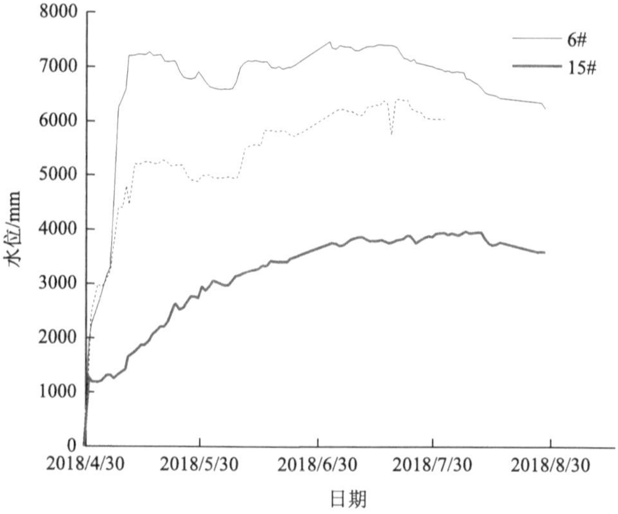

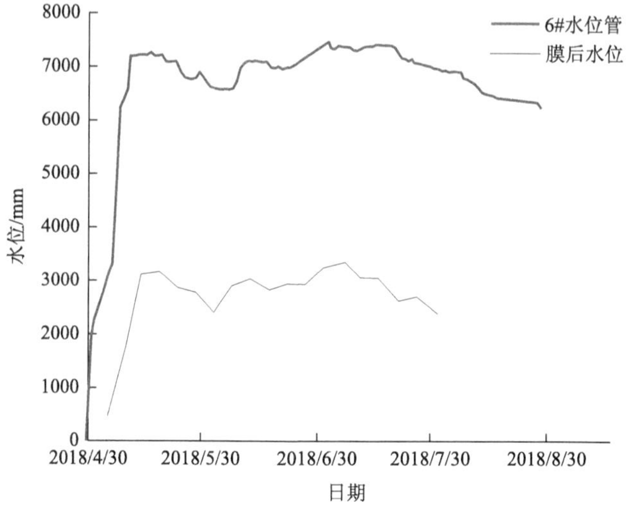

图 3.29　6#、15#测点在通水期间的水头变化(虚线为干渠水位)

监测结果表明，不同时间段的渠坡后水头损失不同，例如 5 月 2 日坡后水头损失为 1.09m，5 月 7 日坡后水头损失为 0.45m，5 月 12 日坡后水头损失下降至 0.32m，而到了 7 月 7 日，坡后水头损失又上升至 1.57m。现给出该段集水井抽排量与坡前水头损失的变化数据，如图 3.31 所示。从图中可以看出，部分时间段坡前水头损失随集水井抽排量的加大而增大，然而一旦减少抽排量，水头损失则立刻发生回落。对于抽排量相对稳定的时间段(5 月 26～31 日，日抽排量均为 204m^3)，坡前水头损失略有降低，说明此阶段的渠道渗水量大于集水井抽排量。

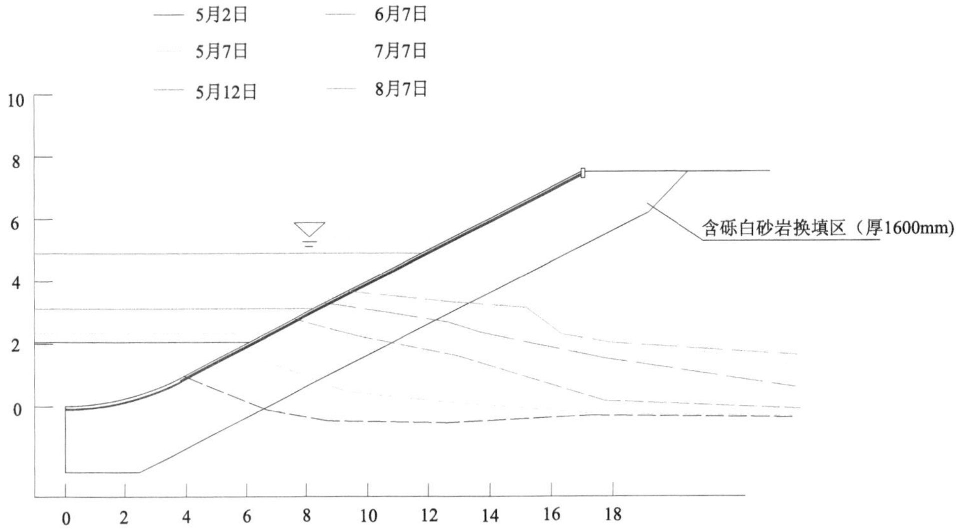

图 3.30　19+160 在通水期间的浸润线变化(单位：m)

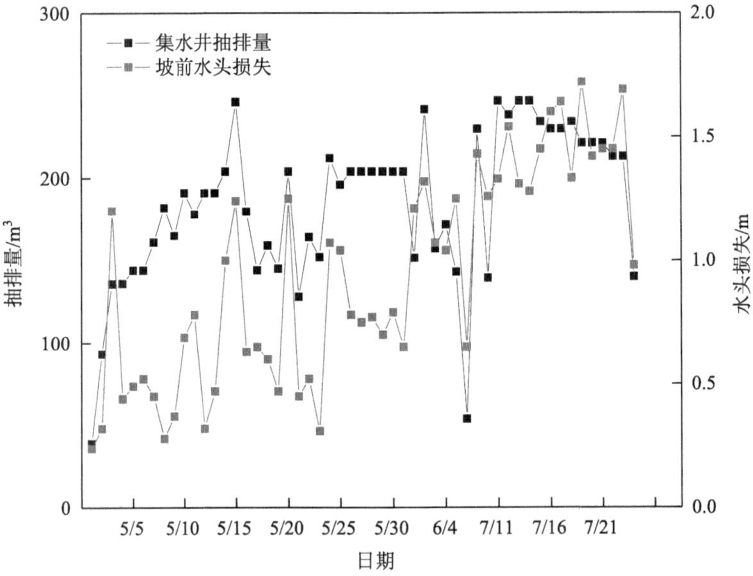

图 3.31　集水井抽排量与坡前水头损失变化

根据现场监测断面的监测点水头数据，可反算出实际渠基土层的渗透情况。例如在本监测断面中取两测点，如图 3.32 所示，计算得到的渗透系数 k 值即可反映两测点间较大范围内土体渗透系数的平均值。

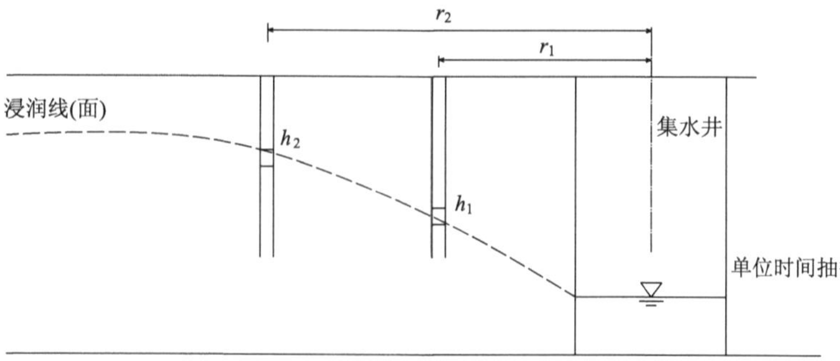

图 3.32　渠身土体平均渗透系数计算示意图

假设集水井位于渠坡远端，该井贯穿渠基土层，自井中以不变的速率 q 连续抽水，假定水流为水平流向，则流向水井的渗流过水断面应是一系列的同心圆柱面。待出水量和井中水位稳定后，此时土体内一定距离的任意两测点测得的水头高度分别为 h_1、h_2，测点至井轴线的距离分别为 r_1、r_2，则该区域的平均渗透系数建议值为

$$k = 2.3\frac{q}{\pi}\frac{\lg(r_2 / r_1)}{h_2^2 - h_1^2} \tag{3.1}$$

根据监测断面布置情况，取 5#测点和 10#测点，两测点距渠沿石的水平距离分别为 7.53m 和 5.91m；已知集水井距渠沿石的水平距离为 11.2m，则两测点距集水井的水平距离 r_2、r_1 分别为 18.73m、17.11m。已知某日集水井在单位时间的抽排量为 q，当日两测点的水头监测值分别为 h_2、h_1。根据集水井抽排量数据，5 月 10 日当天集水井抽排量为 191m^3，5 月 31 日当天抽排量为 204m^3，7 月 24 日当天抽排量为 140m^3，则期间两测点间渠基的渗透系数分别约为 1×10^{-4}cm/s、1.1×10^{-4}cm/s、9×10^{-5}cm/s，因此可知此范围内渠基的渗透系数约为 1×10^{-4}cm/s。同理，可计算出其他范围的渠基平均渗透系数。19+160 断面土层的渗透系数反演结果如图 3.33 所示。从渗透系数的计算结果来看，该段渠基渗透系数偏大，这与前期断面建设时的钻探结果是相吻合的。

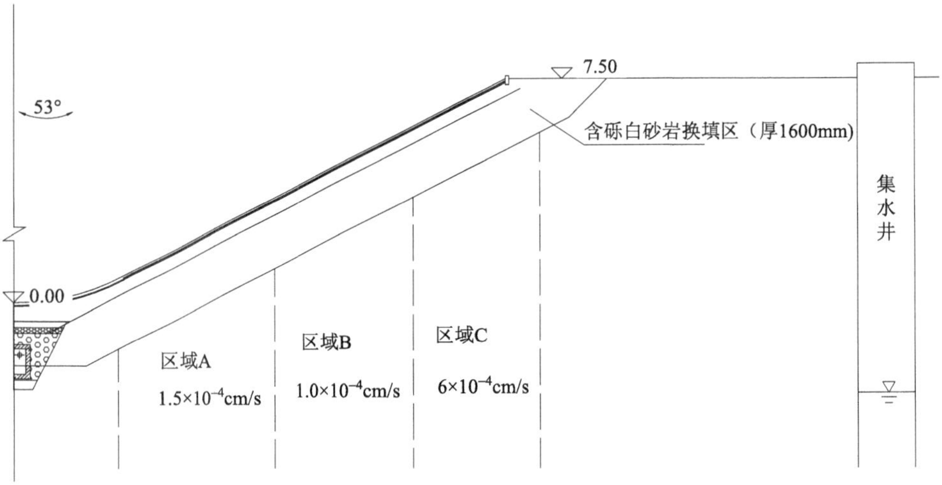

图 3.33　19+160 断面渠身土体的平均渗透系数

2. ZG30+200 断面监测数据分析

ZG30+200 段各测点在运行期间的水头变化如图 3.34 所示。该处监测仪器存活率较 19+160 段低，但关键测点位置的传感器工作保持正常。从图中可以看出，各主要测点几乎在运行初期就已有正孔隙水压力读数，似乎比 19+160 段的入渗作用更剧烈。个别时间段内孔隙水压力读数存在振荡跳跃，可能是由疏排水引起的，也可能是由传感器自身引起的。

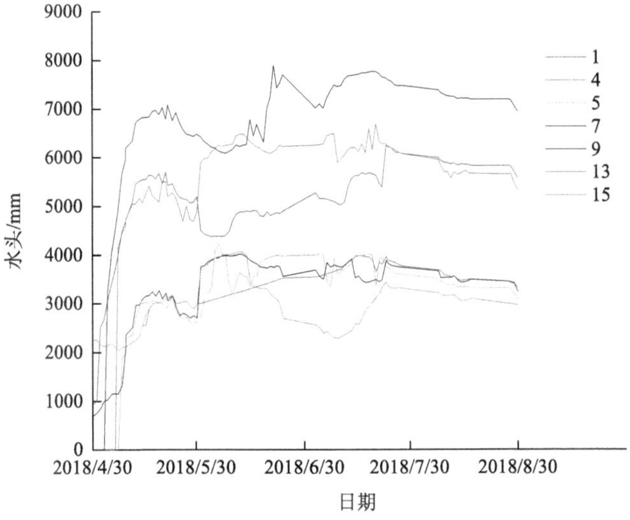

图 3.34　30+200 段各测点在运行期间的水头变化

为了更直观地分析该段的渗流特性，现将运行期内的渠基内各测点孔压读数在渠基剖面图中连线，在图中绘制运行期渠基浸润线的变化，如图 3.35 所示。从图中可以看出，运行前期坡后水头损失较大，但随着渠道水位升高，坡后水头损失逐渐降低。另外，浸润线在上升的过程中，其形态发生了微妙的变化，主要表现为 1.6m 换填层与渠基交界面，以及渠基垂直坡面下方约 5.7m 处出现了较为明显的水头折减。根据监测断面建设时的钻探情况，该段渠基换填层下方以青色泥岩、黄色泥岩为主(青色泥岩居多)，范围在 2.7～8.5m。根据渗透系数的室内试验结果，青色泥岩渗透系数的数量级在 10^{-7}，黄色泥岩渗透系数的数量级在 10^{-8}，而换填层含砾白砂岩的渗透系数则要大得多。因此，土层交界面出现的水头折减现象与现场渗流监测结果是吻合的。该断面浸润区范围较 19+160 段小，但该段渠基有大量的膨胀性泥岩分布，具有较高的危险性。

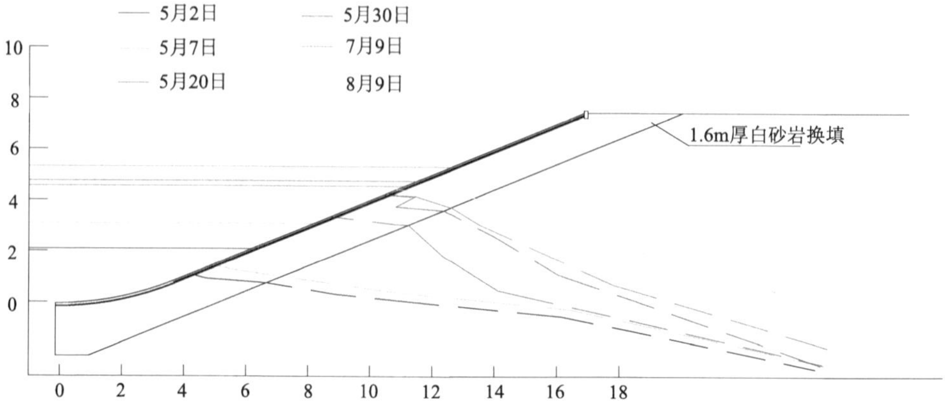

图 3.35　30+200 段在通水期间的浸润线变化(单位：m)

此外，利用所埋设传感器的温度模块，获取了 2017 年 11 月～2018 年 8 月期间，渗流监测断面的温度变化数据，如图 3.36 所示。由于两断面距离较近，温度差异很小，因此这里仅给出 19+160 段的温度变化，30+200 段相差不大，不再赘述。

从图中可以看出，渠基温度在冬季至第二年夏季经历了显著的降温、升温过程。位于渠基下 1.5m 处的 1#传感器(同前述孔隙水压力计对应的位置)在 2018 年 2 月 7 日达到了–1.11℃，表明该地区在今年的最大冻深可达 1.5m 以上；2 月下旬后气温开始回升，但始终未达 0℃以上；进入 4 月下旬后，该测点温度急剧上升，其中 4 月 22 日～5 月 2 日温度上升速率达到了 0.62℃/d；进入 7 月后，该点温度已达 12℃以上；截至 8 月 30 日，该点最高温度已达 15.5℃。其余测点的温度变化规律基本类似；一些埋深较深的传感器在冬季并未达到负温。总体而言，渠基在春季期间的升温速率较冬季时的降温速率明显更快。

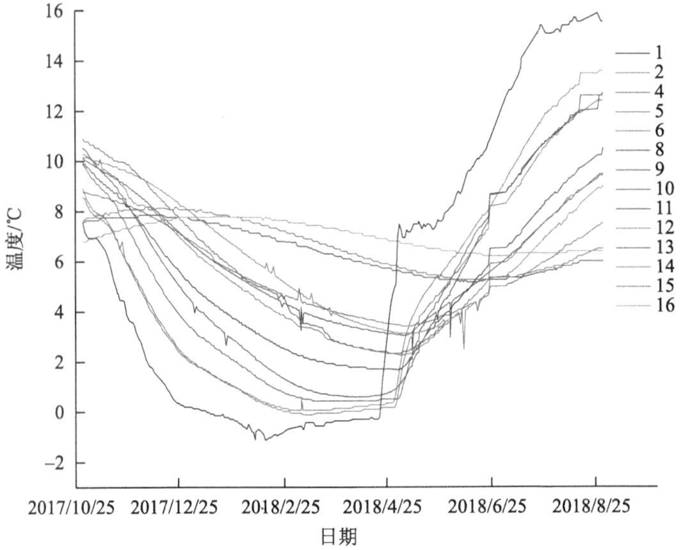

图 3.36　监测期间干渠渠基的温度变化

3. 自动化监测的实现

试验段中所埋设的各种类型传感器全部为智能型，可以全部接入 MCU-32 分布式模块化自动化监测系统中。该自动化监测系统测量单元采用 Visual Studio.NET 工具编写，可在 Windows XP 及 Windows 7 平台运行，系统能管理众多的串口、协议和路由，胜任复杂的分布式测量通信系统的数据采集传输和管理，并具有充分的可拓展性，能随时满足新增加的需求。MCU 测量单元所采集的数据通过通信协议传输，系统本身可支持 RS485、TCP/IP 网络传输、无线数传电台传输、光缆传输、公用移动网络传输(GPRS/CDMA)等，本次自动化监测选用的是移动网络 GPRS 通信协议。系统可灵活设置多种测量方式，支持单点测量、多点巡测、定时测量、离线测量等，该系统可批量登录各单元各点传感器资料，系统自动计算采集到的各类传感器物理量，可关闭不参与测量的测点，排除损坏测点和无用测点，使巡测更快捷。数据采集过程中，根据传感器资料中设置的报警值及时进行数据校验，并对越线数据进行报警，发出报警声并屏闪报警文字。据此所开发的渠道冻害自动化监测系统 1.0 版本如图 3.37 所示，新开发的 2.0 版本系统将在后面章节详细介绍。

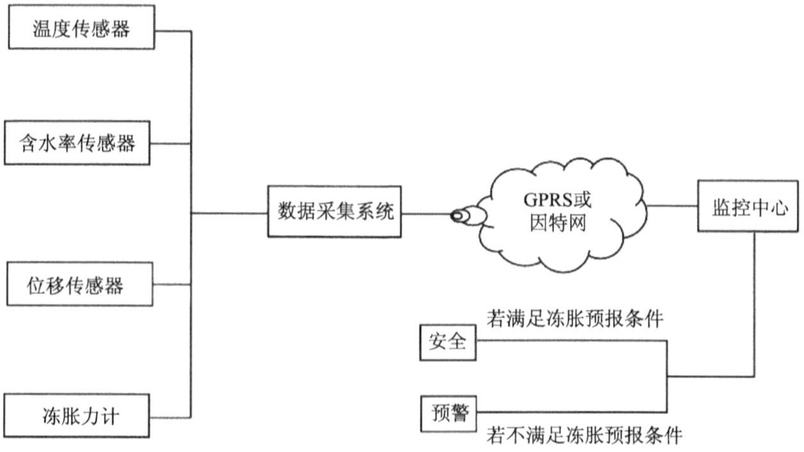

图 3.37　渠道冻害自动化监测系统 1.0 版本

参 考 文 献

[1] 冯炜, 纪奕才, 沈绍祥, 等. 测试土壤含水率和电导率的时域反射仪系统[J]. 农业机械学报, 2009, 40(5): 59-63.

[2] 王俊臣. 新疆水磨河细土平原区硫酸(亚硫酸)盐渍土填土盐胀和冻胀研究[D]. 长春: 吉林大学, 2005.

[3] 邢爽, 单良, 刘少洋, 等. 季节性冻土的冻胀试验系统及应用[J]. 东北电力大学学报, 2011, 31(5/6): 94-97.

[4] 徐学祖, 王家澄, 张立新. 冻土物理学[M]. 北京: 科学出版社, 2001.

[5] 何武全, 张邵强, 吉晔, 等. 季节性冻土区渠道防渗防冻胀技术与应用模式[J]. 节水灌溉, 2012, 11: 67-70.

第 4 章　新型渗漏监测技术与冻胀监测传感器研发

遍布中国大地的各类干渠、支渠、斗渠等为社会经济发展提供了强有力的水资源保障，是我国水利基础设施发展的优势领域。但是，长年以来的渗漏、失稳、严重冻害等影响了渠道的正常运行，导致渠道水利用系数低，所造成的工程损失及对社会经济发展的影响难以计算。

针对高寒区供水渠道安全监测中渠道渗漏、变形测量等存在的问题，本章通过现场调查、仪器研发与调试、室内试验、现场验证等相结合的研究方法，提出长距离渠道渗漏与变形监测的分布式光纤测量技术，研发了高寒区渠道全断面冻胀变形及冻胀力新型监测传感器。

4.1　高寒区渠道分布式光纤渗漏监测技术

4.1.1　分布式光纤监测渠堤渗漏的原理

1. 渠堤土体的热学特性

渠堤土体的热学特性包括热传导、热对流和热辐射等基本热过程。对于热辐射，其影响仅局限于渠堤表层，因此通常情况下，渠堤内部温度变化不考虑热辐射影响。渠堤内部在没有发生渗流的情况下，温度场完全由热传导的方式所决定；渠堤表面以下部分，温度场主要受季节性温度以及空气和水体温度影响[1-18]。

1) 热传导

地热流的运动方向向上，空气温度变化产生的温度脉冲运动方向向下，因此主要的热传导都在垂直方向。地热流动通常比较小，一般情况下忽略不计。因为热传导都在一个方向进行，所以能够用解析法来求解。根据前人试验研究表明[19]，正常情况下，若温度变化 15℃，则地面下深度 5m 处温度变化为 7.1℃，深度 10m 处温度变化为 1.7℃。所以，对于高度较大的坝而言，这个垂直方向的热传导基本可忽略。

2) 热对流

对流方式的热传输相比热传导而言更为明显。哪怕是很小的水流作用，其对温度场产生的影响也是很大的。研究表明，在渗漏速度非常低(数量级 10^{-7}～10^{-6}m/s)的情况下，该部分总体热传输仍由水流所控制，水流温度主导影响渠堤的温度场分布。也正是因为低流速下的渗流也会引发温度的异常，所以用温度来探测渠堤内渗漏在原理上是可行的。

2. 渠堤温度与渗流的关系

渠堤中渗流场和温度场耦合的过程十分复杂，但实际上就是热能和流体在土体介质中动态调整的过程，其中一个因素的不稳定必然导致另一个因素的变化。渗流场对温度场的影响表现在，一方面土体介质相互接触进行热交换，渗流水在势能作用下在土体介质的孔隙中流动及扩散；另一方面水流本身也作为热能传播的介质，水流携带着热能在土体介质中沿渗流路径进行交换和扩散。

1）温度变化对渗流场的影响

温度的变化的确会影响土体和水体物理化学性能参数的变化，从而引起渗流特性的变化。对于土体而言，与此相关的参数有孔隙率、比热容、导热系数等；在土体温度变化 10℃的条件下，这些参数的变化都极小，因此温度变化对土体物理化学性能参数的影响一般都是可忽略的。对于水体而言，与此相关的参数包括密度、重度、比热容、导热系数、导温系数、运动黏滞系数和热膨胀系数等；实验表明，水温上升 5℃时，水的密度、重度和比热容相对变化率不超过 0.2%，导热系数和导温系数相对变化率不超过 2%，而运动黏滞系数和热膨胀系数相对变化率分别在 10%和 30%左右，相对其他因素影响比较显著，但对于渗流本身对温度场的影响来说造成的变化影响也不大。另外，为了重点分析渗流场对温度场的影响和基于分布式光纤探测手段的渗流探测，本书就不再考虑温度变化对渗流场的影响。

2）渗流场对温度场的影响

渗流情况下土体的导热，其热流量由两部分组成：一个是土体本身热传导的热量 $c_{\mathrm{w}}\rho_{\mathrm{w}}vT$，另一个是由渗流所携带的热量 $-\lambda\dfrac{\partial T}{\partial x}$。因此，单位时间内流入单位体积的净热量的一维方程表达式是

$$q_x = c_{\mathrm{w}}\rho_{\mathrm{w}}vT - \lambda\frac{\partial T}{\partial x} \tag{4.1}$$

式中，q_x 为沿 x 方向的热流量；c_{w} 为水的比热容；ρ_{w} 为水的密度；v 为流速；T 为温度；λ 为土的导热系数。

所以，单位时间内流入单位体积的净热量就等于

$$-\frac{\partial q_x}{\partial x} = -c_{\mathrm{w}}\rho_{\mathrm{w}}\frac{\partial(vT)}{\partial x} + \frac{\partial}{\partial x}\lambda\frac{\partial T}{\partial x} \tag{4.2}$$

而单位时间内流入单位体积的净热量应该等于单位时间内坝体温度升高所吸收的

热量$c\rho\frac{\partial T}{\partial t}$，即为

$$c\rho\frac{\partial T}{\partial t}=-c_{\mathrm{w}}\rho_{\mathrm{w}}\frac{\partial(vT)}{\partial x}+\frac{\partial}{\partial x}\lambda\frac{\partial T}{\partial x} \tag{4.3}$$

式中，c为土体的比热容；ρ为土体的密度。

这样就可以推导出三维情况的渗流导热方程为

$$c\rho\frac{\partial T}{\partial t}=\left(\frac{\partial}{\partial x}\lambda\frac{\partial T}{\partial x}+\frac{\partial}{\partial y}\lambda\frac{\partial T}{\partial y}+\frac{\partial}{\partial z}\lambda\frac{\partial T}{\partial z}\right)-c_{\mathrm{w}}\rho_{\mathrm{w}}\left(\frac{\partial(v_xT)}{\partial x}+\frac{\partial(v_yT)}{\partial y}+\frac{\partial(v_zT)}{\partial z}\right) \tag{4.4}$$

这就是无热源的三维情况的渗流导热方程。如果有内热源，则只需在方程右边加上一个Q_T；如果是稳定渗流，则温度T不随时间t改变，即$\frac{\partial T}{\partial t}=0$，方程右边为零；如果将土的导热系数$\lambda$看作常数(上文已经分析过导热系数的变化很小，因此本书中导热系数看作不变的常数)，则方程可以进一步化简为

$$c\rho\frac{\partial T}{\partial t}=\lambda\left(\frac{\partial^2 T}{\partial x^2}+\frac{\partial^2 T}{\partial y^2}+\frac{\partial^2 T}{\partial z^2}\right)-c_{\mathrm{w}}\rho_{\mathrm{w}}\left(\frac{\partial(v_xT)}{\partial x}+\frac{\partial(v_yT)}{\partial y}+\frac{\partial(v_zT)}{\partial z}\right) \tag{4.5}$$

或

$$c\rho\frac{\partial T}{\partial t}=\lambda\nabla^2 T-c_{\mathrm{w}}\rho_{\mathrm{w}}\left(\frac{\partial(v_xT)}{\partial x}+\frac{\partial(v_yT)}{\partial y}+\frac{\partial(v_zT)}{\partial z}\right) \tag{4.6}$$

式中，∇为拉普拉斯算子。

3) 二维稳定渗流导热方程的推导

本书主要是针对二维情况的渗流进行计算和模拟，所以必须首先从理论上对二维渗流进行计算并挖掘渗流场对温度场的影响过程。下面对二维稳定渗流的温度场进行理论计算。

根据上述推导，容易得到二维渗流场影响下稳定温度场的导热方程为

$$\lambda\left(\frac{\partial^2 T}{\partial x^2}+\frac{\partial^2 T}{\partial y^2}\right)-c_{\mathrm{w}}\rho_{\mathrm{w}}\left(\frac{\partial(v_xT)}{\partial x}+\frac{\partial(v_yT)}{\partial y}\right)=0 \tag{4.7}$$

因为是稳定流，所以$c\rho\frac{\partial T}{\partial t}=0$。对方程进行化简(两边同除以$\lambda$并把偏微分展开)得

$$\left(\frac{\partial^2 T}{\partial x^2}+\frac{\partial^2 T}{\partial y^2}\right)-\frac{c_{\mathrm{w}}\rho_{\mathrm{w}}}{\lambda}\left(\left(T\frac{\partial v_x}{\partial x}+v_x\frac{\partial T}{\partial x}\right)+\left(T\frac{\partial v_y}{\partial y}+v_y\frac{\partial T}{\partial y}\right)\right)=0 \tag{4.8}$$

$$\left(\frac{\partial^2 T}{\partial x^2}+\frac{\partial^2 T}{\partial y^2}\right)-\frac{c_{\mathrm{w}}\rho_{\mathrm{w}}}{\lambda}\left(\left(v_x\frac{\partial T}{\partial x}+v_y\frac{\partial T}{\partial y}\right)+T\left(\frac{\partial v_x}{\partial x}+\frac{\partial v_y}{\partial y}\right)\right)=0 \tag{4.9}$$

根据上文达西定律，有 $v_x=k_x\frac{\partial h}{\partial x}$， $v_y=k_y\frac{\partial h}{\partial y}$，这里的渗漏系数都是常数。当各向同性时，即有 $k_x=k_y=k$；当各向异性，若知道两者的差异系数 $a=\frac{k_x}{k_y}$ 时，即可令 $k_x=ak$，$k_y=k$，此时方程可化简为

$$\left(\frac{\partial^2 T}{\partial x^2}+\frac{\partial^2 T}{\partial y^2}\right)+\frac{c_{\mathrm{w}}\rho_{\mathrm{w}}}{\lambda}\left(\left(ak\frac{\partial h}{\partial x}\frac{\partial T}{\partial x}+k\frac{\partial h}{\partial y}\frac{\partial T}{\partial y}\right)+T\left(\frac{\partial\left(ak\frac{\partial h}{\partial x}\right)}{\partial x}+\frac{\partial\left(k\frac{\partial h}{\partial y}\right)}{\partial y}\right)\right)=0 \tag{4.10}$$

把常数提出来得

$$\left(\frac{\partial^2 T}{\partial x^2}+\frac{\partial^2 T}{\partial y^2}\right)+\frac{c_{\mathrm{w}}\rho_{\mathrm{w}}}{\lambda}\left(k\left(a\frac{\partial h}{\partial x}\frac{\partial T}{\partial x}+\frac{\partial h}{\partial y}\frac{\partial T}{\partial y}\right)+T\left(\frac{ak\partial\left(\frac{\partial h}{\partial x}\right)}{\partial x}+\frac{k\partial\left(\frac{\partial h}{\partial y}\right)}{\partial y}\right)\right)=0 \tag{4.11}$$

$$\left(\frac{\partial^2 T}{\partial x^2}+\frac{\partial^2 T}{\partial y^2}\right)+\frac{c_{\mathrm{w}}\rho_{\mathrm{w}}}{\lambda}\left(k\left(a\frac{\partial h}{\partial x}\frac{\partial T}{\partial x}+\frac{\partial h}{\partial y}\frac{\partial T}{\partial y}\right)+kT\left(a\frac{\partial^2 h}{\partial x^2}+\frac{\partial^2 h}{\partial y^2}\right)\right)=0 \tag{4.12}$$

把渗透系数提到外面得

$$\left(\frac{\partial^2 T}{\partial x^2}+\frac{\partial^2 T}{\partial y^2}\right)+\frac{kc_{\mathrm{w}}\rho_{\mathrm{w}}}{\lambda}\left(\left(a\frac{\partial h}{\partial x}\frac{\partial T}{\partial x}+\frac{\partial h}{\partial y}\frac{\partial T}{\partial y}\right)+T\left(a\frac{\partial^2 h}{\partial x^2}+\frac{\partial^2 h}{\partial y^2}\right)\right)=0 \tag{4.13}$$

对于不可压缩的稳定流，有 $T\left(a\frac{\partial^2 h}{\partial x^2}+\frac{\partial^2 h}{\partial y^2}\right)=0$，故最后化简得

$$\left(\frac{\partial^2 T}{\partial x^2}+\frac{\partial^2 T}{\partial y^2}\right)+\frac{kc_{\mathrm{w}}\rho_{\mathrm{w}}}{\lambda}\left(a\frac{\partial h}{\partial x}\frac{\partial T}{\partial x}+\frac{\partial h}{\partial y}\frac{\partial T}{\partial y}\right)=0 \tag{4.14}$$

上述方程就是在各向异性二维渗流场影响下(控制参数为渗透系数 k, x 方向渗透系数为 ak, y 方向渗透系数为 k；当各向同性时，$a=1$)的温度场的数学模型。然后联立渗流基本微分方程，则有

$$
\begin{cases}
\left(\dfrac{\partial^2 T}{\partial x^2}+\dfrac{\partial^2 T}{\partial y^2}\right)+\dfrac{kc_{\mathrm{w}}\rho_{\mathrm{w}}}{\lambda}\left(a\dfrac{\partial h}{\partial x}\dfrac{\partial T}{\partial x}+\dfrac{\partial h}{\partial y}\dfrac{\partial T}{\partial y}\right)=0 \\
a\dfrac{\partial^2 h}{\partial x^2}+\dfrac{\partial^2 h}{\partial y^2}=0
\end{cases}
\tag{4.15}
$$

若渗透系数k已知，或者未知但可不断对其进行取值和调整，那么方程组中只有任意点温度$T(x,y)$和任意点水头$h(x,y)$两个未知量。如果再取定温度、水头的初始和边界条件，就必定能算出任意点的温度值和水头值。这也是渗流场和温度场计算分析有限元软件的理论基础。

3. 分布式光纤测温传感系统

光纤由纤芯、包层和涂覆层组成，如图 4.1 所示。纤芯具有很高的折射率，主要成分为二氧化硅及少量的掺杂剂，其直径一般在 5～50μm。包层基本是纯二氧化硅，外径为 125μm，其功能是把光限制于纤芯之中。涂覆层的材料为环氧树脂、硅橡胶等，外径约 250μm，其功能是增强光纤的柔韧性、机械强度和耐久性等。

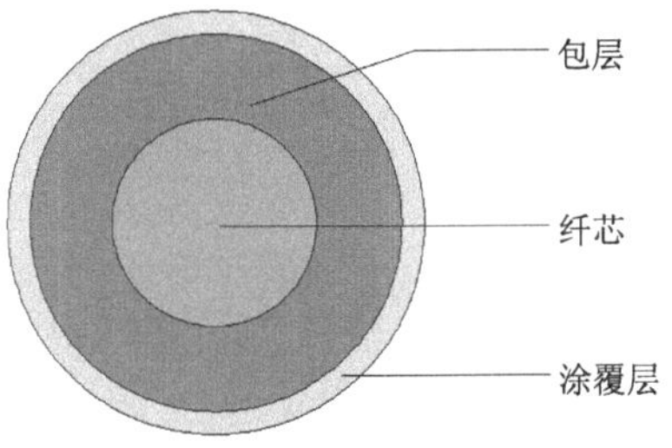

图 4.1　光纤剖面图

光纤最早应用在通信领域，信号在光纤中以光波形式传播。在应用中，人们发现光纤传输过程中信号极易受外界条件的影响，对于压力、温度等的条件变化十分敏感，直接导致光的一些特性发生变化，而这正是光纤用于传感的前提和条件[20]。光纤按模数分类，可分为单模光纤和多模光纤。单模光纤的纤芯较细，折射率较均匀，散射损耗很小，传输距离大；多模光纤能有多种传播途径，散射点多并存在模式色散，信号失真较大，不适宜长距离传输。

光时域反射技术(optical time-domain reflectometry, OTDR)[21]的兴起使得光纤传感器不再局限于点式或者整体式，使分布式光纤传感技术逐步走向成熟。20 世纪 80 年代初期，Rogers 首先提出了一种分布式光纤温度传感系统[22]。在传感系统中，光纤既是传输介质，用来传输信号，本身又是传感温度的器件；利用其电绝缘性、柔韧性、抗电磁干扰、大带宽、高传输速度、高温度灵敏度和对信号的放大作用等优势，能在各种复杂的工作环境中稳定发挥作用，实现对整个被测区域的温度场的测量。由于光纤材料成本低廉，所以性价比很高。

光在光纤内传播的过程中，主要会发生 3 种散射：瑞利散射、布里渊散射和拉曼散射，散射形式如图 4.2 所示。因此，分布式光纤温度传感系统也有 3 种，分别是基于这 3 种散射的原理。

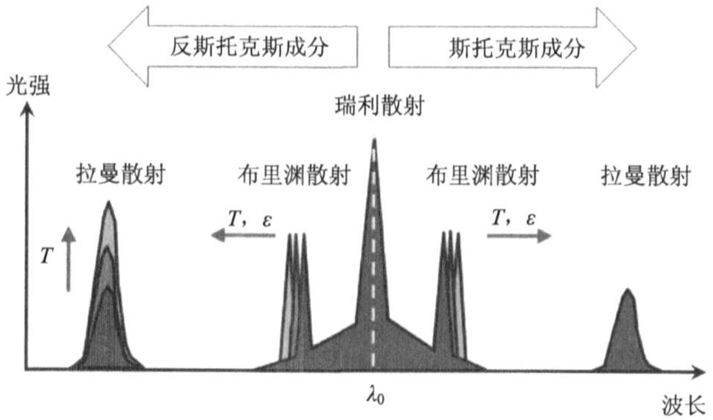

图 4.2　光纤内三种形式的散射

1) 基于瑞利散射的测温技术

瑞利散射中包含大量的信息。起初，研究者利用散射光强度与传感距离两者的函数关系，发展出了光时域反射技术(OTDR)，被应用于定位，可以检测出光纤断点或故障点在光纤上的相对距离；也被应用于检测光纤的衰减程度[23]，即检测光损量。后来，研究者发掘出瑞利光散射强度与温度的函数关系，有的还测定了相关的系数，因此基于瑞利散射的测温技术逐步发展起来。1980 年 Rogers 首先提出了利用瑞利散射及 OTDR 技术进行分布式温度测量的理论。1983 年 Hartog 则实现了从理论到实践的过渡，他通过系统的试验研究，建立了一个比较完整的基于瑞利散射的分布式光纤传感温度测量系统，而他的研究结论后来也被证明是正确的。普通光纤产生的后向瑞利散射光对温度变化并不十分敏感，因而测温的灵敏度也不理想，但如果使用某些液态材质作为光纤纤芯，灵敏度会大大提高[24]；同时，这个系统还拥有较大的温度识别区间和测量距离，精度达到 1℃，空间分辨率达到 1m，试验效果较为理想。但是这套系统也存在巨大的制约和弊端，它使用的特殊光纤相比普通通信光纤寿命较短，测量温度的稳定性更不如普通光纤；最大的制约是，由于光纤的内芯为液态，温度下降其会凝固，温度升高其会汽化，相比固态纤芯，其温度变化范围过窄，使温度测量受到严重限制。因此，这种测温系统在实验室成功之后，并没有发展起来，而是被其他更好的技术所取代。

2) 基于布里渊散射的测温技术

利用布里渊散射的光纤传感技术主要有布里渊光时域反射技术(BOTDR)、布里渊光时域分析技术（BOTDA)、布里渊光频域分析技术(BOFDA)等。布里渊分布式光纤传感技术有其自身独特的优势[25]，不仅可以利用普通的通信光纤，而且能做到对光纤上每一点的信息都实时监测，是真正的全分布式参数测量系统。由于该法立足的参数是布里渊频移，光强的影响并不是主要的，通过对布里渊频移的检测可以获得温度和其他参数的信息，这在稳定性和精度上有一定的优势。

(1) BOTDR 技术。自 1986 年 BOTDR 被提出后[26]，因其具有单端测量、断点检测和较高精度的强大优势得到研究者们的青睐和发展。然而，布里渊散射信号较弱，信号的检测和提取难度较大，成本也随之提高。1994 年，日本人 Shimizu 等[27]首先完成并测试了 BOTDR 实验系统，取得了不错的效果；该系统使用的传感光纤长度为 11km，温度分辨率达到约 3℃。国内缺乏对 BOTDR 的系统研究[28, 29]，需要开展进一步的试验和相关研究工作。

(2) BOTDA 技术及其测温系统。尽管 BOTDA 与 BOTDR 都是基于布里渊散射，但两者在原理上具有很大差别，分别是利用受激和自发布里渊散射的原理。这种技术不是单端测量，而是要构成光纤回路。两端分别使用探测光和泵浦光，这两束光从传感光纤的两端分别进入光纤并发生耦合现象，通过对传感光纤中的布里渊增益谱信号进行检测，实现对温度的分布式测量。1995 年 BOTDA 技术达到 32km 的传感距离、5m 的空间分辨率和 1℃的温度分辨率。近些年，该技术在理论、实验及产品应用等各方面都有突破性进展，在空间分辨率和温度分辨率上都有提高[30]。

BOTDA 技术是布里渊光谱分析技术与 OTDR 技术的融合，其基本原理如图 4.3 所示。

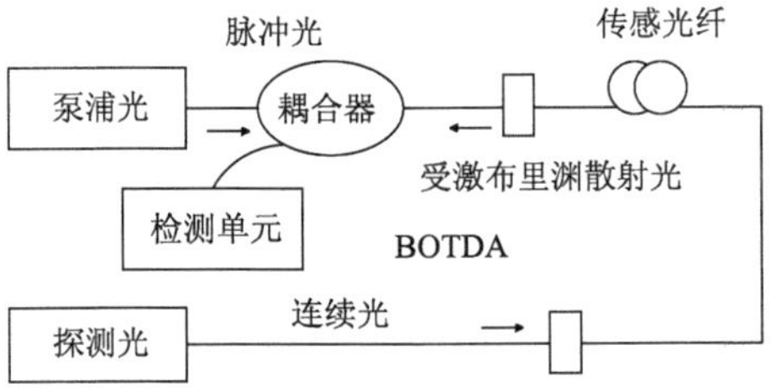

图 4.3　BOTDA 光纤传感原理系统

泵浦光与连续探测光被输入传感光纤，当泵浦光与探测光两者的频率差与光纤中某个区域的布里渊频移相等时，这个区域就会产生布里渊放大效应，两束光之间会进行能量转移[31]。受激布里渊散射事实上就是泵浦光、受激光及散射光相

互作用的一个三波耦合的过程[32]，即

$$\nu_B = 2\nu_A n\lambda \tag{4.16}$$

式中，ν_A 为声速；n 是纤芯的折射率；λ 是泵浦光的真空波长。对于普通的硅玻璃光纤，n=1.46，ν_A=5945m/s，当泵浦光波长 λ=1.55μm 时，布里渊频移 ν_B=11.2GHz。传感光纤的应变、温度和布里渊频移之间的关系为

$$\nu_B(\varepsilon,T) = \nu_B(0) + C_T(T-T_0) + C_\varepsilon(\varepsilon-0) \tag{4.17}$$

式中，$\nu_B(0)$ 表示 ε=0、T=0 时光纤布里渊频移量；$\nu_B(\varepsilon,T)$ 表示应变为 ε、温度为 T 时光纤布里渊频移量；C_T 为温度影响系数，$C_T = \mathrm{d}\nu_B(T)/\mathrm{d}T$；$C_\varepsilon$ 为应变影响系数，$C_\varepsilon = \mathrm{d}\nu_B(\varepsilon)/\mathrm{d}\varepsilon$。

(3) BOFDA 测温技术。德国人 Garcus 首先提出基于 BOFDA 的分布式光纤传感技术[33]，这种技术在原理上仍然是利用光纤的布里渊频移，但与 BOTDR 或 BOTDA 不同的是，不再利用 OTDR 技术进行空间定位[34, 35]，而是利用测量传感光纤的复基带传输函数[36-39]来实现。在 BOFDA 系统中，探测光和泵浦光分别从光纤的两端输入，并且要保持两束光的频率差与布里渊频移基本一致；对探测光的振幅进行调制，系统通过检测探测光及泵浦光的强度，利用分析仪来确定传感光纤的复基带传输函数，然后对这个函数分析、解调，最终得到传感光纤的温度分布。基于这种原理，通过试验研究，Garcus 等分别得到了 5℃和 3m 的温度精度和空间分辨率。但因为系统过于复杂，而且这种系统对环境参量的稳定性要求苛刻，难以推广，所以国内外的相关研究很少，更没有推出相关的仪器设备。

3）基于拉曼散射的测温技术

(1) 分布式拉曼测温系统。Smekal 在 1923 年就预言了拉曼散射的存在[40]。而五年之后，Calcutta 大学物理学教授拉曼(Chandrasekhara Venkata Raman，1888～1970 年)用试验的方法观察到了这一现象，同时这也使他获得了 1930 年的诺贝尔物理学奖[41]。光波与纤芯粒子相互作用，产生散射，如图 4.4 所示。

光纤的一些参数，像纤芯直径、数值孔径、折射率、波长等都是固定的，在实际使用过程中也基本不会变化；而其他参数，像光纤损耗、衰减等就非常易受环境(温度、湿度或外界压力等因素)的影响[42]。衰减情况则是衡量光纤链路质量好坏的重要参数[43]，使用 OTDR 技术对其进行测试十分普遍，测试后，如衰减决定的长度、插入损耗、熔接点、弯曲处和连接处等信息都可以获得[44]。

利用拉曼散射原理并结合 OTDR 技术，便构成了拉曼光时域反射系统，或称分布式光纤拉曼测温系统。该系统中，温度对反斯托克斯光强的影响最敏感，瑞利光、斯托克斯光以及反斯托克斯光本身都可以作为参照信号。如图 4.5 所示，分布式光纤拉曼测温系统中，光源为脉冲激光，之后经过波分复用器(WDM)耦

合进入温度测试区的传感光纤，于光纤中各点上发生散射，后向散射光经波分复用器分离得到反斯托克斯光(包含了温度信息)和参考光。光信号到电信号的转化和放大则由光电探测器实现，电信号通过数据采集卡采集，最后在计算机完成数字信号的处理，最终完成对待测温度场的测量[45]。

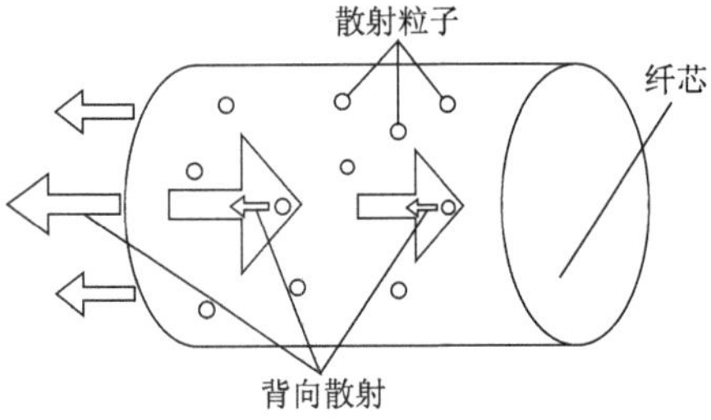

图 4.4　光波与纤芯粒子的相互作用

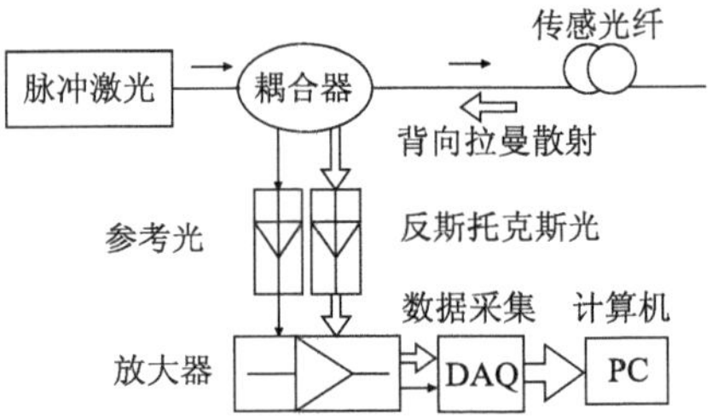

图 4.5　分布式光纤拉曼测温系统

(2)分布式光纤拉曼测温系统的信号调解。已知参考光有 3 种，即瑞利光、斯托克斯光和反斯托克斯光。虽然在原理上利用瑞利光要比斯托克斯光灵敏度高，但由于瑞利光强远远大于斯托克斯光强和反斯托克斯光强，这会给数据处理带来难度；另外瑞利光强对光纤的损耗极为敏感，而系统长期投入使用必然使光纤的损耗性能发生变化[46]，最终的结果是系统稳定性变差，甚至无法运行，因此不采用此法。而利用反斯托克斯光本身作为参考信号的优势是可以用单独通道进行测量，一定意义上其灵敏度最高，但光源或者测温光纤发生变动则会大大影响其准确性，从而导致系统的可靠性和稳定性变差，非常不适合在工程现场使用。采用斯托克斯光作为参考光，其灵敏度与采用反斯托克斯光相差不多，具有很高的稳定性和可靠性，虽然是双通道测量的方式，但实用价值最高[47]。目前市场上大多数产品都是采用斯托克斯光作为参考信号的[48]。

斯托克斯光强可简单表示为

$$I_{\text{Stokes}} \propto \left(\frac{1}{e^{\frac{hc\Delta v}{kT}} - 1} + 1 \right) \lambda_{\text{Stokes}}^{-4} \tag{4.18}$$

则反斯托克斯光强与斯托克斯光强之比的关系式为

$$\frac{I_{\text{anti}}}{I_{\text{Stokes}}} = \left(\frac{\lambda_{\text{anti}}}{\lambda_{\text{Stokes}}} \right)^{-4} e^{\frac{-hc\Delta v}{kT}} \tag{4.19}$$

对上式进行求解就可以求出温度值 T，从而达到温度测量的目的。

4. 基于分布式光纤测温的渗漏监测实现

渠堤在长期运行过程中，在环境温度影响下其温度场逐渐转变为周期平稳的随机温度场；流体运移必然引起热量在温度场中的迁移，温度场分布受渗流场影响显著[49]。因此，对于渠堤结构来说，渗流是影响渠堤内土体温度场时空分布的不可忽略的因素。通过研究堤坝的温度场的变化，就能较为准确地得到坝体的渗流场[50]，然后根据堤坝的渗漏情况尽早采取相应措施，确保工程安全。

该渗漏监测技术用的是温度示踪原理。在监测体中，一旦发生渗漏，渗流水流参与光纤和周围环境之间的热交换过程，渗流水流、光纤和土壤三者将产生热量交换，从而使渗漏位置处和其他正常区域的温度不同，导致出现温度差异；而且渗漏水流的流量越大，渗漏处的温度变化也会越明显。故只要通过监测不同环境中测温光缆相应的温度变化，就可以判定出光缆所处的环境介质，以此实现渗漏监测工作。

在渠堤内部铺设分布式光纤传感器，可以精确地测量出光纤沿线的温度场，当土体发生渗漏时，渗流场的变化必然引起温度场的变化，用分布式光纤就能测得温度场变化的位置，从而找到渗漏地点。这种直接测量的方法称为梯度法。如果水温和土体温度相差不多，监测效果相对不太理想时，可以采用加热法。这种方法可以对光纤周围的土体进行快速加热，从而使渗流水温明显低于土体和光纤温度，实现对渗流位置的测定。

基于二维稳定渗流导热方程，利用分布式光纤测温系统可以反过来测定土坝的渗透系数 k。方法就是先根据工程经验取定一个渗透系数 k 的值，然后基于上述理论用有限元程序对其进行计算，得到特定点(光纤温度测点上的都可选取，或者选取具有代表性的点)的温度 $T(x,y)$ 和水头 $h(x,y)$；再根据分布式光纤测温系统测得的温度值对渗透系数 k 进行有目的的调整，直到有限元计算得到的温度值与光纤测得的该点温度相等或接近。这时，调整取定的渗透系数 k 就是(或接近)实际值。

4.1.2　高寒区渠道渗漏传感光缆设计

1. 渗漏传感光缆结构设计

现有的 DTS 技术(分布式光纤温度传感技术)是将发热材料发出的热量直接传递给测温光纤，当外界环境存在渗流时，部分热量随渗流向外散失，导致测温光纤接收到的热量减少，出现测点温度低于无渗流的情形，借此来判断渗流的存在。但在实际工程中，由于测温光纤在渗流存在的情况下依旧能从发热材料接收到较多的热量，温度变化程度较小，敏感度低[51]。为了满足室内渗漏监测试验、现场渗漏监测试验要求并达到预期的研究目的，本研究项目设计并制作了特殊结构的温度感测光缆，即表 4.1 所示的 C 型和 D 型光缆。

表 4.1　三种光缆的优缺点及性能差异

型号	优点	缺点	应用
B 型	测试性能良好	抗压性弱	基坑等良好环境
C 型	双铠双护套	感温性能略差	专项开发
D 型	感温性能良好	单铠单护套	专项开发

表 4.1 中，B 型光缆测试性能良好，但是抗压性能较弱，适用于基坑等良好测渗环境，本研究室内试验使用此型号光缆。

C 型光缆和 D 型光缆是为渠堤测渗项目专门设计开发的特种光缆。C 型光缆设计为双铠双护套，抗压性能好，此种保护设计方式可将光缆用于复杂的环境中(例如大的碎石块、重型机械碾压)，但是感温性能较弱。该种测温光纤在渗流存在时只能接收到较少的热量甚至接收不到热量，从而降低了感测光缆对渗流的灵敏度。

D 型光缆为带加热功能的双层四纤单铠装拉曼光缆，其结构在 C 型光缆的基础上做了改进，少了一层钢铠，且光缆厚度也较 C 型光缆小，故抗压性能相对弱一点，但是感温性能相对有所提高。该种光缆采用特殊的封装技术和护套材料，使得光缆可以抵御北疆输水干渠现场–20℃的低温，保证光缆安全过冬。

实际监测时，在确定光缆温度与周围环境基本一致的前提下，开启电源对发热导线进行通电加热，并持续利用 DTS 解调仪测量光纤温度，分析两个光纤套管中测温光纤温度绝对值和上升速率的差异，进而判断光缆周边环境的渗流情况。

1) B 型光缆结构介绍

B 型感测光缆基本信息：光缆直径为 10.0±0.3mm，发热电缆为 1.5mm^2 电线，每个松套管里面有两根纤芯，光纤型号均为 50/125。

图 4.6 中 11 为 1 号光纤套管，12 为 2 号光纤套管，21 为 1 号发热导线，22 为 2 号发热导线，3 为钢带(或钢绞线)，4 为导热外护套。本加热测温光缆主要由 1 号光纤套管 11、2 号光纤套管 12、1 号发热导线 21、2 号发热导线 22、钢带(或钢绞线)3、导热外护套 4 构成。每条光纤套管内装有 2 条测温光纤。用钢带(或钢绞线)3 将 1 号光纤套管 11、2 号光纤套管 12、1 号发热导线 21、2 号发热导线 22 包裹形成环圈，再覆以导热外护套 4。

图 4.7 中 111 为 1 号套管中 1 号光纤，121 为 2 号套管中 1 号光纤，112 为 1 号套管中 2 号光纤，122 为 2 号套管中 2 号光纤，21 为 1 号发热导线，22 为 2 号发热导线。测温光纤与发热导线在感测光缆尾端的连接方式：1 号套管中 1 号光

纤 111 与 2 号套管中 1 号光纤 121 相熔接形成测温回路，1 号套管中 2 号光纤 112 与 2 号套管中 2 号光纤 122 相熔接形成测温回路，1 号发热导线 21 与 2 号发热导线 22 相连接形成通电回路。

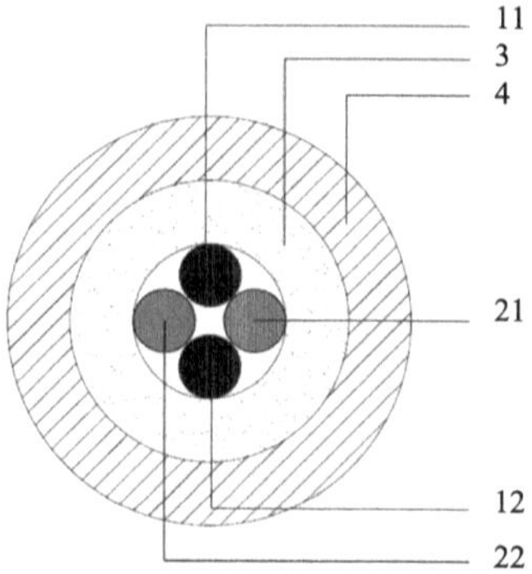

图 4.6　B 型感测光缆结构示意图

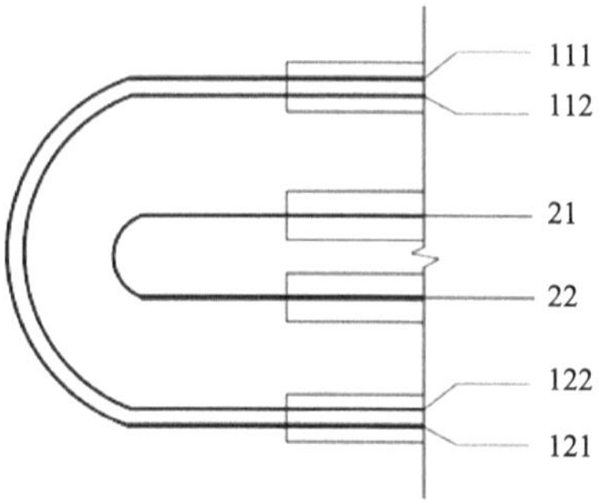

图 4.7　B 型感测光缆回路示意图

2) C 型光缆结构介绍

C 型感测光缆基本信息：光缆直径为 19.0±0.3mm、发热电缆为 1.5mm^2 电线、每个松套管里面有两根纤芯，光纤型号均为 50/125。

通过热传导的基本理论可知，不同介质的导热系数不同，所以传递热量的大小也不相同。在一定条件下，通过测量不同环境下光缆的热量变化，得到的温度也不同。根据上述理论，本书设计出的特种光缆传热结构如图 4.8 所示。

图 4.8 中 1 为隔热橡胶圆柱，21 为 1 号光纤套管，22 为 2 号光纤套管，31 为 1 号发热导线，32 为 2 号发热导线，4 为氟塑料层，5 为钢带，6 为导热外护套。每条光纤套管内装有 2 条测温光纤。横截面上 1 号光纤套管位于 0°方位角位置，2 号光纤套管位于 180°方位角位置，1 号发热导线位于 120°方位角位置，2 号发热导线位于 240°方位角位置。1 号光纤套管与两条发热导线呈正三角形状分布。

发热铜导线按照一定的功率通电加热，就会有热量以热传导的形式从发热导线传到测温光纤，与此同时会有热量向测温光缆的周围环境中扩散。当测温光缆周围有渗水发生时，由于水的导热系数比较小，所以热量扩散速率就较慢，光纤升温也比较慢；当测温光缆处于沙土等环境中时，沙土的导热系数比较大，热量扩散速率也较快，光纤的升温就比较快。所以根据处于不同环境介质中测得的光纤温度变化，便可区分环境介质，从而可以判断测点处是否发生渗漏。

本设计拟通过光缆结构的特殊性来监测光缆所处环境是否发生渗漏以及发生渗漏的流量。结合图 4.8 光缆结构设计，编号 31 和 32 是发热导线，导线通电产生的热量通过编号 4 的氟塑料层、编号 5 的钢带和编号 6 的导热外护套传导至编号为 21 和 22 的光纤套管内的测温光纤。在热量传导过程中，会向周围环境散发热量，环境中渗流量越大，散热越快，传导给测温光纤的热量就越少。1 号光纤套管 21 距离发热导线较远，2 号光纤套管 22 距离发热导线较近，两条光纤套管内的测温光纤升温速率不同。因此，分析两条光纤套管内传感光纤的升温速率，便可判断出光缆周围是否出现渗流及相应流量。

图 4.9 中 211 为 1 号套管中 1 号光纤，221 为 2 号套管中 1 号光纤，212 为 1 号套管中 2 号光纤，222 为 2 号套管中 2 号光纤，31 为 1 号发热导线，32 为 2 号发热导线。测温光纤与发热导线在感测光缆的尾端的连接方式：1 号套管中 1 号光纤 211 与 2 号套管中 1 号光纤 221 相熔接形成测温回路，1 号套管中 2 号光纤 212 与 2 号套管中 2 号光纤 222 相熔接形成测温回路，1 号发热导线 31 与 2 号发热导线 32 相连接形成通电回路。

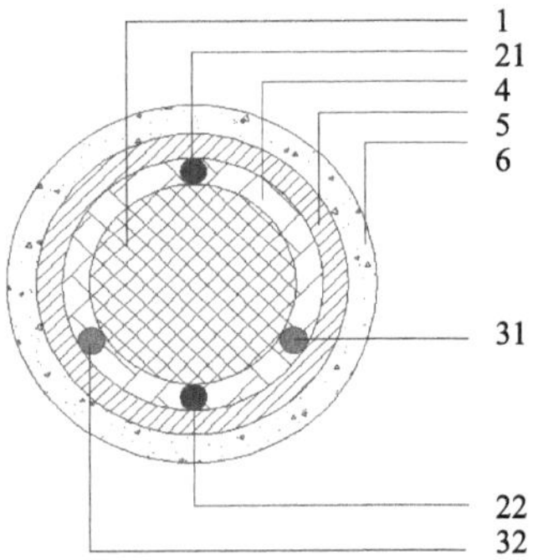

图 4.8　C 型感测光缆结构示意图

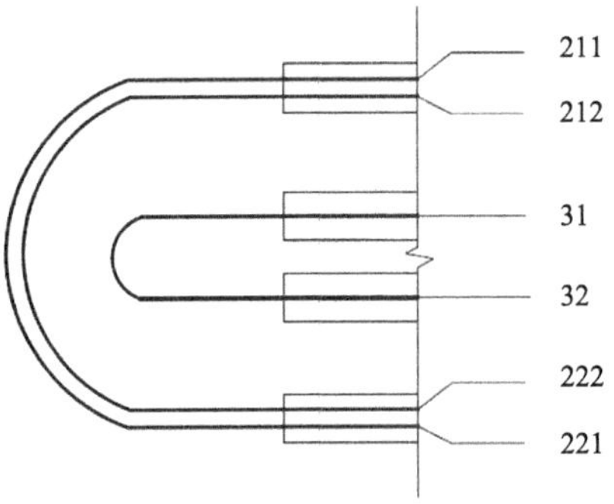

图 4.9　C 型感测光缆回路示意图

3) D 型光缆结构介绍

D 型加热测温光缆基本信息：光缆直径为 15.0±0.3mm、发热电缆为 1.5mm^2 电线、每个松套管里面分别有一根蓝色纤芯及一根橘色纤芯，蓝色为 50/125、橘色为 62.5/125。

D 型光缆在结构设计上比 C 型光缆少了一层钢铠装和一层外护套，其余的设计结构与光缆装置均与 C 型光缆保持一致。

4) C 型光缆和 D 型光缆的结构设计特点

(1) 长距离恒定功率加热。在感测光缆中布设的连续发热导线，当额定电流通过时，导线上每延米都以恒定的功率发热。

(2) 双线自回路。在感测光缆的尾端，两条发热导线在光缆尾端连接形成通电回路；1 号光纤套管中的 1 号测温光纤和 2 号光纤套管中的 1 号测温光纤相熔接形成测温回路，1 号光纤套管中的 2 号测温光纤和 2 号光纤套管中的 2 号测温光纤相熔接形成测温回路。双线自回路的设计，确保光缆可以独立工作，不需要额外铺设辅助光缆和电缆。

(3) 传热桥式热传导。在感测光缆中，发热导线通电产生的热量，通过氟塑料层、钢带和导热外护套传导给光纤套管中的测温光纤，热量在传导过程中，不断向外界环境散失，环境中渗流量越大，散热越快，传导给测温光纤的热量就越少。

(4) 差异化测量升温。在感测光缆中，1 号光纤套管距离发热导线较远，2 号光纤套管距离发热导线较近，在导线通电发热过程中，两个光纤套管受热程度不同，光纤套管中测温光纤的升温速率不同，根据两个测温光纤的升温速率差异判断出渗流处的水流量，能够更加精准地反映岩土体渗流状态。

(5) 铠装保护。针对不同的监测环境，可以选用钢带或钢绞线等不同的金属铠装保护，以利于光缆直接深埋于岩土体中。钢带与钢绞线既可以作为铠装以保护测温光纤和发热导线，也可以作为传热介质进行热传导。

光缆埋设施工的技术要求：符合直埋光缆施工技术规范要求。感测光缆参数：允许拉伸力(长期拉力 2000N，短期拉力 4000N)、弯曲半径(动态 30D，静态 15D，D 为光缆直径)。

2. 光缆的接续装置

实际的光缆铺设应用中，有时需要将两段甚至多段光缆连接使用，才可以满足现场对光缆长度的要求。而现有的接续方法有以下弊端。

一种方法是，把光缆中的电缆和光缆剥离，先对电缆进行连接，并用胶带把连接好的电缆紧紧地缠绕在一起，胶带起到保护作用；然后进行光纤的接续，在完成光纤的接续之后，用胶带将完成接续的光纤和一定长度的钢管紧紧地缠绕在一起，再与完成连接的电缆紧紧地缠绕在一起，从而获得所需的光缆。这种光缆光电分离处密封不好，光缆极容易损坏，影响使用寿命。

另一种方法是用电缆连接箱连接。这种连接方法只能够对电缆进行分支，不能满足光纤接续的要求。众所周知，光纤的接续比电缆的连接的要求更加精细，因此在进行光纤接续和安装时需要加倍小心。在石油化工等危险场合用上述连接方法，有可能因为电缆接头处的放电引起灾难；并且危险环境中气体对胶带有腐蚀性，长期使用有可能造成光缆的连接处直接暴露在空气中，使得连接失效。

为此，本书设计研制了一种专门用于本温度感测光缆的接续装置——单金具式发热测温光缆接续盒。在结构上，本光缆接续盒增加了用于连接发热导线的金具，以此来防止发热导线在连接处不良接触，其余的使用方法与过程与一般光缆接续装置一致。

如图 4.10 所示，单金具式发热测温光缆接续盒包括防爆壳体、设置于防爆壳体内的光纤盘纤盒、设置于光纤盘纤盒上的金具、导体片、绝缘胶。该光缆连接装置具有设计科学、安全防爆、连接快捷方便、对接头有良好保护作用、保证光纤接续可靠性的优点。

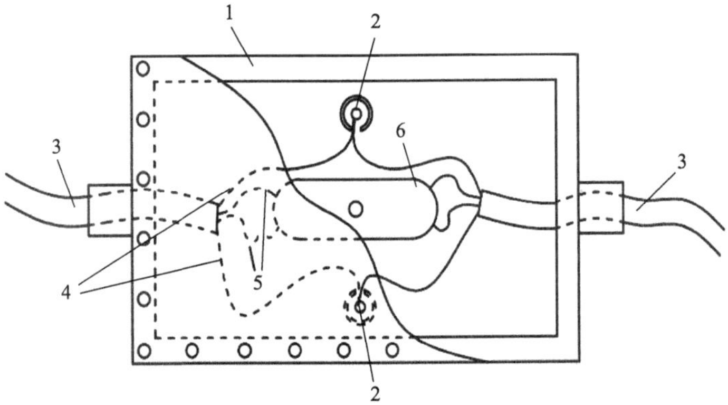

图 4.10　单金具式发热测温光缆接续盒示意图

1.防爆壳体；2.金具；3.光缆；4.发热导线；5.光纤；6.光纤盘

光纤盘设置在壳体内部。壳体的两侧设置有导线入口。金具设置在壳体上，有两个，分别位于光纤盘的纵向中部两边缘处。在导线入口处均设置有导线，两根导线与同一个金具相连接，连接完成后将绝缘胶涂覆于金具表面，使金具与周围环境不导通。

4.1.3　分布式光纤室内渗漏监测试验

1. 渗漏监测室内试验

分布式光纤渗漏监测系统并不能直接测出大坝是否发生渗漏，而是通过监测渗漏位置处温度状态的改变来反映渗漏的发生。自然状态下的温度基本保持稳定，即使有渗漏发生也不会有宏观的表现，故本研究中的渗漏监测光缆采用加热法，使得发生渗漏与未发生渗漏的光缆监测位置的温度出现较大的差异，以此来判断是否发生渗漏。

室内试验需要将监测光缆置于不同的预设环境中以模拟现场环境。本次室内试验环境包括空气、干沙、含水率为 5%的沙、含水率为 10%的沙、含水率为 15%的沙、含水率为 20%的沙、含水率为 30%的沙、饱和沙、纯水。实验器材包括 B 型测温光缆、100m 电阻导线两捆(截面积 $1mm^2$，电阻率 $\rho=0.0177\Omega\cdot mm^2/m$)、38V电源、万用表、尾纤、跳线、DTS 解调仪、沙、水、环境模拟箱。

1)现场环境的发热功率

现场环境可以提供 380 V (220 V) 电压，光缆中发热导线每延米电阻 $R=0.0177\times1/1.5=0.0118\Omega/m$，光缆中发热导线总电阻 $R_{总}=2\times R\times100=23.6\Omega$。

选用 380V电压时，$I=380/23.6=16.10A$，$P_{导}=I^2\times R=16.1^2\times0.0118=3.06W/m$，$P_{光}=2\times P_{导}=2\times3.06=6.12W/m$。

选用 220V 电压时，I=220/23.6=9.32A，$P_{导}=I^2\times R=9.32^2\times0.0118$=1.02W/m，$P_{光}=2\times P_{导}=2\times1.02$=2.04W/m。

2) 试验电压的选择

实验室提供了 24V和 36V两种电压选择方案。200m 铜导线有两种选择方案，横截面积为 1mm^2 和 1.5mm^2，电阻率 ρ=0.0177Ω・mm^2/m，总电阻分别为 3.54Ω、2.36Ω。

选用 24V电压、横截面积为 1mm^2 的导线时，I=24/3.54=6.78A，$P_{导}=I^2\times R=6.78^2\times0.0118$=0.54W/m，$P_{光}=2\times P_{导}=2\times0.54$=1.08W/m。

选用 38V电压、横截面积为 1mm^2 的导线时，I=38/3.54=10.73A，$P_{导}=I^2\times R=10.73^2\times0.0118$=1.36W/m，$P_{光}=2\times P_{导}=2\times0.54$=2.72W/m。

选用 24V电压、横截面积为 1.5mm^2 的导线时，I=24/2.36=10.17A，$P_{导}=I^2\times R=10.17^2\times0.0118$=1.22W/m，$P_{光}=2\times P_{导}=2\times0.54$=2.44W/m。

选用 38V电压、横截面积为 1.5mm^2 的导线时，I=38/2.36=16.10A，$P_{导}=I^2\times R=16.1^2\times0.0118$=3.06W/m，$P_{光}=2\times P_{导}=2\times3.06$=6.12W/m。

3) 试验装置构成

试验装置如图 4.11 所示，主要试验设备如下：

(1) DTS 解调仪。解析光缆温度信息，并将数据传输给电脑的重要仪器设备。

(2) 环境模拟箱。一种大的塑料水箱，用来放置试验所需的模拟环境。

(3) 光缆。本研究的重要材料，是自主研发的特殊结构温度感测光缆。

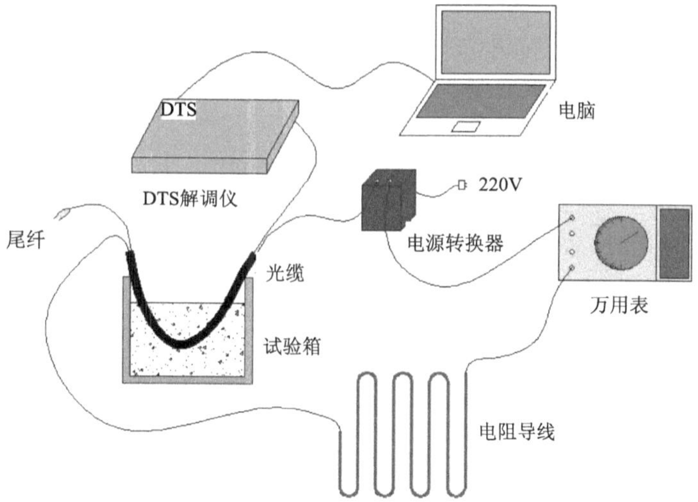

图 4.11　试验装置构成图

以下试验均按照上述试验装置构成图完成，将模拟环境加入环境模拟箱中，再将光缆埋设于模拟环境中，监测光缆升温试验，以完成光缆的标定，具体步骤如下所述。

4) 试验步骤

(1) 在试验环境模拟箱底部铺填已知含水率的 200～300mm 厚的试验土，将光缆埋设于试验土中；

(2) 断开电源，将 38V 电压转换器与家用 220V 电压连接；

(3) 将两捆导线与测试光缆中的发热导线连接，以达到预设功率，用万用表测量其电阻；

(4) 将 38V 电压转换器、两捆导线与光缆样品中的发热导线以及万用表串联形成回路；

(5) 将光缆中 1 号光纤与 2 号光纤串联，分别在 1 号光纤和 2 号光纤末端接一根尾纤，并将跳线与 DTS 解调仪连接；

(6) 设定环境温度并保持恒定，接通电源开始测量，记录数据，30min 后关闭电源，停止试验；

(7) 待发热导线冷却后，将试验环境模拟箱中的试验模拟环境倒出，清洗装置，擦干后换成另一模拟环境，进行下一组试验。

以下试验均按照上述方法对处于各种环境中的光缆进行温度监测，并进行数据处理与分析。

2. 试验过程及数据处理

首先将试验数据以表格的形式呈现出来，为了能更直观、更清晰地分析每种环境下试验数据的差异，用 Origin 软件将试验测得的温升数据[ΔT_1(℃)和 ΔT_2(℃)]分别绘成温度时程曲线。

1) 空气环境

如图 4.12 所示，将光缆放置于空气环境模拟箱中，按照上述步骤监测光缆中

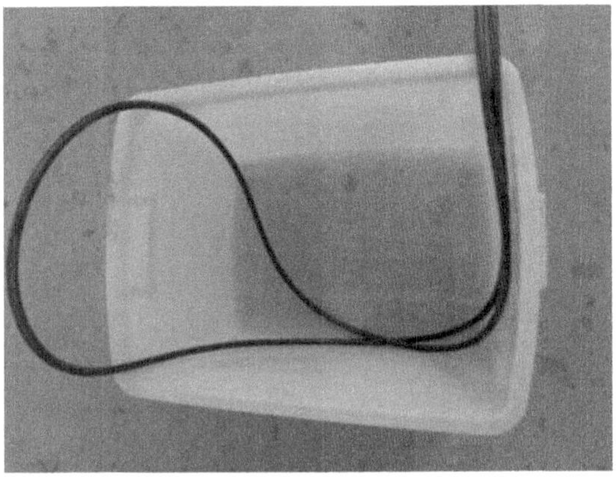

图 4.12　空气环境模拟试验图

光纤感测到的温度变化，完成在空气环境中对光缆进行的模拟试验并及时记录，其测量结果详见表 4.2。

表 4.2　在空气环境中光纤的温度变化

时间/min	光纤 1 温度 T_1/℃	光纤 2 温度 T_2/℃	ΔT_1/℃	ΔT_2/℃
0	13.93	16.73	0	0
2	16.12	19.62	2.19	2.89
4	17.99	22.64	4.06	5.91
6	19.58	23.9	5.65	7.17
8	20.7	25.63	6.77	8.9
10	21.71	26.57	7.78	9.84
12	22.75	27.42	8.82	10.69
14	22.74	27.48	8.81	10.75
16	23	27.3	9.07	10.57
18	22.46	28.59	8.53	11.86
20	23.36	28.02	9.43	11.29
22	22.89	27.51	8.96	10.78
24	23.13	29	9.2	12.27
26	23.31	28.6	9.38	11.87
28	23.8	29.42	9.87	12.69
30	23.86	29.87	9.93	13.14

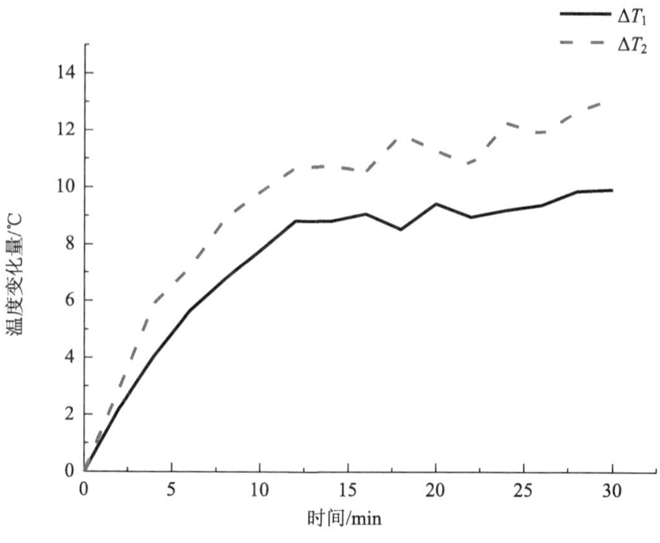

图 4.13　空气中温度变化曲线

从表 4.2 和图 4.13 中试验数据可以得知：距离发热铜导线较远的光纤 1 温度上升大约 9.93℃，距离发热铜导线较近的光纤 2 温度上升大约 13.14℃。

2)沙环境

如图 4.14 所示，将光缆放置于干沙环境模拟箱中，按照上述步骤监测光缆中光纤感测到的温度变化，完成在干沙环境中对光缆进行的模拟试验并及时记录，其测量结果详见表 4.3 和图 4.15。按照上述步骤，分别完成了在含水率为 5%、10%、15%、20%、30%的沙样中的光纤温度变化试验，结果如表 4.4～表 4.8 和图 4.16～图 4.20 所示。

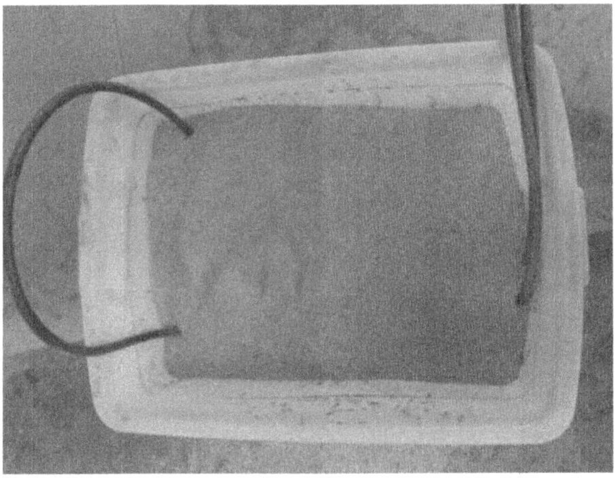

图 4.14　干沙环境模拟试验图

表 4.3　在干沙环境中光纤的温度变化

时间/min	光纤 1 温度 T_1/℃	光纤 2 温度 T_2/℃	ΔT_1/℃	ΔT_2/℃
0	14.26	17.71	0	0
2	16.01	20.85	1.75	3.14
4	17.53	22.12	3.27	4.41
6	19.32	23.54	5.06	5.83
8	19.79	24.7	5.53	6.99
10	20.36	25.29	6.1	7.58
12	21.22	26.08	6.96	8.37
14	21.32	27.02	7.06	9.31
16	22.06	27.1	7.8	9.39
18	22.85	28.24	8.59	10.53
20	22.91	27.87	8.65	10.16

续表

时间/min	光纤 1 温度 T_1/℃	光纤 2 温度 T_2/℃	ΔT_1/℃	ΔT_2/℃
22	22.92	28.35	8.66	10.64
24	23.25	28.38	8.99	10.67
26	23.28	28.7	9.02	10.99
28	23	28.16	8.74	10.45
30	23.77	28.98	9.51	11.27

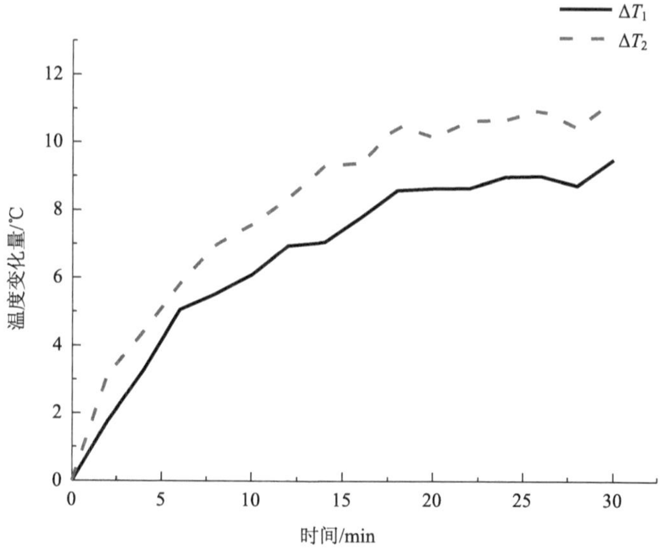

图 4.15　干沙环境中温度变化曲线

在干沙环境中，从表 4.3 和图 4.15 中试验数据可以得知：距离发热铜导线较远的光纤 1 温度上升大约 9.51℃，距离发热铜导线较近的光纤 2 温度上升大约 11.27℃。

表 4.4　在含水率为 5%的沙环境中光纤的温度变化

时间/min	光纤 1 温度 T_1/℃	光纤 2 温度 T_2/℃	ΔT_1/℃	ΔT_2/℃
0	15.24	17.6	0	0
2	15.04	17.96	–0.2	0.36
4	14.94	18.32	–0.3	0.72
6	16.71	21.64	1.47	4.04
8	18.27	22.76	3.03	5.16
10	20.01	24.68	4.77	7.08

续表

时间/min	光纤 1 温度 T_1/℃	光纤 2 温度 T_2/℃	ΔT_1/℃	ΔT_2/℃
12	20.58	24.63	5.34	7.03
14	21.46	25.44	6.22	7.84
16	21.9	27	6.66	9.4
18	22.77	26.1	7.53	8.5
20	22.84	26.38	7.6	8.78
22	23.06	26.94	7.82	9.34
24	23.12	27.02	7.88	9.42
26	23.13	26.57	7.89	8.97
28	23.36	27.48	8.12	9.88
30	23.54	27.42	8.3	9.82

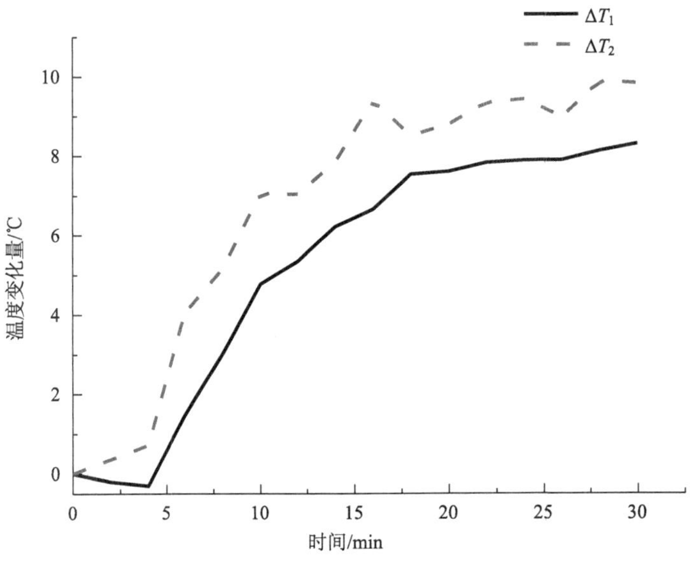

图 4.16　含水率为 5%的沙环境中温度变化曲线

在含水率为 5%的沙环境中，从表 4.4 和图 4.16 中试验数据可以得知：距离发热铜导线较远的光纤 1 温度上升大约 8.3℃，距离发热铜导线较近的光纤 2 温度上升大约 9.82℃。

表 4.5　在含水率为 10%的沙环境中光纤的温度变化

时间/min	光纤 1 温度 T_1/℃	光纤 2 温度 T_2/℃	ΔT_1/℃	ΔT_2/℃
0	14.28	18.76	0	0
2	15.43	19.22	1.15	0.46

续表

时间/min	光纤 1 温度 T_1/℃	光纤 2 温度 T_2/℃	ΔT_1/℃	ΔT_2/℃
4	17.2	22.38	2.92	3.62
6	18.25	23.13	3.97	4.37
8	18.7	24.13	4.42	5.37
10	19.54	25.64	5.26	6.88
12	20.4	25.73	6.12	6.97
14	20.65	26.53	6.37	7.77
16	20.87	27.19	6.59	8.43
18	21.5	26.76	7.22	8
20	21.56	27.22	7.28	8.46
22	21.89	27.05	7.61	8.29
24	21.58	27.69	7.3	8.93
26	21.7	26.96	7.42	8.2
28	21.57	28.02	7.29	9.26
30	22.27	28.02	7.99	9.26

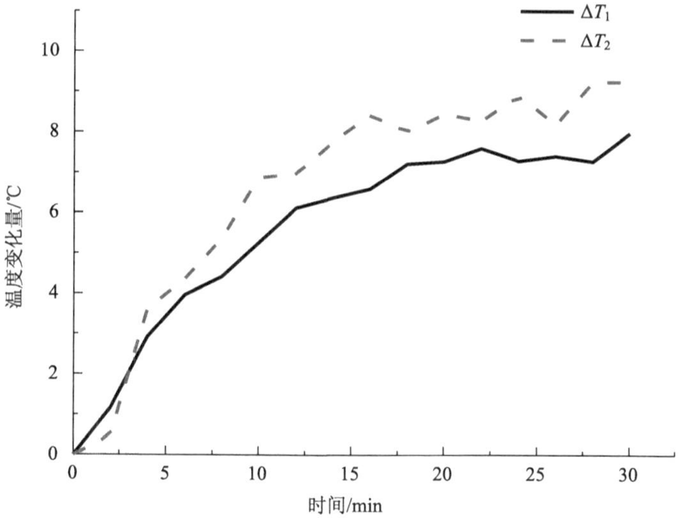

图 4.17　含水率为 10%的沙环境中温度变化曲线

在含水率为 10%的沙环境中，从表 4.5 和图 4.17 中试验数据可以得知：距离发热铜导线较远的光纤 1 温度上升大约 7.99℃，距离发热铜导线较近的光纤 2 温度上升大约 9.26℃。

表 4.6　在含水率为 15%的沙环境中光纤的温度变化

时间/min	光纤 1 温度 T_1/℃	光纤 2 温度 T_2/℃	ΔT_1/℃	ΔT_2/℃
0	11.73	14.56	0	0
2	13.5	17.77	1.77	3.21
4	14.77	19.04	3.04	4.48
6	15.35	19.34	3.62	4.78
8	16.25	20.11	4.52	5.55
10	16.15	21.08	4.42	6.52
12	16.86	20.67	5.13	6.11
14	16.82	21.07	5.09	6.51
16	17.15	21.48	5.42	6.92
18	17.53	21.66	5.8	7.1
20	17.6	22.56	5.87	8
22	18	23.28	6.27	8.72
24	18.67	24.04	6.94	9.48
26	18.53	23.53	6.8	8.97
28	19.1	24.5	7.37	9.94
30	19.04	23.58	7.31	9.02

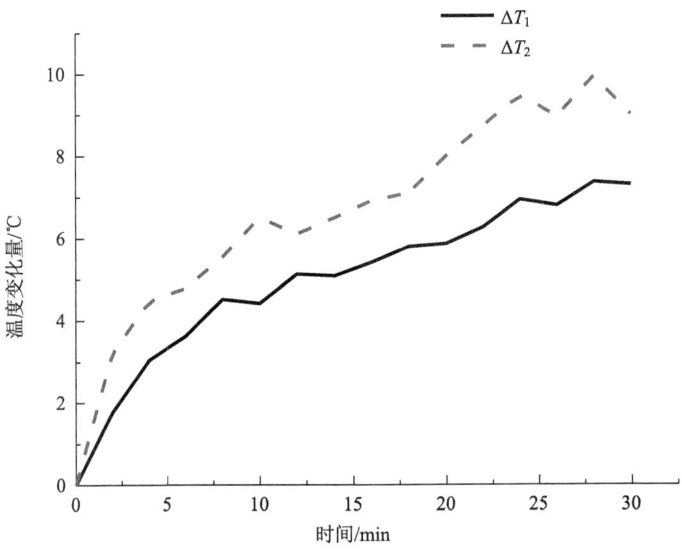

图 4.18　含水率为 15%的沙环境中温度变化曲线

在含水率为 15%的沙环境中，从表 4.6 和图 4.18 中试验数据可以得知：距离发热铜导线较远的光纤 1 温度上升大约 7.31℃，距离发热铜导线较近的光纤 2 温度上升大约 9.02℃。

表 4.7　在含水率为 20%的沙环境中光纤的温度变化

时间/min	光纤 1 温度 T_1/℃	光纤 2 温度 T_2/℃	ΔT_1/℃	ΔT_2/℃
0	13.59	16.76	0	0
2	15.22	19.89	1.63	3.13
4	16.39	21.14	2.8	4.38
6	17.31	21.94	3.72	5.18
8	18.39	22.85	4.8	6.09
10	18.98	23.81	5.39	7.05
12	19.47	24.02	5.88	7.26
14	19.18	24.03	5.59	7.27
16	19.91	24.51	6.32	7.75
18	20.01	24.75	6.42	7.99
20	20.61	25.19	7.02	8.43
22	20.2	24.92	6.61	8.16
24	20.5	24.99	6.91	8.23
26	20.49	25.42	6.9	8.66
28	20.18	24.89	6.59	8.13
30	20.41	25.11	6.82	8.35

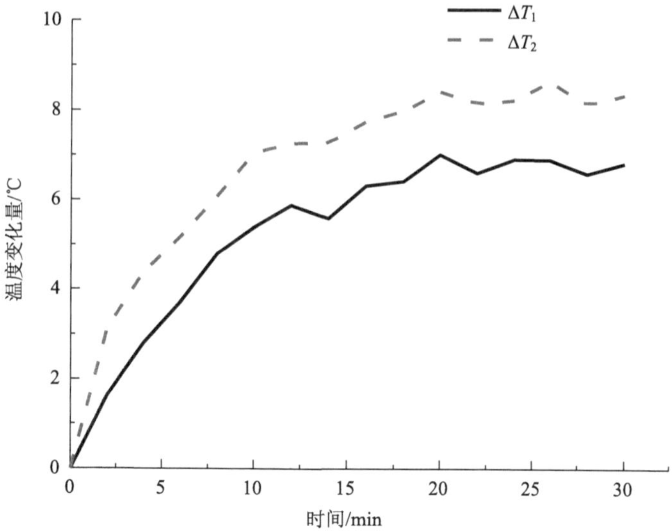

图 4.19　含水率为 20%的沙环境中温度变化曲线

在含水率为 20%的沙环境中，从表 4.7 和图 4.19 中试验数据可以得知：距离发热铜导线较远的光纤 1 温度上升大约 6.82℃，距离发热铜导线较近的光纤 2 温度上升大约 8.35℃。

表 4.8　在含水率为 30%的沙环境中光纤的温度变化

时间/min	光纤 1 温度 T_1/℃	光纤 2 温度 T_2/℃	ΔT_1/℃	ΔT_2/℃
0	13.68	16.49	0	0
2	15.61	20.19	1.93	3.7
4	16.51	21.19	2.83	4.7
6	17.57	22.15	3.89	5.66
8	18.14	22.06	4.46	5.57
10	17.76	21.94	4.08	5.45
12	17.97	22.82	4.29	6.33
14	18.82	23.29	5.14	6.8
16	19.12	24.1	5.44	7.61
18	19.01	23.86	5.33	7.37
20	19.41	23.61	5.73	7.12
22	19.37	23.79	5.69	7.3
24	19	24.11	5.32	7.62
26	19.7	24.26	6.02	7.77
28	19.5	24.08	5.82	7.59
30	19.79	24.04	6.11	7.55

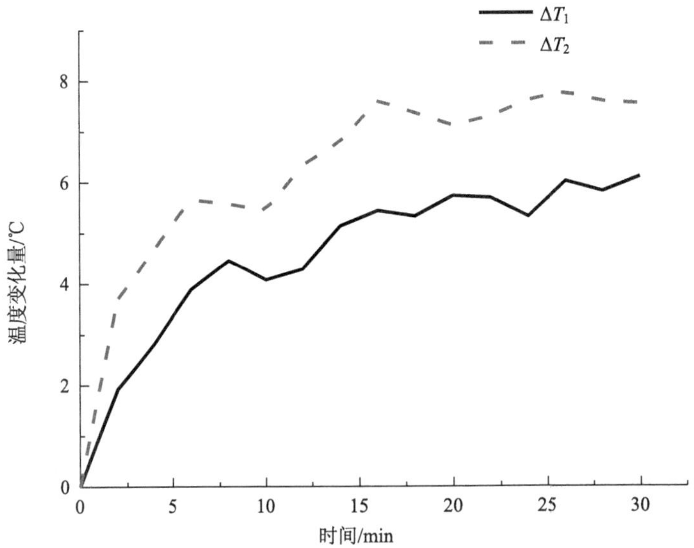

图 4.20　含水率为 30%的沙环境中温度变化曲线

在含水率为 30%的沙环境中，从表 4.8 和图 4.20 中试验数据可以得知：距离发热铜导线较远的光纤 1 温度上升大约 6.11℃，距离发热铜导线较近的光纤 2 温度上升大约 7.55℃。

3) 纯水环境

将光缆放置于纯水环境模拟箱中，按照上述步骤监测光缆中光纤感测到的温度变化，完成在纯水环境中对光缆进行的模拟试验并及时记录，其测量结果详见表 4.9 和图 4.21。

表 4.9　在纯水环境中光纤的温度变化

时间/min	光纤 1 温度 T_1/℃	光纤 2 温度 T_2/℃	ΔT_1/℃	ΔT_2/℃
0	7.1	11.17	0	0
2	7.43	14.02	0.33	2.85
4	9.45	15.15	2.35	3.98
6	9.78	15.42	2.68	4.25
8	9.5	16	2.4	4.83
10	9.68	16.56	2.58	5.39
12	10.96	16.56	3.86	5.39
14	12.31	17.26	5.21	6.09
16	11.1	17.19	4	6.02
18	11.69	18.43	4.59	7.26
20	11.73	17.38	4.63	6.21
22	12.3	17.19	5.2	6.02
24	9.82	17.57	2.72	6.4
26	10.86	17.56	3.76	6.39
28	12.33	17.22	5.23	6.05
30	10.91	17.7	3.81	6.53

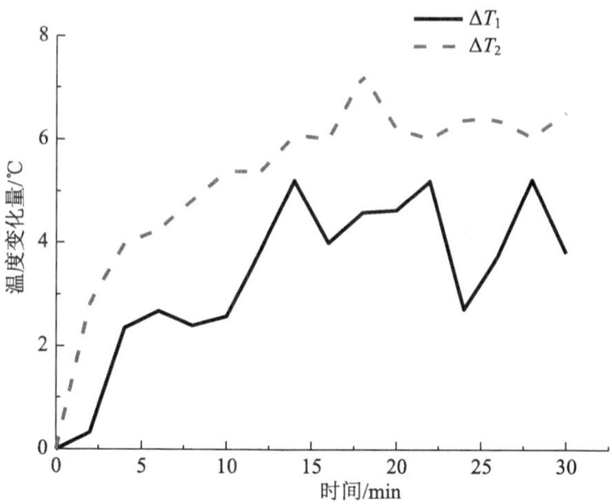

图 4.21　纯水中温度变化曲线

从表 4.9 和图 4.21 中试验数据可以得知：距离发热铜导线较远的光纤 1 温度上升大约 3.81℃，距离发热铜导线较近的光纤 2 温度上升大约 6.53℃。

综合对比与分析光纤 1 与光纤 2 的温升状态(图 4.22、图 4.23)。

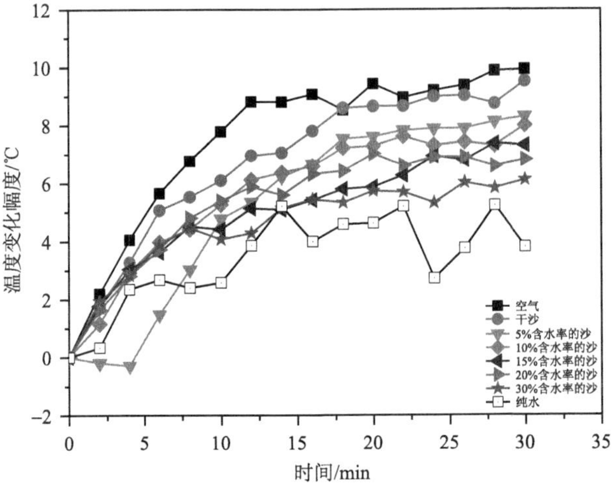

图 4.22　光纤 1 在不同环境下温升对比图

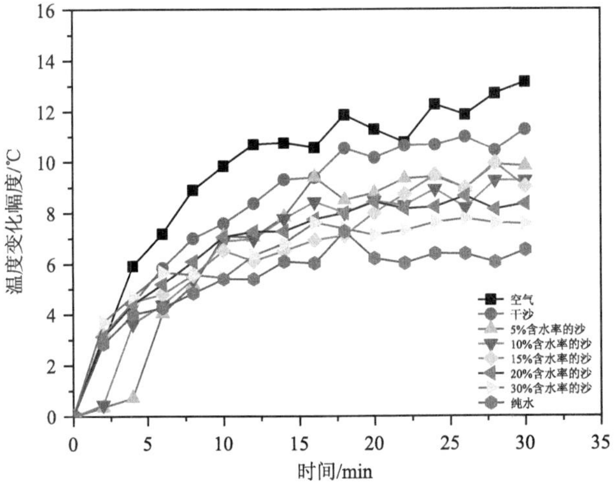

图 4.23　光纤 2 在不同环境下温升对比图

将距离发热铜导线较远的光纤 1 在不同环境中的温升状态制成表格形式对比分析(表 4.10)。

将距离发热铜导线较近的光纤 2 在不同环境中的温升状态制成表格形式对比分析(表 4.11)。

表 4.10　光纤 1 在不同环境中的温度值

光缆所处环境	初始温度/℃	最终温度/℃	温差/℃
空气	13.93	23.86	9.93
干沙	14.26	23.77	9.51
含水率 5%的沙	15.24	23.54	8.3
含水率 10%的沙	14.28	22.27	7.99
含水率 15%的沙	11.73	19.04	7.31
含水率 20%的沙	13.59	20.41	6.82
含水率 30%的沙	13.68	19.79	6.11
纯水	7.1	10.91	3.81

表 4.11　光纤 2 在不同环境中的温度值

光缆所处环境	初始温度/℃	最终温度/℃	温差/℃
空气	16.73	29.87	13.14
干沙	17.71	28.98	11.27
含水率 5%的沙	17.6	27.42	9.82
含水率 10%的沙	18.76	28.02	9.26
含水率 15%的沙	14.56	23.58	9.02
含水率 20%的沙	16.76	25.11	8.35
含水率 30%的沙	16.49	24.04	7.55
纯水	11.17	17.7	6.53

综合表 4.10、表 4.11 以及图 4.22、图 4.23 可以看出，光纤在不同环境下的温度变化均不相同。以光纤 2 的温升为例，在空气环境中光纤温升幅度最大，温度升高了 13℃之多；在干沙环境中光纤温升幅度较在空气环境中小一点，但是温度也升高了 11℃以上；在纯水环境中光纤温升幅度最小，温度升高了 6.53℃；在各种不同含水率的沙环境中光纤温升幅度相差不大，但存在差异。这些数据表明，该试验方法可以监测到光缆处于不同的环境，验证了光缆用于堤坝渗漏监测试验的可行性。

3. 数据分析

为更直观地通过数值来判断光缆所处的环境，需对温升曲线进行拟合，得到相应的量化指标。根据式(4.20)对温升曲线进行拟合：

$$\Delta T = KR^2 \tag{4.20}$$

式中，K 为环境特征值，反映温度的增长速率；R^2 为调整决定系数，表达了拟合曲线与原曲线的相似性，计算公式如式(4.21)所示：

$$R^2=\frac{\text{Explained variation}}{\text{Total variation}}=\frac{\text{TSS}-\text{RSS}}{\text{TSS}}=1-\frac{\text{RSS}}{\text{TSS}} \tag{4.21}$$

式中，TSS为总平方和；RSS为残差平方和，表示误差；因此拟合越好，误差越小，R^2就越大，R^2越接近于1，表示拟合度越好，且$R^2\leqslant 1$。

为简化步骤，利用MATLAB软件编辑了一个小程序，方便快捷地计算出环境特征值K与调整决定系数R^2；拟合分析程序得到的结果数据，用Origin数据处理软件得到相应拟合曲线。以下(图4.24～图4.31)为光缆在各种环境中得到的拟合曲线以及环境特征值K和调整决定系数R^2。

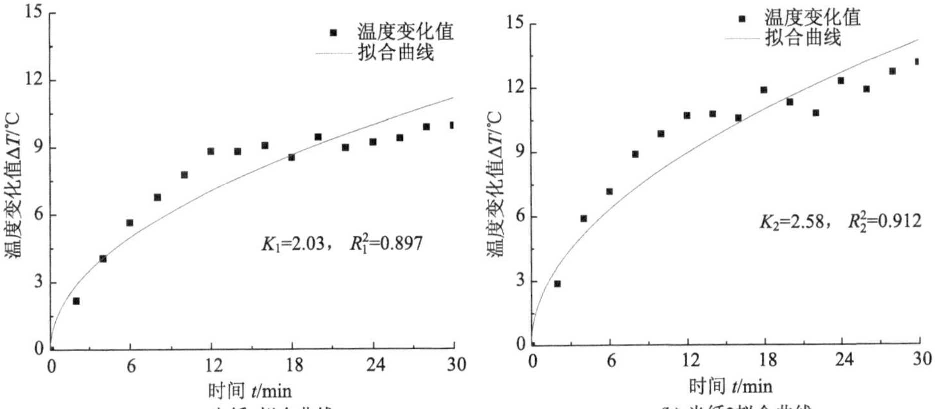

(a) 光纤1拟合曲线　　(b) 光纤2拟合曲线

图4.24　空气环境

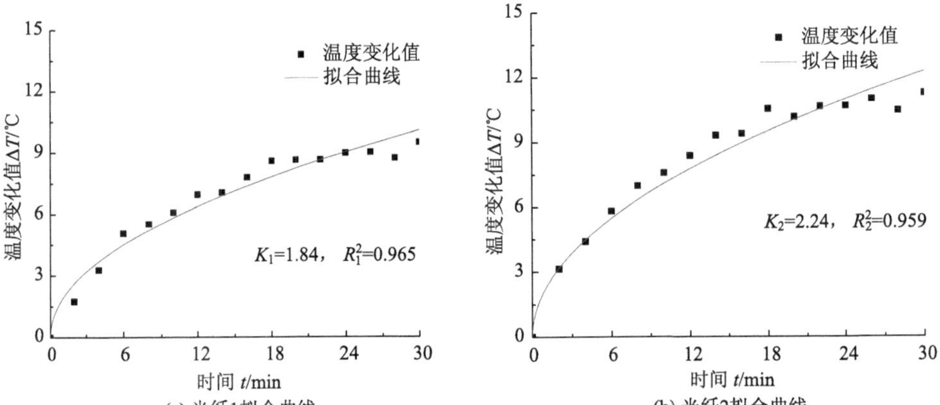

(a) 光纤1拟合曲线　　(b) 光纤2拟合曲线

图4.25　干沙环境

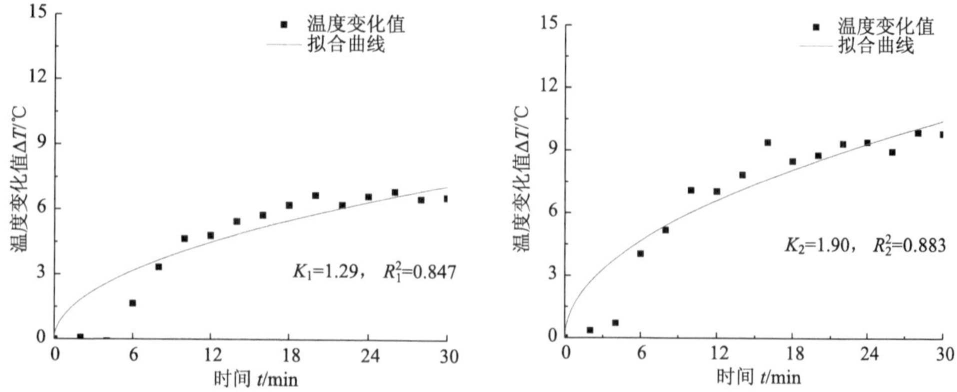

(a) 光纤1拟合曲线　(b) 光纤2拟合曲线

图 4.26　含水率为 5%的沙环境

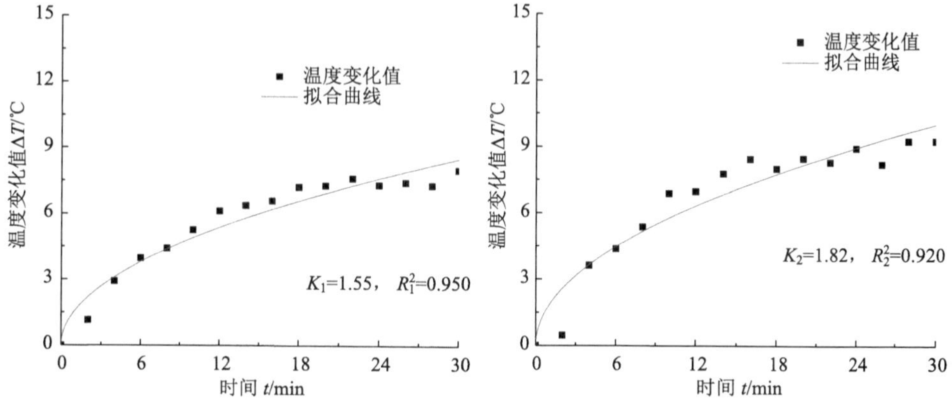

(a) 光纤1拟合曲线　(b) 光纤2拟合曲线

图 4.27　含水率为 10%的沙环境

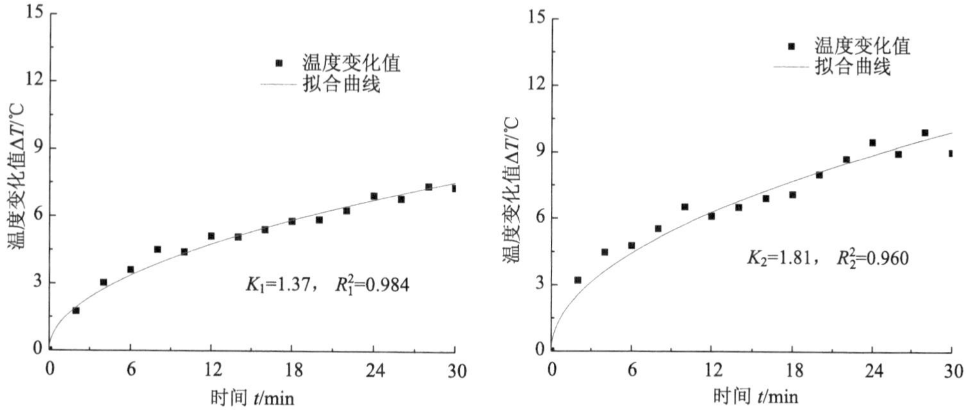

(a) 光纤1拟合曲线　(b) 光纤2拟合曲线

图 4.28　含水率为 15%的沙环境

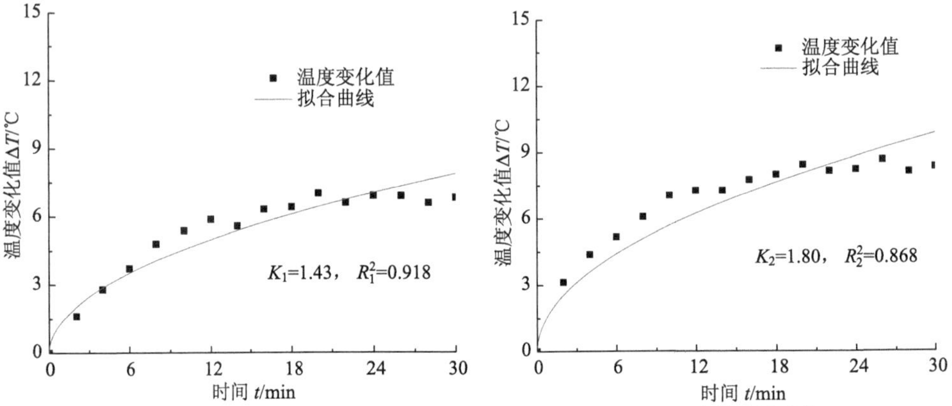

(a) 光纤1拟合曲线　　(b) 光纤2拟合曲线

图 4.29　含水率为 20%的沙环境

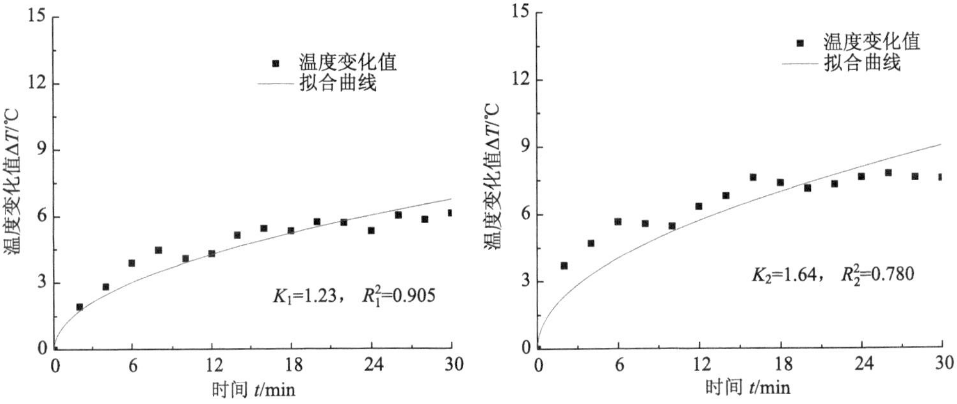

(a) 光纤1拟合曲线　　(b) 光纤2拟合曲线

图 4.30　含水率为 30%的沙环境

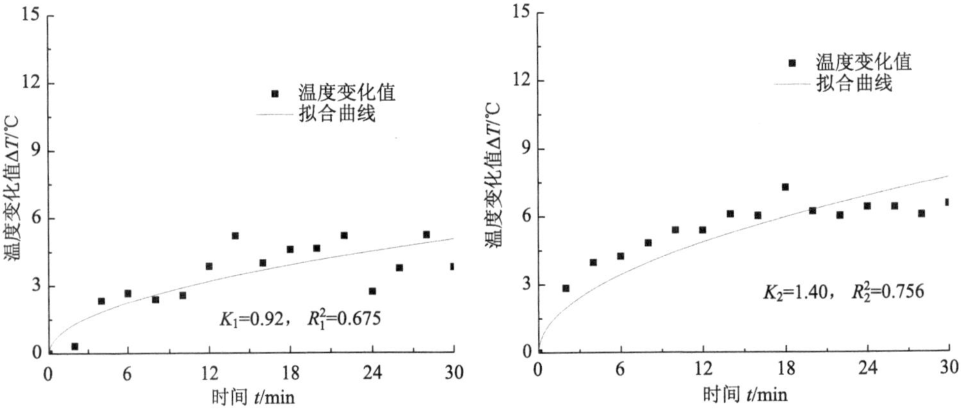

(a) 光纤1拟合曲线　　(b) 光纤2拟合曲线

图 4.31　纯水环境

将拟合结果制作成表格形式进行数值分析(表 4.12)。

表 4.12　不同环境中的 *K* 值与 R^2 值

介质环境	K_1	R_1^2	K^2	R_2^2
空气	2.03	0.879	2.58	0.912
干沙	1.84	0.965	2.24	0.959
含水率 5%的沙	1.29	0.847	1.90	0.833
含水率 10%的沙	1.55	0.950	1.82	0.920
含水率 15%的沙	1.37	0.984	1.81	0.960
含水率 20%的沙	1.43	0.918	1.80	0.868
含水率 30%的沙	1.23	0.905	1.64	0.780
纯水	0.92	0.675	1.40	0.756

通过分析得到：

(1) 在不同的介质环境中，两个位置的光纤环境特征值有明显的不同，且处于较远位置的光纤 1 的数值比处于较近位置的光纤 2 的数值均略小；

(2) 在空气环境中的特征值最大，在纯水中的特征值最小；

(3) 在不同含水率的沙中，特征值大小随着含水率的增加呈减小趋势；

(4) 在各介质环境中，调整决定系数均能体现出模拟拟合程度相似性。

4.1.4　高寒区渠道渗漏监测现场原型试验

1. 现场原型试验段简介

水资源的调用是我国北方部分水资源匮乏地区所用的一种规模巨大且意义重大的水利基础建设项目，此工程可有效解决这些地区水资源严重短缺的问题[50]。而该类工程中最重要的是运输水源的引水渠道。引水渠道建成通水后，将在水流的作用下长期工作，渠道的防渗结构在多种因素下可能会发生渗漏，这样不仅会造成水资源的浪费，而且还会对引水渠道结构造成一定的影响，存在安全隐患。渠道结构在长期渗水的工作环境下运行，会引起堤基土结构发生变化，引起渠堤渗透变形或渗透破坏，降低了渠堤结构的安全性，造成溃堤的隐患和风险[52]。一旦发生类似事故，将会对沿线地区的经济和人民财产安全造成不可估量的损失。

本试验段位于新疆北部，是一项跨流域、长距离的调水工程(图 4.32)。输水渠道在冻融循环、季节性输水、高纬度强光照等影响因素下可能会存在渗漏安全隐患，而传统的监测方法在长距离渗漏监测方面有明显的技术缺陷与不足，所以本书开展了长距离分布式渗漏监测技术的现场原型试验研究。

图 4.32 非运行期时本试验段输水渠道图片

现场原型试验主要有以下几个目的：

(1) 验证分布式渗漏监测技术在长距离输水渠道现场应用的可行性；

(2) 研究分布式渗漏监测技术在现场应用的精度；

(3) 研发分布式渗漏监测仪器的现场安装埋设技术；

(4) 跟踪分析分布式渗漏监测技术在现场工作环境下的长期稳定性；

(5) 为后续分布式渗漏监测技术的大规模现场应用进行前期技术储备。

基于以上考虑，结合总干渠渠底改造工程现场情况，选择在本试验段+70 断面附近进行仪器埋设。该处由于需要铺设横向排水管，所以对渠坡原有防渗结构进行了拆除，方便现场安装埋设分布式渗漏监测仪器。

2. 实施方案

基于前期的室内试验研究成果，利用输水干渠检修的时机，将分布式渗漏监测光纤安装埋设到渠道的量测位置。

1) 渗漏传感光缆的选择。

依据前期现场调研成果，并结合渠道管理部门多年的管理维护经验，初步判定试验段渠道的主要渗漏问题是作为主要防水措施的“一布一膜”局部由于长期使用、渠基土冻胀破坏、渠基土差异沉降、施工缺陷等问题导致破裂，渠水透过防渗膜后长期浸泡渠基土，导致渠基土强度下降，从而引起局部塌陷、滑坡并增大了冻胀破坏的危害性。因此，如何有效监测膜后水位的分布情况，一直是渠道管理部门关心的核心问题之一。

基于以上分析，本次试验段的主要监测任务是在渠道通水期间，有效地监测渠道膜后水位，考虑到施工工艺对渗流传感光缆的影响，选择 C 型光缆安装埋设在试验段，即测量渠堤渗漏采用基于拉曼原理的双铠双护套型光缆。

2) 光缆布置形式

如图 4.33 和图 4.34 所示，考虑到渠道的对称形式，只在渠道一侧的渠堤上布设渗漏监测光缆，用于测量渠堤防渗膜后的实际水位高度，为后期研究渠道破坏提供实测数据。

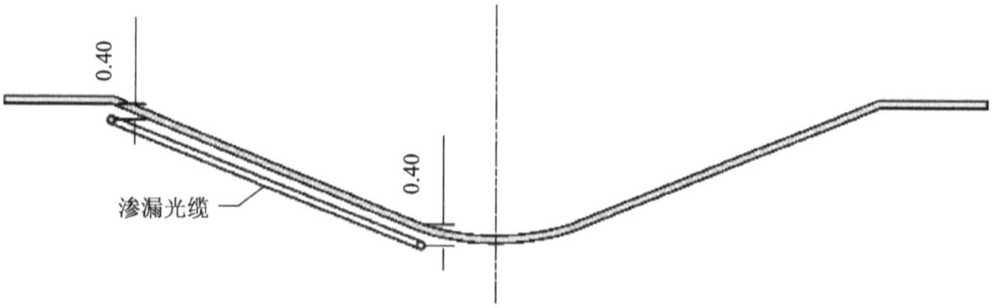

图 4.33　试验段光缆布置剖面图(单位：m)

具体布设方案如下：

(1) 先期将要铺设的光缆一头熔接跳线；

(2) 以人工或机械沿垂直于渠道水流的方向在渠基土上开挖深约 50cm、宽 10～15cm 的光缆沟，光缆沟从渠顶一直开挖至弧形渠底与渠坡的交界处；

(3) 光缆沟间隔 2m，依次开挖，共开挖 10 条；

(4) 在渠顶与渠底间隔开挖同样深度和宽度的顺水流方向的光缆沟，连通相邻垂直向光缆沟；

(5) 开挖完毕，检查合格后，在光缆沟底部人工摊铺一层厚 10cm 左右的剔除过大块砾石的原状土料，人工压实；

(6) 人工将光缆从渠顶位置开始往下铺设(要求一人在前将光缆放入光缆沟，一人在后将剔除过大块砾石的原状土覆盖到铺好的光缆上)，沿开挖好的光缆沟不间断将光缆铺设到光缆沟内；

(7) 使用红光笔检测已铺好的光缆是否工作正常，检验合格后，人工将光缆沟回填，并用小型振动碾将其碾压密实；

(8) 碾压检查合格后，上部进行渠道防渗膜和衬砌保护板的铺设工作。

为了验证分布式监测技术的可行性和精度，了解渠底改造的效果，本次在试验段的局部位置安装埋设了传统的孔隙水压力计，并加装了自动化测读设备，通过物联网平台将所读取的数据上传至位于南京水利科学研究院的服务器内。

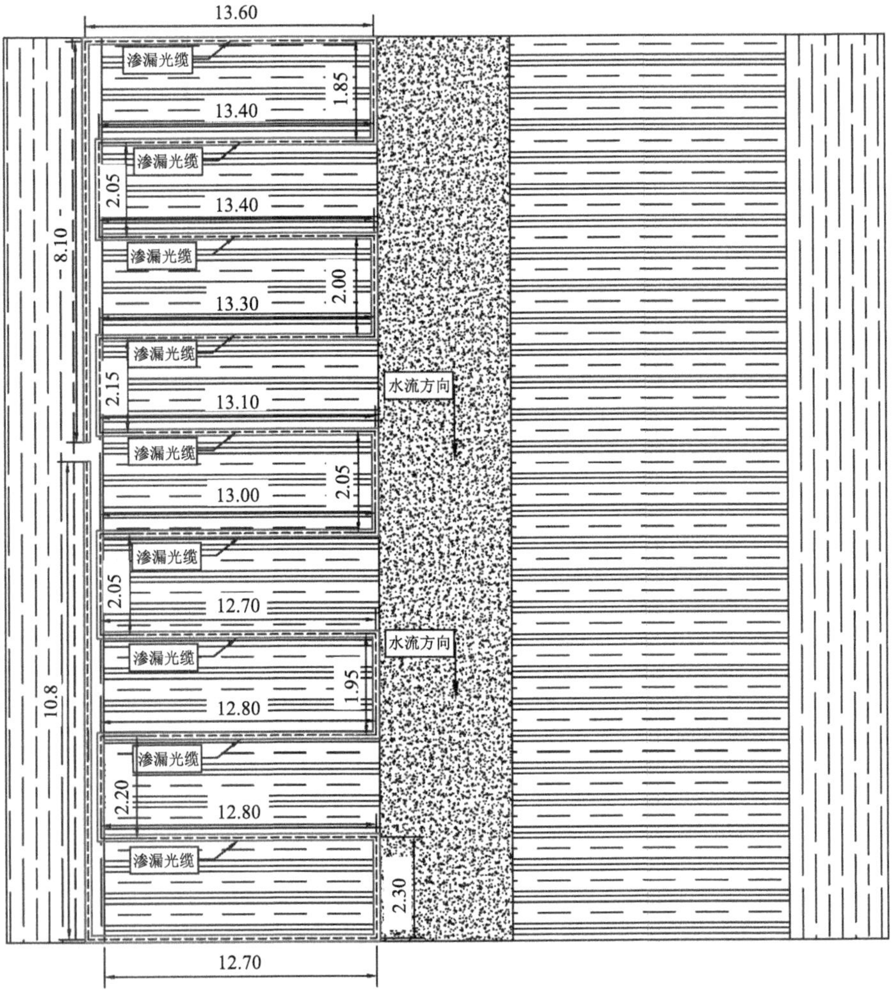

图 4.34　试验段光缆布置平面图(单位：m)

如图 4.35 和图 4.36 所示，在渠底防渗膜下部、纵向排水管上部位置布设了两只孔隙水压力计，用于了解渠底铺设纵横向排水管后渠底膜后水位的变化情况；在坡顶以下 11m 位置布设了三只孔隙水压力计，用于验证分布式渗漏监测技术的可行性和精度。这三只孔隙水压力计与光缆安装于同一位置，以保证数据的可对比性。孔隙水压力计的安装参照《土石坝安全监测技术规范》(DL/T 5259—2010)，在此不再赘述。

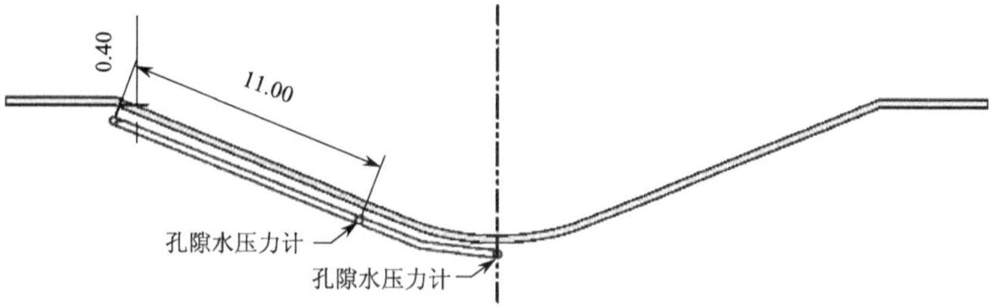

图 4.35　孔隙水压力计布置剖面图(单位：m)

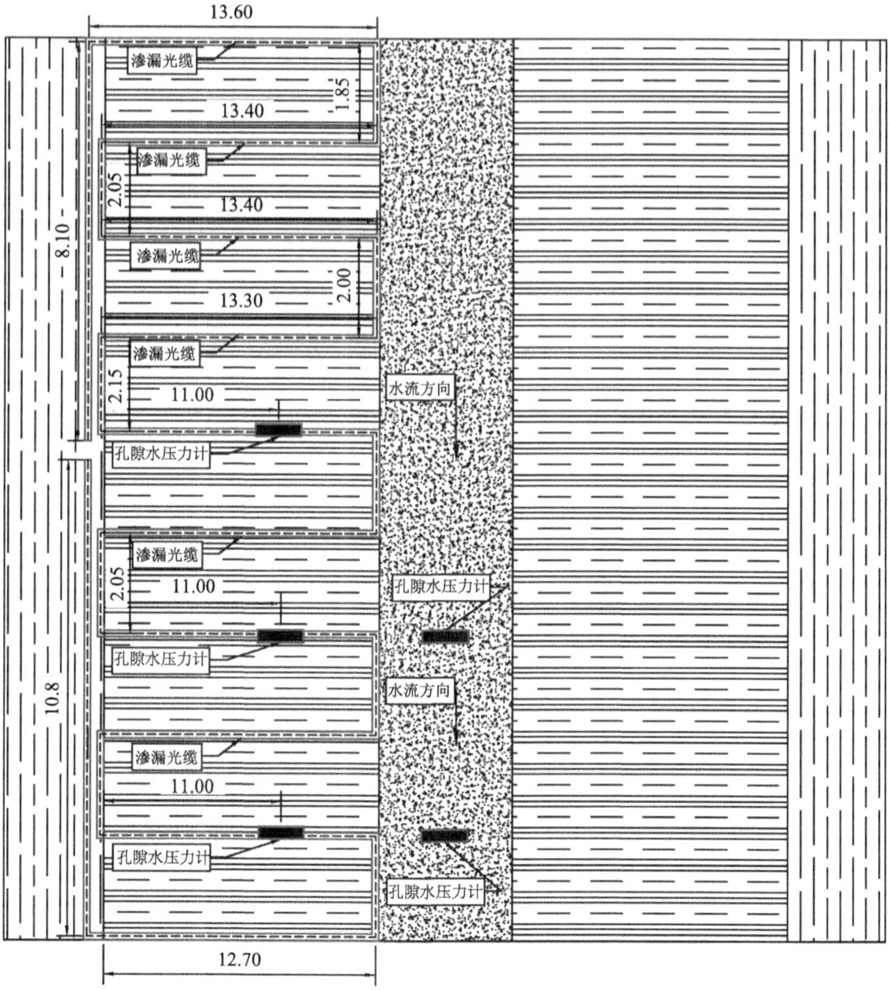

图 4.36　孔隙水压力计布置平面图(单位：m)

3. 试验段施工简介

现场具备仪器设备安装条件后，项目组成员开始查勘现场(图 4.37)，确定具体安装位置，丈量试验段实际长度，现场放样。经与渠道管理机构和施工单位协商，结合现场情况，采用人工开挖的方式进行，这样做将最大限度降低对已压实渠基土的扰动，保证现场施工质量。现场施工如图 4.38 所示。

图 4.37 现场查勘

图 4.38 人工开挖光缆沟

光缆沟开挖完毕，验收合格后，底部人工铺设一层厚 10cm 左右的剔除过大块砾石的原状土，人工踩实。先安装孔隙水压力计，采用全站仪将孔隙水压力计的安装位置确定好，将孔隙水压力计水平放置于原状土上，测量安装高程后，在仪器上部覆盖 10cm 左右剔除过大块砾石的原状土，人工将孔隙水压力计的电缆线呈 S 形顺着光缆沟引出至堤顶(图 4.39)。

人工将光缆从光缆盘中放出，一人牵引光缆，一人放光缆，将光缆小心放入光缆沟内，专人在放好的光缆上部覆盖一层细原状土；在放置光缆的过程中要避免光缆打结、相互缠绕，防止人员踩踏光缆(图 4.40、图 4.41)。光缆放置完毕后，采用红光笔或光功率计测试光缆的工作状态，检查合格后，人工将剔除过大块砾石的原状土料覆盖 20～30cm 厚(图 4.42)，再用开挖光缆沟产生的原状土料回填光缆沟，采用人工结合小型机械，进行渠坡的削坡、整平和压实工作(图 4.43)。待摊铺一层厚约 10cm 的素砂浆找平层后(图 4.44)，铺设两布一膜，采用防水膜焊接机，将新铺设的两布一膜与老膜连成一体(图 4.45)；待监理检测合格后，在两布一膜上部铺设六棱块衬砌板(图 4.46)。现场施工完毕后，将孔隙水压力计的电缆线汇集到光缆在渠顶出头的位置，并安装由南京水利科学研究院研制的自动化采集设备，将孔隙水压力计的电缆引入自动化采集设备内后，开始监测渠道膜后水位的变化情况。

图 4.39　安装埋设孔隙水压力计

图 4.40　人工布设光缆

图 4.41　人工回填原状土

图 4.42 人工回填完剔除大块砾石的原状土

图 4.43　人工将渠道堤面整平压实

图 4.44　人工摊铺砂浆

图 4.45　两布一膜铺设完毕

图 4.46　人工铺设六棱块衬砌板

4. 监测过程

渠道表面衬砌铺设完毕后，立即开始监测工作，孔隙水压力计的测值由自动化采集设备收集，光缆数据由光纤解调仪收集(如图 4.47 所示，现场工作人员通过光纤解调仪收集光纤监测数据)。依据前期研究基础，现场试验段采用加热光缆的方式量测膜后水位随渠道水位的变化情况，因此需要对光缆中的加热电缆线施加稳定电压。光缆的加热系统包括可调节电压的交流电源、大电流万用表和光缆内负载发热的金属线，现场选用调压器调节电压，大电流万用表来显示加载电流和电压以控制加载功率。

图 4.47　现场工作人员采集光缆数据

现场试验具体步骤如下：

(1) 安装光纤解调仪，连通电脑，检测仪器的工作状态；

(2) 检查现场光纤跳线是否连通，用酒精清洁表面后，插入光纤解调仪接口处(图 4.48)；

(3) 按照电路图布置光缆加热系统，采用万用表检查各部位连通情况后，即可准备测量(图 4.49)；

(4) 依据前期室内试验经验，为了有效降低光纤测量系统的随机误差对测值的影响，在通电加热之前，先测量 6～7 遍未加热的初值，取平均值作为测量的基准值；

(5) 设置好仪器自动测量的时间间隔，开始通电加热，逐渐调节输入电压，测量到加热系统内的电流达到设计值后，开始测量光纤数据；

(6) 待测量到的光纤温度不再升高、温度趋于平稳后，再测量 10 次左右，断电停止测量；

(7) 将仪器收纳到仪器保护箱内，并用保护盒将光纤跳线装好，在地面光纤露头位置做好防护措施和反光标志；

(8) 从自动化采集装置内读取已采集到的孔隙水压力计的测值，用于后期与光纤数据的对比分析。

图 4.48　检查清洁光纤跳线

图 4.49　现场测量

5. 监测数据分析

根据渠道运行的规律，分别在渠道通水后、渠道通水期间、渠道停水前逐渐降低运行水位时以及渠道停水后等有代表性的时段内进行测量。为了更好地发挥 C 型渗漏监测光缆的优点，在正式测量前进行了点加热光纤定位工作，希望得到 C 型光缆近纤(即光缆内离加热线路较近的光纤，下文中将以“近纤”统称)和远纤(即光缆内离加热线路较远的光纤，下文中将以“远纤”统称)的起始测量位置和终了测量位置，如图 4.50 所示；为了测量简单起见，测量前将近纤和远纤连通成一根光纤，试验过程中通过拉曼光纤解调仪同时测量，保证了测量数据的时效性和可对比性，能有效减少其他试验因素的干扰。从图中可以明显地看出，在光纤距离 22.5、189.5、205.5 和 370.5 这四个点的位置上，光纤测值有明显的变化，说明点加热定位技术在现场条件下能有效定位出光纤测点的位置。由此我们可以将近纤和远纤中相对应的测量位置一一对应起来，从而实现 C 型光缆的测量功能。

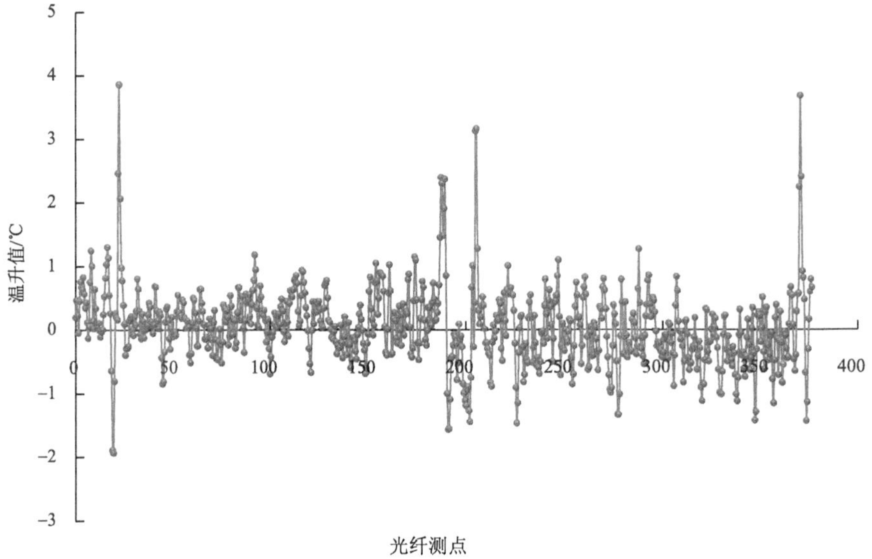

图 4.50　点加热定位技术测量数据

为了有效消除系统测量误差对测量数据的干扰，本次试验选择加热系统开始工作前 6 次测值的平均值作为各个测点的基准值；持续加热后，光纤温升数值逐渐趋于稳定，取稳定后 6 次测值的平均值作为各个测点加热后的温度值，前后两值相减即可得到光纤的温升值。各时段光纤数据如图 4.51～图 4.59 所示。

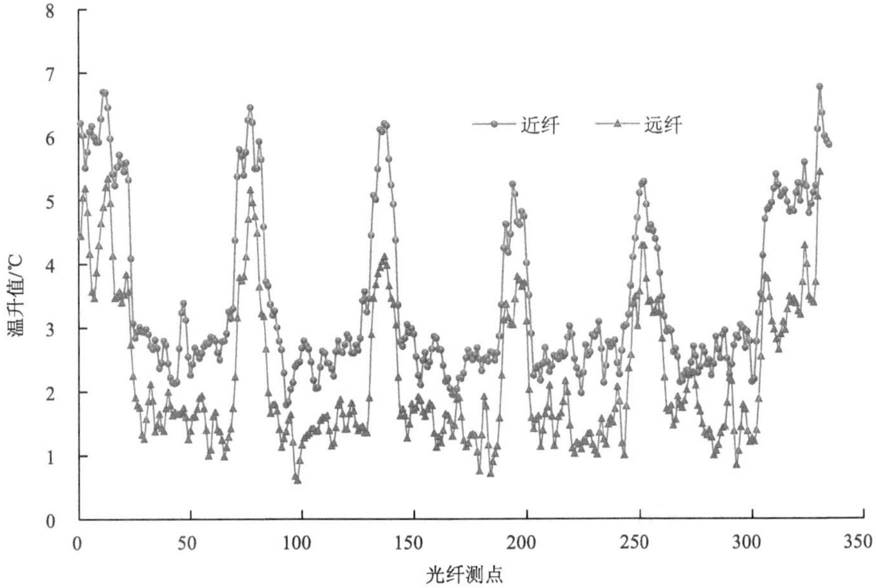

图 4.51　2019 年 7 月 22 日测值图

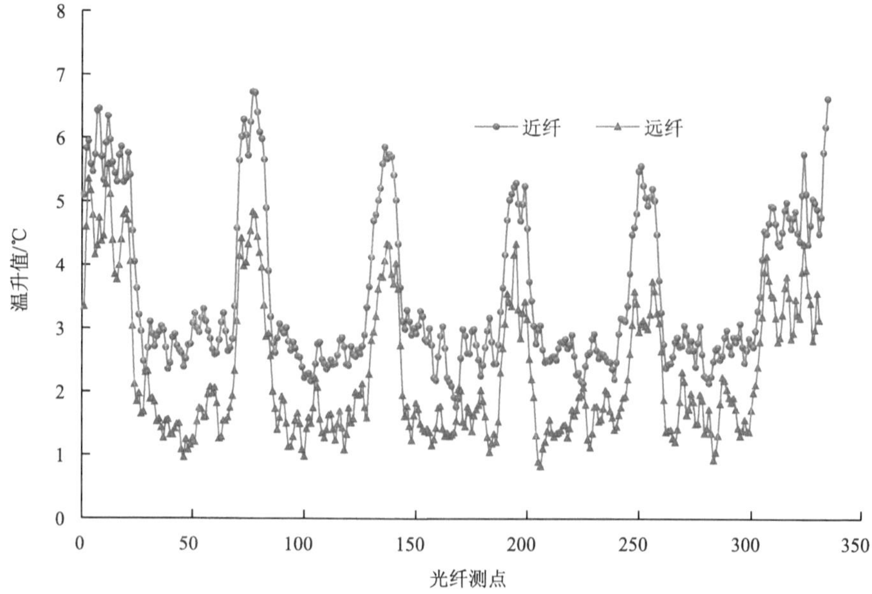

图 4.52　2019 年 7 月 23 日测值图

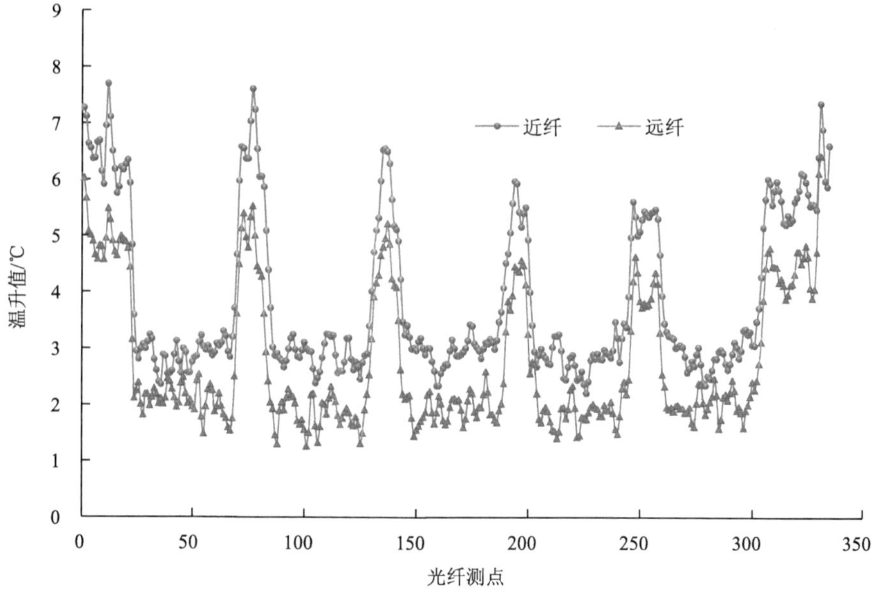

图 4.53　2019 年 7 月 26 日测值图

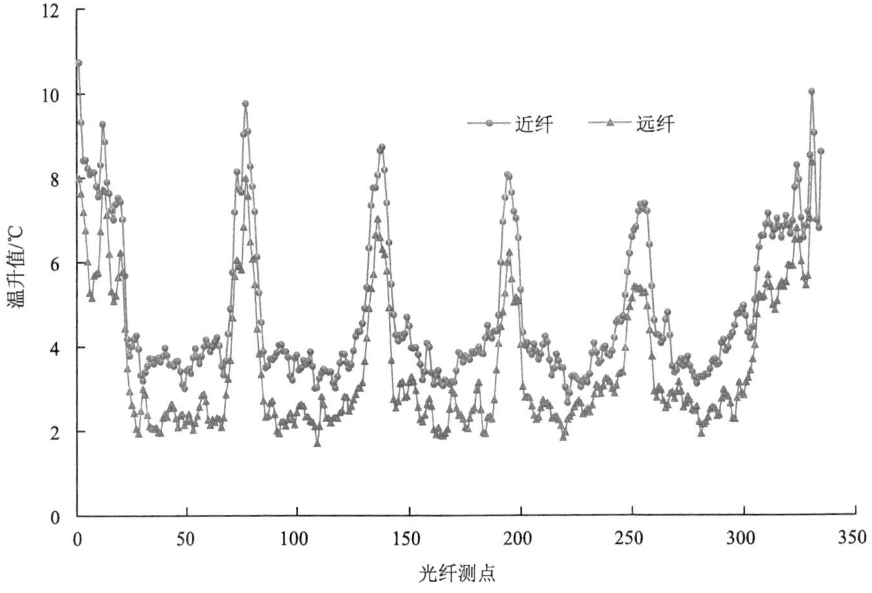

图 4.54　2019 年 9 月 19 日测值图

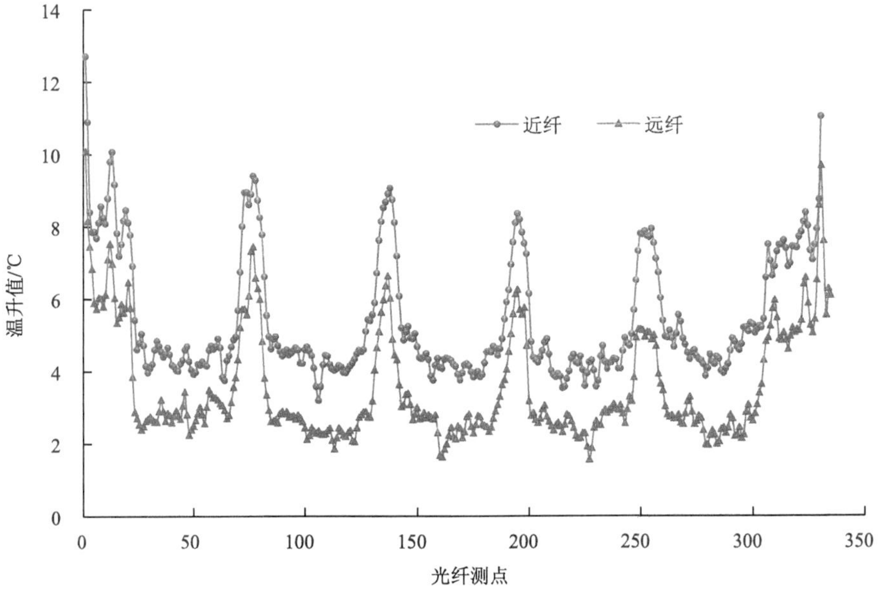

图 4.55　2019 年 9 月 20 日测值图

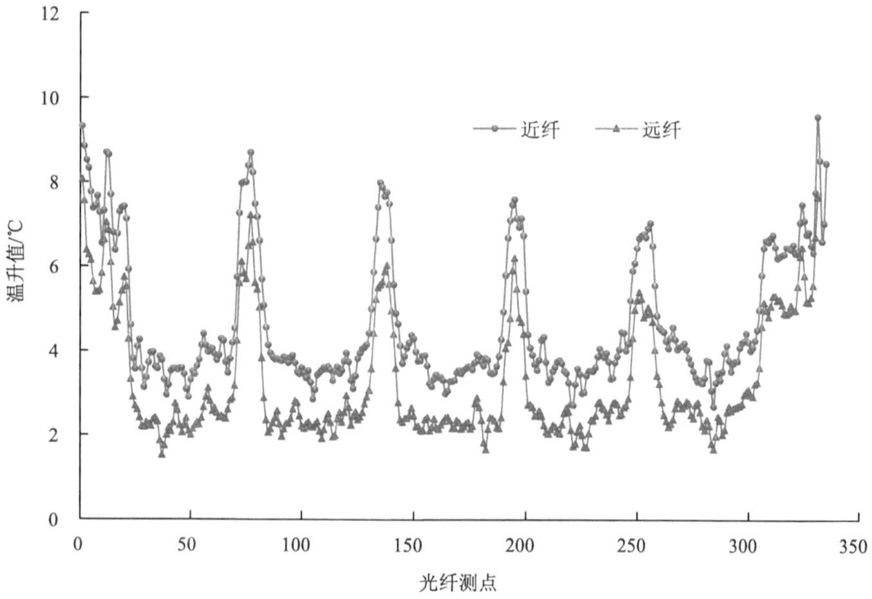

图4.56　2019年9月21日测值图

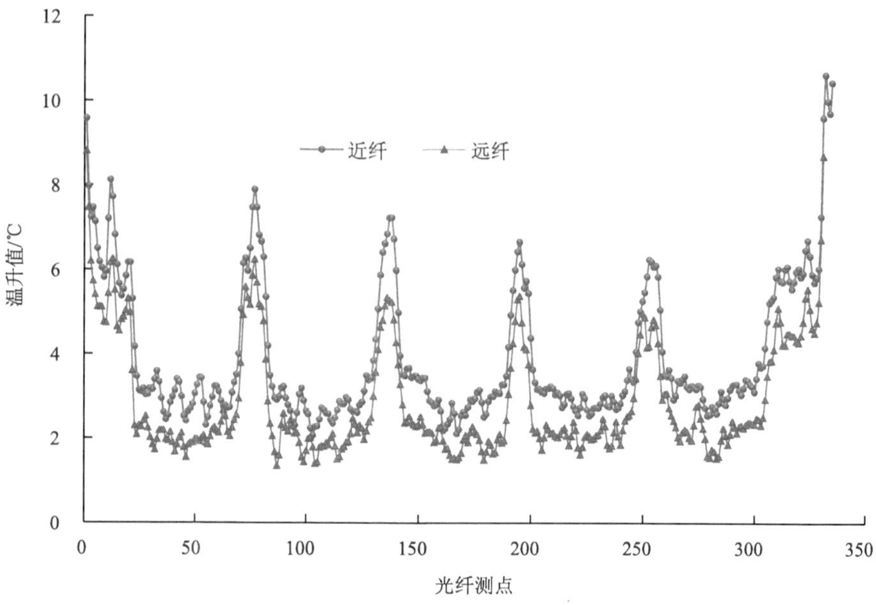

图4.57　2019年9月27日测值图

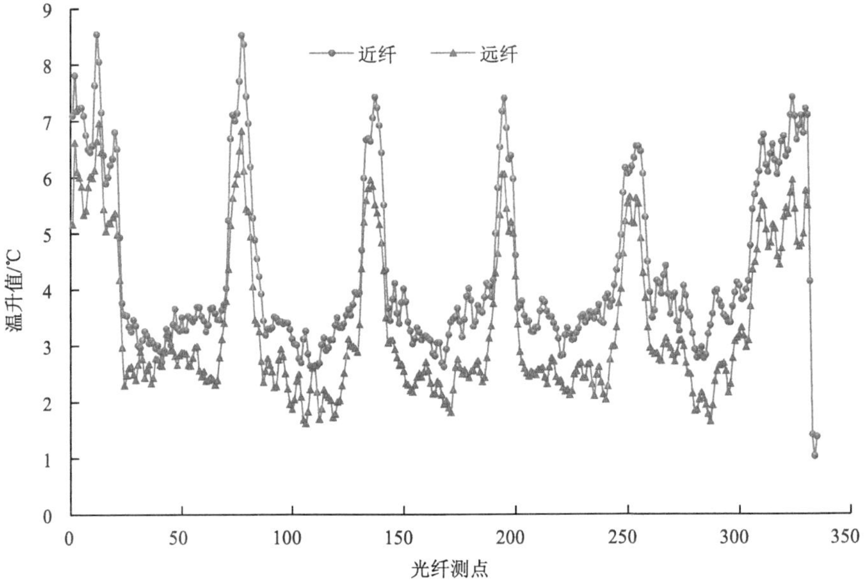

图 4.58　2019 年 9 月 28 日测值图

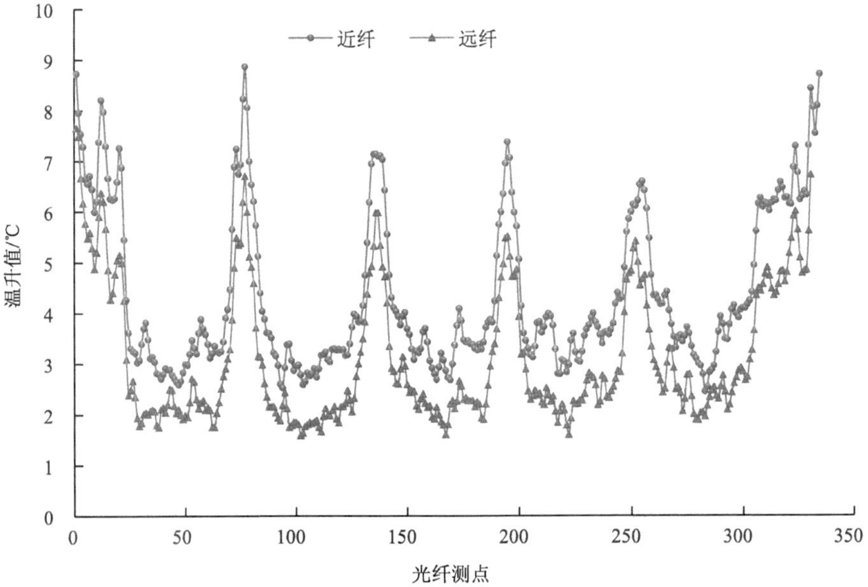

图 4.59　2019 年 10 月 27 日测值图

由于光缆在近 20m 宽的渠坡上呈 S 形分布，故在监测渠坡膜后水位时测值具有重复性的特点，从图 4.51～图 4.59 可以看出光纤的测值呈 S 形变化。

由于光纤测量的特性，测量误差会造成光纤测值的波动，如图 4.51～图 4.59

所示，光纤测量出的温差曲线并不光滑，存在很多波动点。根据光纤渗漏监测室内试验的成果，采用式(4.20)对光纤每个点的温升曲线做分析，可得各个点的环境特征值 K 和拟合度 R^2，绘制曲线如图 4.60～图 4.66 所示。

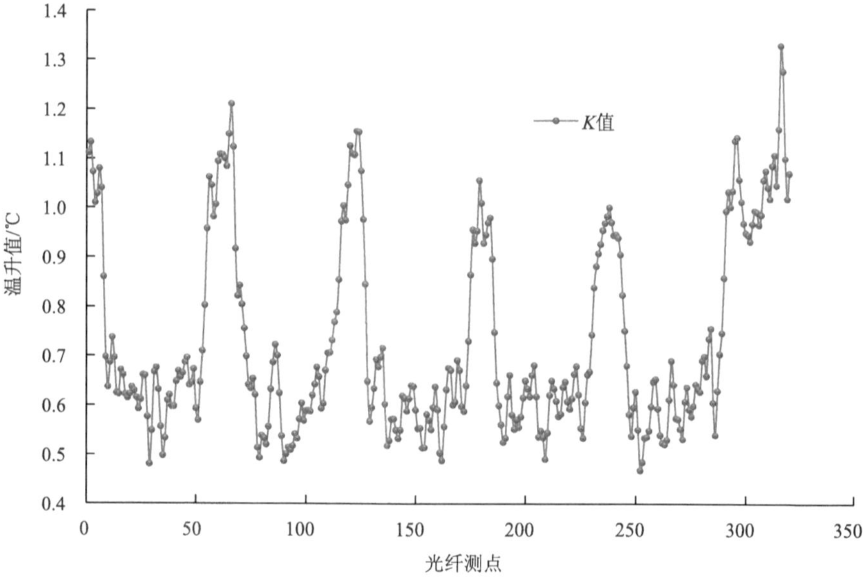

图 4.60　2019 年 7 月 22 日 K 值图

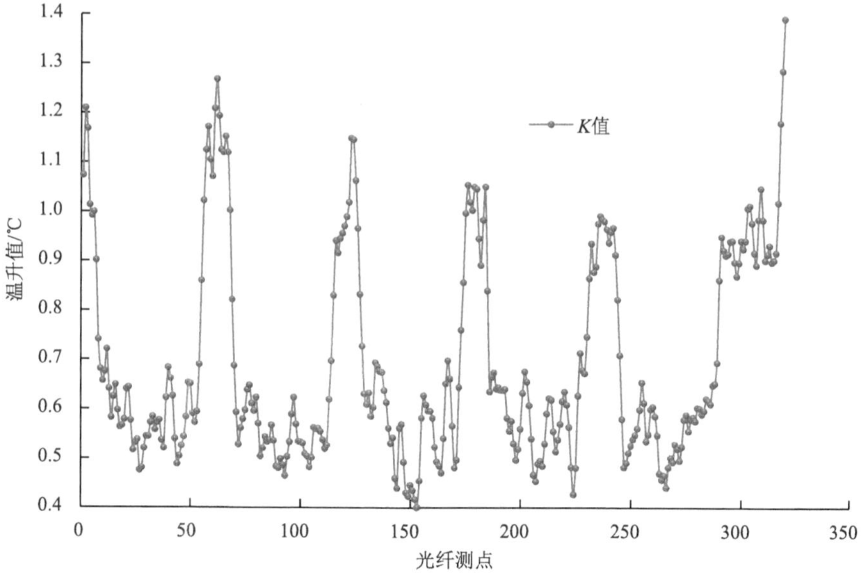

图 4.61　2019 年 7 月 23 日 K 值图

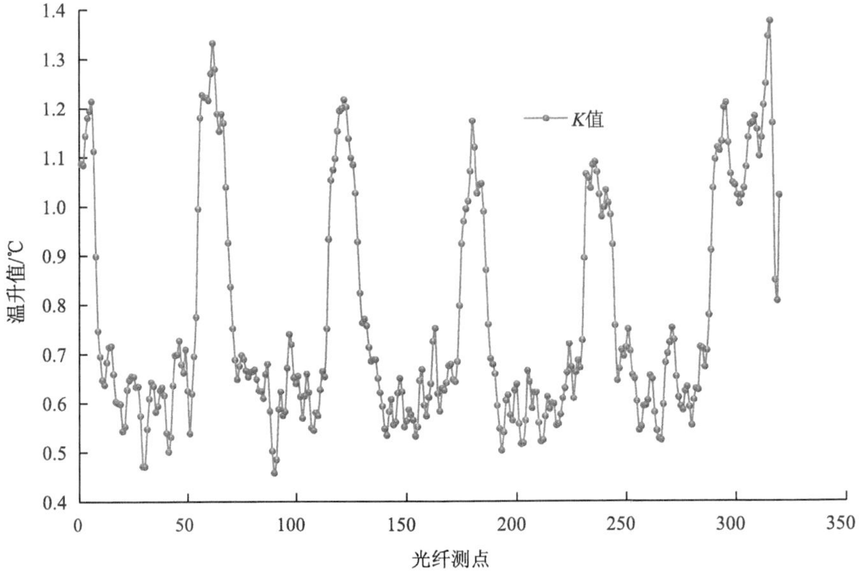

图 4.62　2019 年 7 月 26 日 K 值图

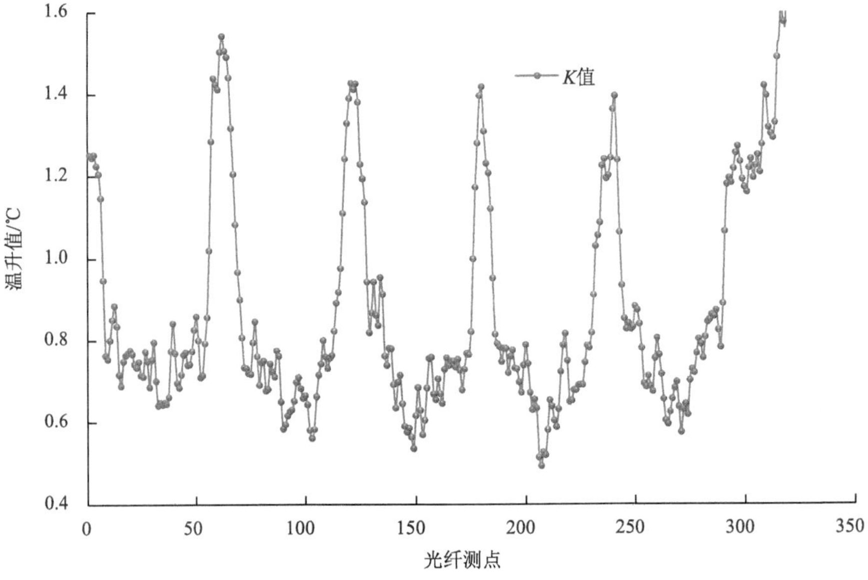

图 4.63　2019 年 9 月 19 日 K 值图

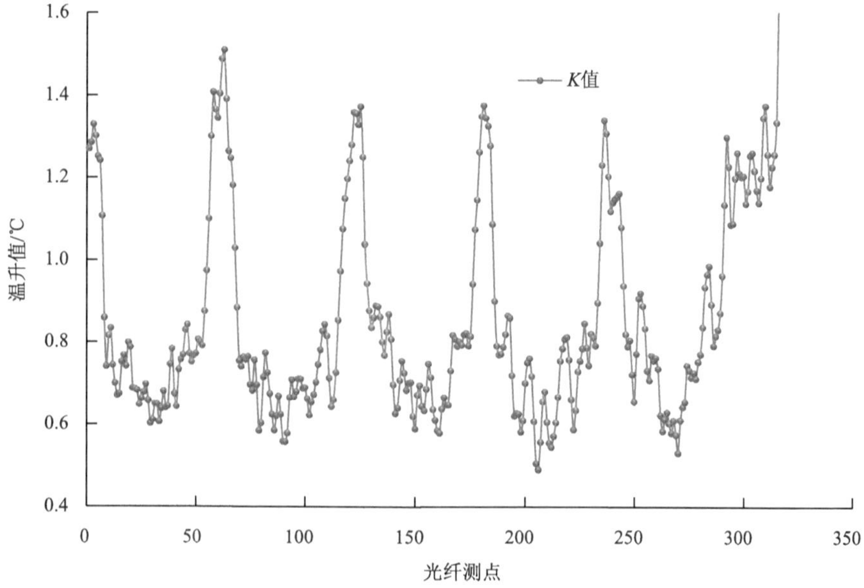

图 4.64　2019 年 9 月 20 日 K 值图

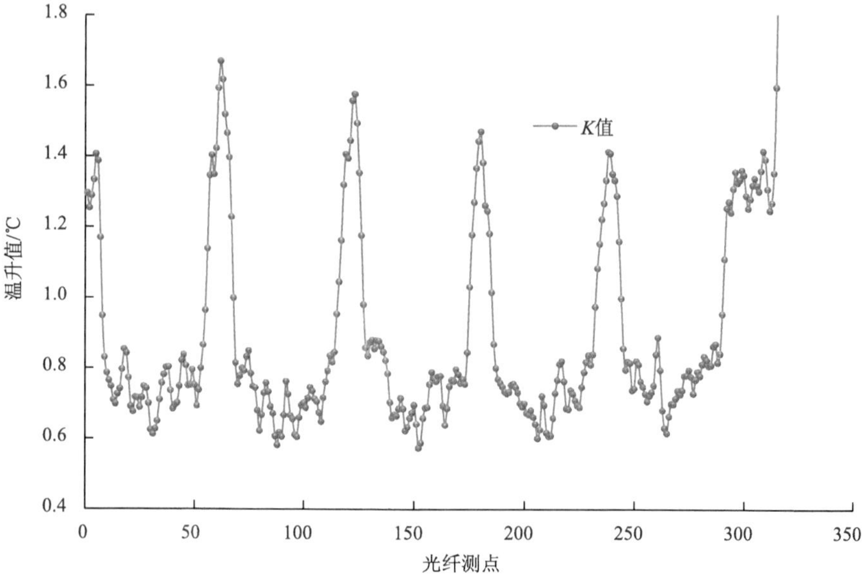

图 4.65　2019 年 9 月 27 日 K 值图

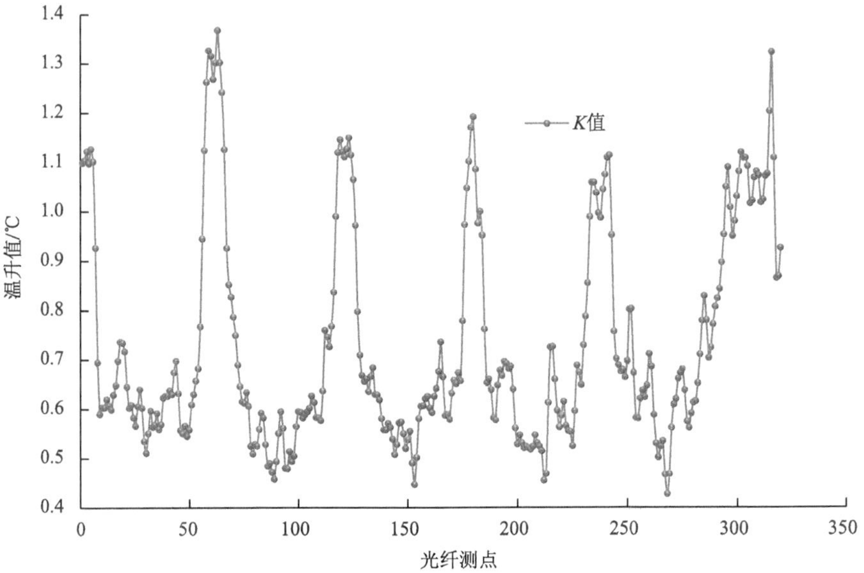

图 4.66　2019 年 9 月 28 日 K 值图

基于上述分析，依据前期室内试验的研究成果，分别定温差 3℃、K 值大于 0.7 为膜后水位的临界点判断标准，各自分析，结果如表 4.13 所示。

表 4.13　光纤测量渗漏现场测值分析(渠道通水中)

日期	光纤在水位以上的长度	水面距离孔压的高度	孔压相应的测值
2019 年 7 月 22 日采用温差判断法	56.5～66m	3.25m	3.175m
	85.5～93.5m	3.61m	
	116.5～122.5m	4.03m	
	144.5～152.5m	3.62m	
2019 年 7 月 22 日采用 K 值判断法	56～65.5m	3.25m	
	84.5～93m	3.50m	
	116.5～122.5m	4.03m	
	144.5～152m	3.73m	
2019 年 7 月 23 日采用温差判断法	56.5～64.5m	3.59m	3.145m
	86～98.5m	2.61m	
	116～125m	3.37m	
	143～152m	3.40m	
2019 年 7 月 23 日采用 K 值判断法	56.5～65m	3.48m	
	86.5～98.5m	2.72m	
	115.5～126m	3.03m	
	143～152m	3.40m	

续表

日期	光纤在水位以上的长度	水面距离孔压的高度	孔压相应的测值
2019 年 7 月 26 日采用温差判断法	56.5～64.5m	3.59m	3.175m
	87～96m	3.38m	
	115.5～124m	3.38m	
	143.5～152m	3.51m	
2019 年 7 月 26 日采用 *K* 值判断法	56～65m	3.37m	
	86.5～96m	3.27m	
	117～127m	3.14m	
	144～153m	3.40m	
2019 年 9 月 19 日采用温差判断法	50.5～70m	1.02m	0.685m
	82～101.5m	1.04m	
	109～130.5m	0.57m	
	140～157.5m	1.50m	
2019 年 9 月 19 日采用 *K* 值判断法	51～70m	1.13m	
	82.5～101m	1.26m	
	111～130m	1.13m	
	141.5～160.5m	1.16m	

上述两种分析判断方法，其结果基本一致，与孔隙水压力的测值较为接近。由于光纤测量是以 0.5m 为距离单位进行测量的，可以形象地认为光纤上每隔 0.5m 有一个传感器；根据光纤埋设安装图纸可知，当膜后水位位于两个光纤测点之间时，采用光纤数据判断水位的高度，就会产生测量误差，该误差最大值为 0.5m；由于光纤安装呈 S 形分布，上述对水位的分析判断往往采用两个边界点，因此该种测量方法最大的测量误差为 1m。由表 4.13 可知，光纤对水位的判断与孔压测值相比，误差基本在 1m 以内，完全在理论分析的误差范围内，说明采用光纤渗漏监测技术监测现场膜后水位，测值准确，能够适应现场测量条件，证明了光纤渗漏监测技术在高寒区长距离输水渠道应用的可行性和可靠性。

在渠道停水近一个月后，为了研究渠基土含水率的下降规律，10 月 27 日又开展一组现场试验，根据试验数据拟合出的 *K* 值如图 4.67 所示。

依然以 *K* 值大于 0.7 为判断依据，得到如表 4.14 所示的分析结果。

从以上分析结果可以看出，虽然渠道已经停水近一个月，但是光纤感知的水位依然存在。光纤渗漏监测技术与传统的孔隙水压力传感器的最大不同是它实际上监测的是土中的含水率，当含水率超过一定值后，就会被分析结果判定为含水的区域。从 10 月 27 日数据可知，前期渠道一直保持有较高的膜后水位，导致渠基土浸泡饱和；渠道停水后光纤感知的含水区域有了较为明显的下降，但是

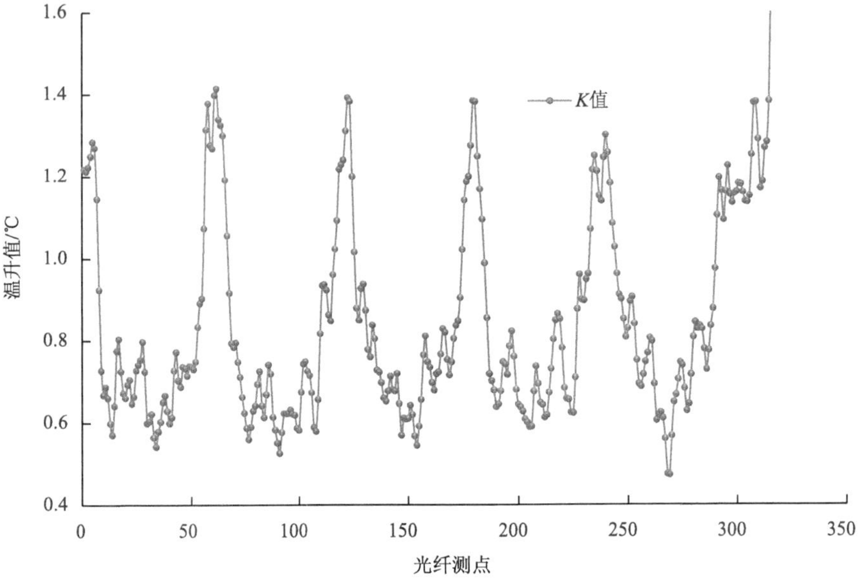

图 4.67　2019 年 10 月 27 日 K 值图

表 4.14　光纤测渗漏现场测值分析(渠道停水后)

日期	光纤在水位以上的长度	水面距离孔压的高度	孔压相应的测值
2019 年 10 月 27 日 采用 K 值判断法	50.5～66m	–1.34m	0
	80.5～98m	–2.46m	
	108～123.5m	–1.34m	
	142.5～160m	–2.24m	

依然有部分区域的感知结果满足含水的特点，说明该区域渠基土的含水率较高。10 月底该渠道所在区域室外温度已经下降到 0℃以下，在高含水率的情况下，该区域冬季冻胀问题不容忽视。

4.2　高寒区渠道分布式光纤应变监测技术

4.2.1　分布式光纤监测渠堤应变场的原理

场是具有物理和化学作用的空间，因此，具有分布式、长距离和耐腐蚀等监测功能的光纤测量技术十分适用于输水渠道中场的监测。在评价输水渠道稳定性和安全性时，常常需要监测的场主要包括应力场、应变场、变形(位移)场、温度场、渗流场等。在这些场中，由于应变场和变形场作为多种作用场的耦合场和显性场易监测，因此其他场的监测如应力场等通常也是根据应变场的监测结果间接推导实现的，而水分场和渗流场的监测则通过温度场的监测来实现。

布里渊散射光类感测技术、光频域反射计(OFDR)和光纤布拉格光栅(FBG)等可以直接测量出光纤沿线的应变分布，其监测原理如下：将传感光缆布设在被测渠坡土体与衬砌结构中，通过辅助手段使得传感光缆的应变与被测体的应变完全耦合，就能监测出渠坡的应变场。当渠道通水运行时，随着水位逐渐抬升，作用于渠坡的水压力逐渐增大，利用分布式应变光纤可以测得膜后渠基土体的变形，掌握膜后渠基土体的变形情况。

4.2.2　土工布基应变光缆研发

1. 应变光纤类型

为了确保传感光缆与被测岩土体的应变完全耦合，应变场传感光缆需要采用紧包封装方式来实现。五种常用的结构类型包括：①薄护套应变传感光缆，具有薄层护套、应变传递性好等特点，但强度较低，主要用于高强度传感光缆、分布式压力传感器、分布式应力传感器的二次封装；②低弹模应变传感光缆；③高强度应变传感光缆；④高稳定性应变传感光缆；⑤带式应变传感光缆。

对于岩土体内部应变场的监测，除了通过钻孔等将传感光缆直接植入岩土体内部外，还可植入附有应变传感光缆的感知材料来实现，可分为两类：①感知杆件，采用黏合剂或绞合方式，将应变传感光缆与测斜管和锚杆(索)等杆件牢固地黏结或压合为一体，形成能耦合变形的感知杆件，再将感知杆件植入岩土体中监测其内部应变分布，可用于边坡、隧洞围岩和支护体内应变场的分布式监测；②感知土工织物，将应变传感光缆编织进土工格栅和土工布等，形成土工织物感知网格，再布设或埋入岩土体中，监测其二维和三维应变场，可用于岩土工程结构表面和内部的应变场监测。

布里渊分布式光纤传感技术主要采用单模光纤作为其传感传输单元。单模光纤主要由纤芯、包层、涂覆层组成，其中纤芯和包层是光纤的主体，对光波的传输起决定性作用。本次研究采用的单模光纤，其可直接作为布里渊分布式光纤传感系统的传感和传输单元，价格低廉，外径 250μm，其中纤芯和包层是光纤的主体，直径约 125μm。

2. 新型应变光缆研发

为利用土工布的“兜土”功能，达到土工布与量测土体的应变统一，通过光纤测量土工布应变，从而间接测量土体应变，本书研发了一种土工布基应变光缆(图 4.68)测量渠道土体变形。主要工作内容如下：①研发与现场土体弹性模量数量级一致的土工布，并通过试验研究其与土体的变形协调性，并以此确定土工布的宽度；②通过特殊的光纤贴合手段，将光纤与土工布接合成整体，保证光纤与土工布变形一致；③利用土工布的“兜土”效应，在实际埋设时，将土工布埋设在需要监测的土层中，实现利用光纤在低围压条件下量测土体应变的目的。该土工布基应变光缆优点如下：根据不同土类选择不同弹性模量的土工布基层，保证了应变协调性；有土工布保护，可以防止土体中大颗粒的尖角锐缘破坏应变光缆，从而可以使用较少保护层的光纤，提高光缆应变的敏感性。

土工布基应变光缆主要技术指标如下：最小空间分辨率 0.5m，测试精度 10με/℃，最大监测距离 30km，应变测试范围(−15000με，+15000με)，即布里渊扫描频宽为(10.2GHz，11.7GHz)。

(a) 正面　　(b) 反面

图 4.68　土工布基应变光缆

4.2.3　土工布基应变光缆原型试验研究

1. 应变监测光缆布置方案

为论证土工布基应变光缆直埋于土体中监测渠坡应变场的可行性，在试验段总干渠+70 断面附近埋设了新型应变光缆。本次试验段的主要研究任务是在渠道通水期间监测渠道渠基土的应变情况，有效定位渠坡应变异常区域，从而实现对渠坡的预警预报。考虑到渠道的对称形式，只在渠道一侧的渠堤上布设应变监测光缆，用于测量渠坡土体和衬砌结构的实际应变，为研究渠坡变形破坏过程提供基础数据。图 4.69 和图 4.70 分别为应变光缆渠道布置剖面图与平面图。

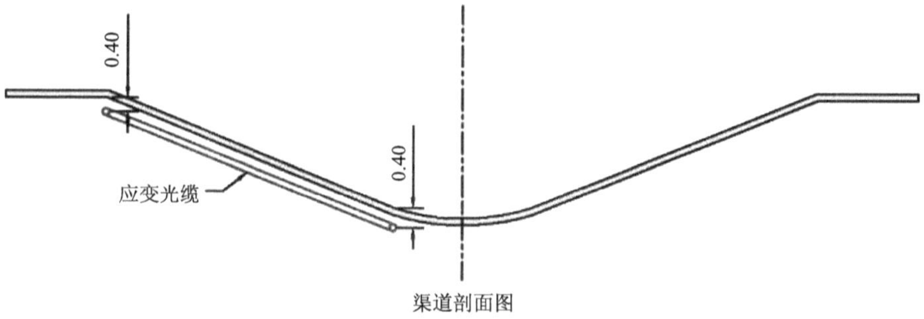

图 4.69　应变光缆渠道布置剖面图(单位：m)

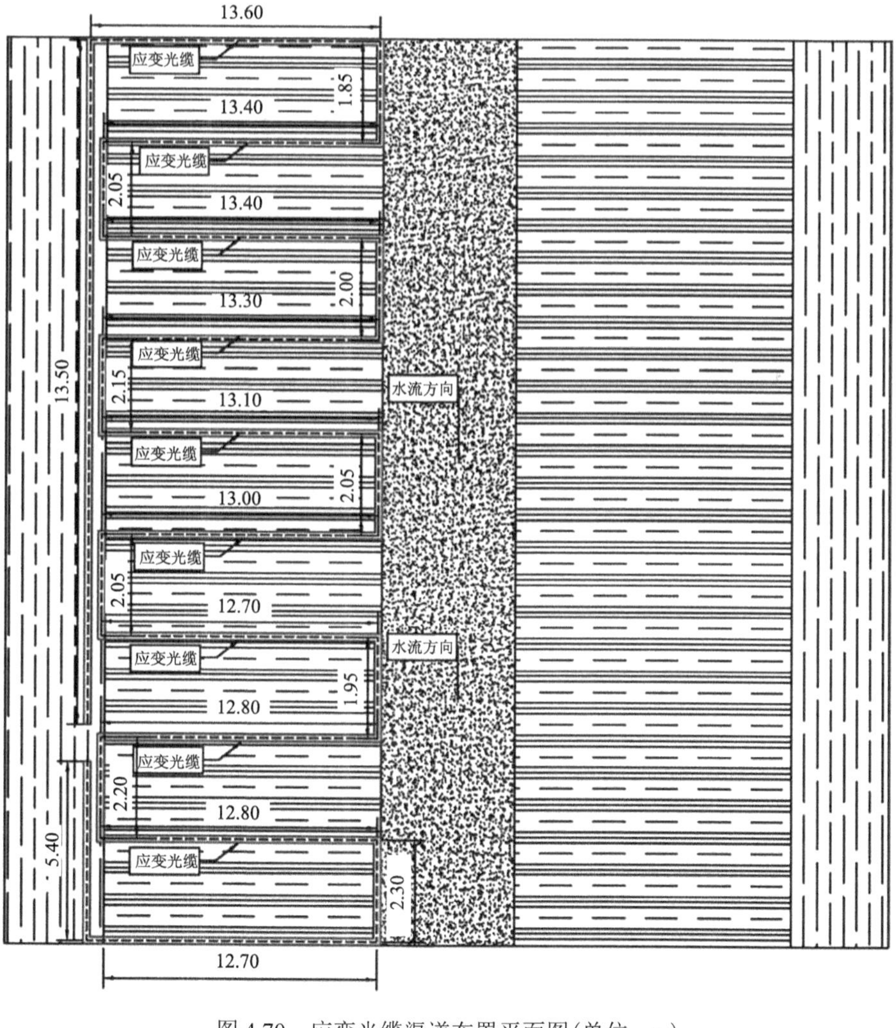

图 4.70　应变光缆渠道布置平面图(单位：m)

2. 新型应变光缆埋设技术

依据现场渠道的施工特点和需要监测的目标，经过现场实际验证(图 4.71)，提出了适用于高寒区长距离输水渠道的土工布基应变光缆埋设技术方案：①在监测位置开挖深 50cm、宽 30cm 的深槽；②人工槽底清平，铺设 5～10cm 厚剔除大块砾石的原状土料；③人工将土工布基应变光缆铺设到槽底，要求铺设时不能大力拉扯、弯折光纤，允许拉伸力为长期拉力 2000N、短期拉力 4000N，弯曲半径为动态 30*D*、静态 15*D*(*D* 为光缆直径)；④人工在光纤上部铺设 10cm 厚剔除大块砾石的原状土料，再分层回填开挖料并人工压实；⑤待全部铺设好后立即测量，检测光纤的工作状态。

为了保证测量精度，同步埋设了温度消差光缆(图 4.72)，以减少温度等外部环境量的变化对光纤测量产生的影响。为了保证消差的效果，消差光缆采用和应变光缆同型号的光缆，在光缆外穿 PE 保护管，既用于保护光缆不受砾石顶压破坏，又能有效隔绝土体压力对光缆的影响，从而保证该光缆所测的数值只反映环境量的变化。

图 4.71 土工布基应变光缆埋设

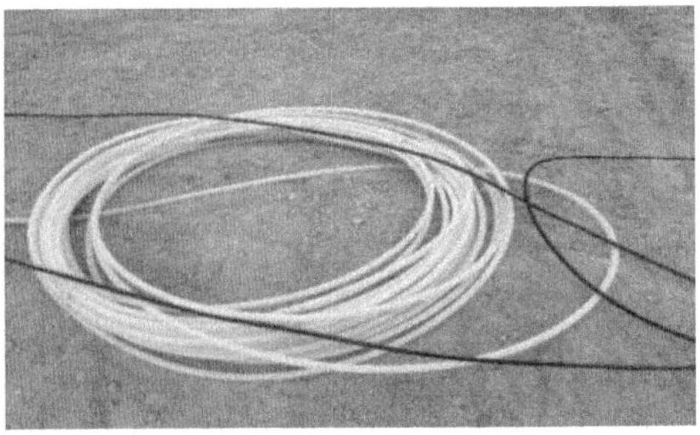

图 4.72 已套好保护管的消差光缆

3. 应变监测数据分析

从不同时期的渠基土应变图(图 4.73～图 4.76)可知：

(1) 随着渠道通水时间的延长，渠基土的应变逐渐增大，这种应变大部分不可逆；当渠道停水一个多月后，渠基土内的应变仍然存在，且数值并未有明显减小；

(2) 渠基土应变有几个峰值，对应光缆的布设图可知，发生较大应变的位置均为光缆埋设的底部，所以在渠水作用下，渠基土的应变规律为越靠渠坡下部，土体应变量越大；

(3) 渠基土的应变大部分为负应变，说明渠道通水后大部分渠基土的变形为拉应变，这种应变对渠基土上部的两布一膜防渗体系非常不利，如果渠基土变形量过大，会导致上部防渗膜拉裂，从而产生渗漏等不利输水状态。

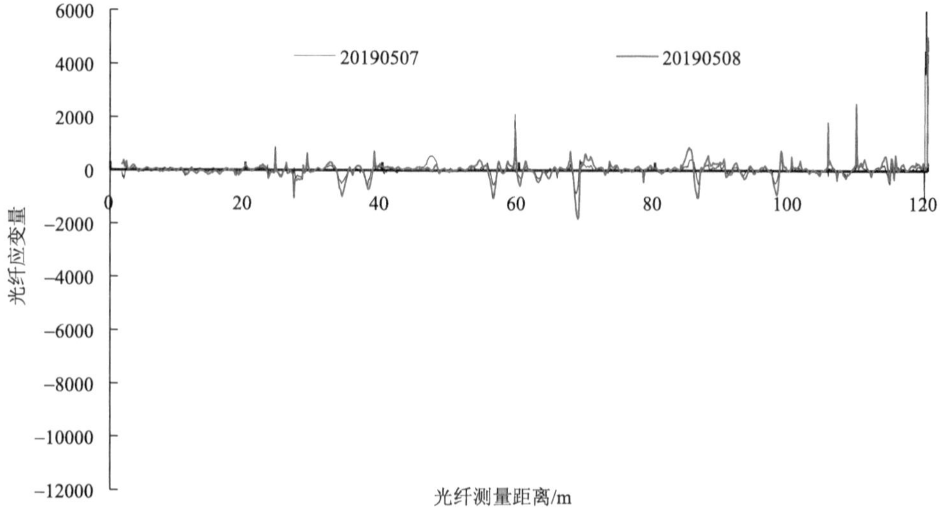

图 4.73　5 月份渠道刚通水时土体的应变

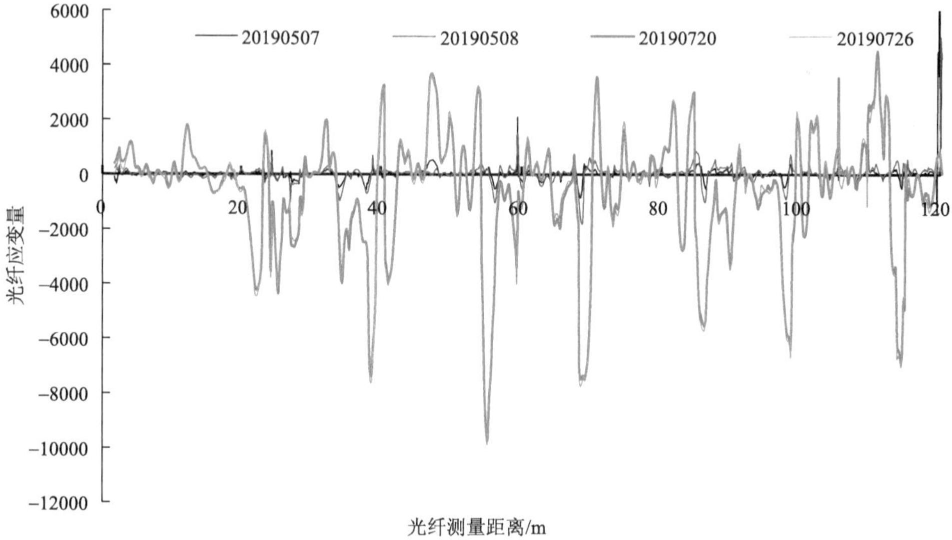

图 4.74　7 月份与 5 月份渠基土应变差异图

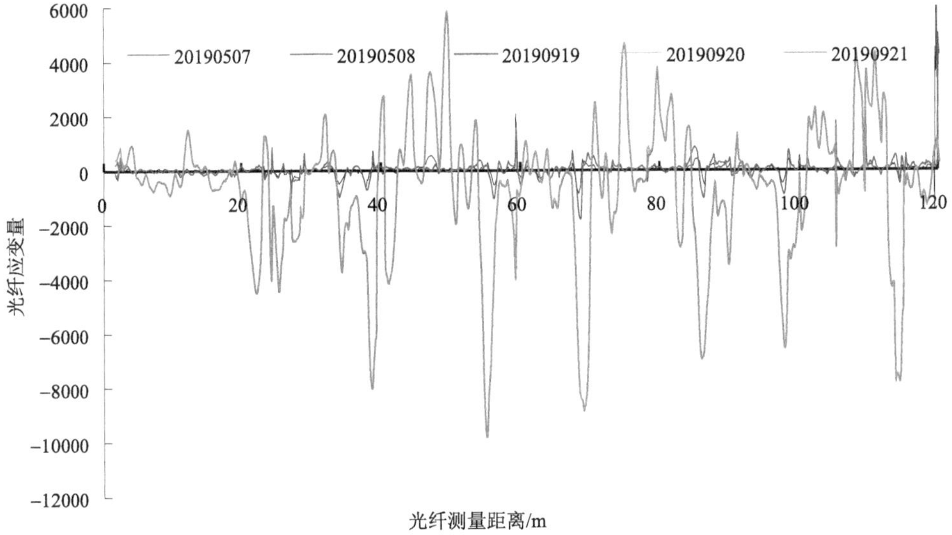

图 4.75　9 月中旬停水后与 5 月份渠基土应变差异图

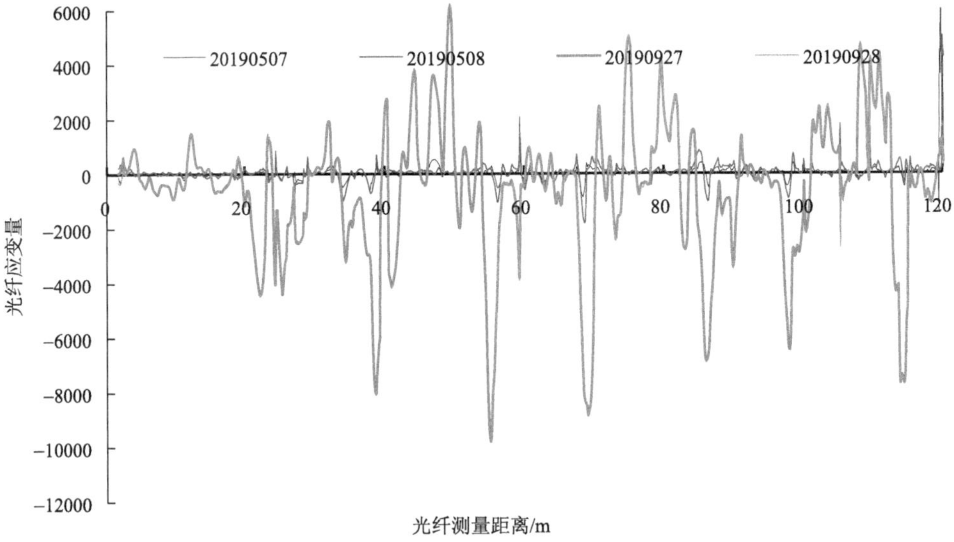

图 4.76　9 月底与 5 月份渠基土应变差异图

4.3　高寒区渠道全断面冻胀变形与冻胀力传感器

4.3.1　全断面冻胀变形传感器研发与试验

1. 全断面冻胀变形传感器研发

1）主要研发内容与技术指标

紧密结合新疆严寒地区水利工程及其他建筑工程普遍存在的冻胀融沉监测问题，研发了全断面冻胀变形新型监测传感器。该仪器以基准桩为不动点，通过自动测量平铺于渠道全断面的测量模块读数，实现对渠道整个断面冻胀变形的实时测量。

自动量测渠道全断面冻胀变形仪器由锚固部分、量测部分和中控部分组成（图 4.77）。锚固部分包括若干锚固杆，锚固杆由锚头、锚杆和连接装置组成，锚头最前端为尖锥状，锚头主体部分开有凹槽，其内安装有弹簧片，锚头后部带有螺纹；锚杆两端设有连接装置，包括万向节和短连接螺杆，用于连接锚杆和量测部分；量测部分包括若干测量杆，角度测量模块和位移测量模块内置于测量杆内；若干测量杆通过若干锚固杆连接在一起，并固定于渠道中所属中控部分，控制角度测量模块和位移测量模块进行信号采集。

自动化量测仪器结构如图 4.78、图 4.79 所示，仪器电路包括内部供电单元、控制单元、工作单元、外部供电单元、信息输入显示单元、信息传输单元等，以下一一进行说明。

(1) 控制单元，用于控制测量仪器执行具体的操作。该控制单元集成有低功耗芯片机、中控芯片机、设备接口模块、存储模块、时钟模块和通信模块。低功耗芯片机是辅助控制单元，采用低功耗芯片为核心的微控制单元，只具有基本的指令处理、通信传输等自动化控制功能，设计简单，抗电流浪涌稳定性好，可以实现长时间无人值守。中控芯片机是控制单元的核心部件，采用 64 位单片机为核心的微控制单元，具备高容错、长命令处理等功能，能够实现包括命令处理、数据采集控制、通信传输和电路切换等功能的复杂程序和硬件控制。中控芯片机通过设备接口模块与工作单元、信息传输单元、内部供电单元、信息输入显示单元和外部供电单元等连接，主要执行的控制工作有自动测量、接收上位机命令、参数设置、存储数据、上传数据和信息、系统的整体控制等。控制单元的存储模块包括非易失性的大容量存储器，例如 SD 存储卡、固态硬盘等，可以由其他设备直接读取数据内容。

(2) 工作单元，用于执行对渠道冻胀变形的测量操作，包括用于测量冻胀变形的模块和用于读取冻胀变形的读数模块。仪器测量时，通过读数模块逐个读取冻胀变形测量模块中角度、位移和温度等数据，并保存数据至存储模块，当与外部电脑或上位机连接时，会将数据自动发送给外部系统。

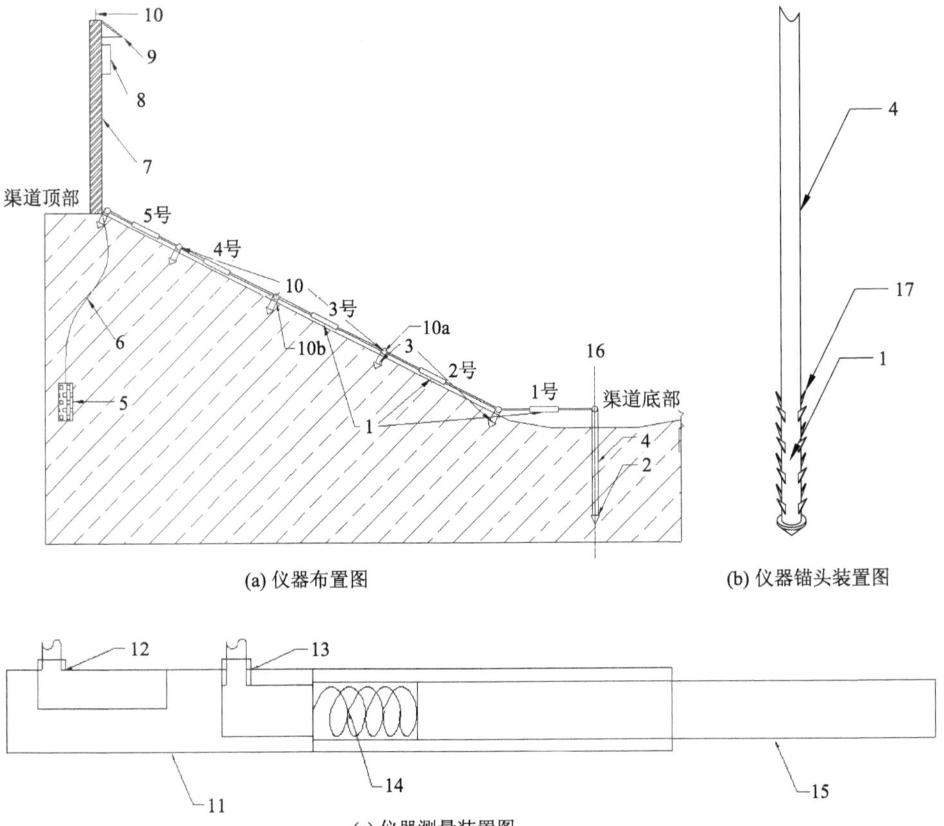

图 4.77　全断面冻胀变形新型监测传感器设计图

1.量测部分；2.锚固部分；3.锚头；4.锚杆；5.锂电池仓；6.电源线；7.钢管；8.中控保护箱；9.太阳能板；10.连接装置；11.粗不锈钢杆；12.伺服加速度测角器；13.振弦式压力传感器；14.弹簧；15.细不锈钢杆；16.渠道中心线；17.弹簧片

(3) 信息传输单元，用于仪器与外部系统之间交互数据信息。为提高数据传输的速度和效率，仪器与外部系统之间包括两个独立的数据传输通道，即 USB 通信通道和 485 通信通道，保证数据信息传输迅速、可靠。工作人员可以定期通过 USB 通道获取监测数据，或者外部系统通过 485 通信通道发送给仪器各种命令、参数，仪器通过该数据传输通道上传给外部系统的各项测量数据和信息等。

(4) 内部供电单元，用于仪器的供电和电源管理。在本实例中，内部供电单元包括锂电池和电源管理模块。锂电池采用内置或可拆卸的方式安装在电池仓内，

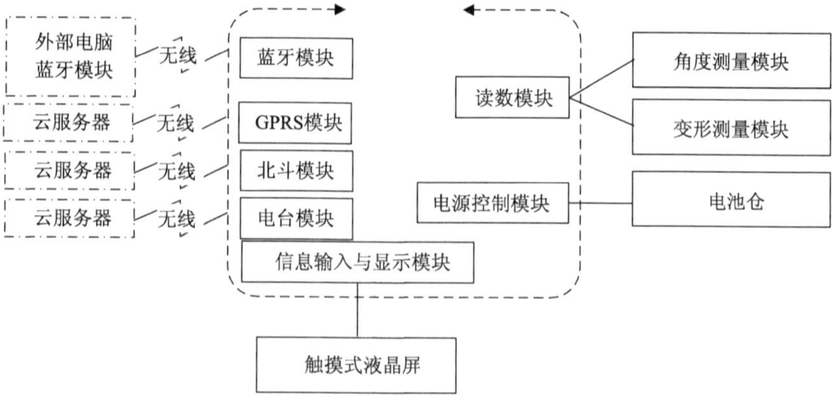

图 4.78　仪器及其数据传输线路示意图

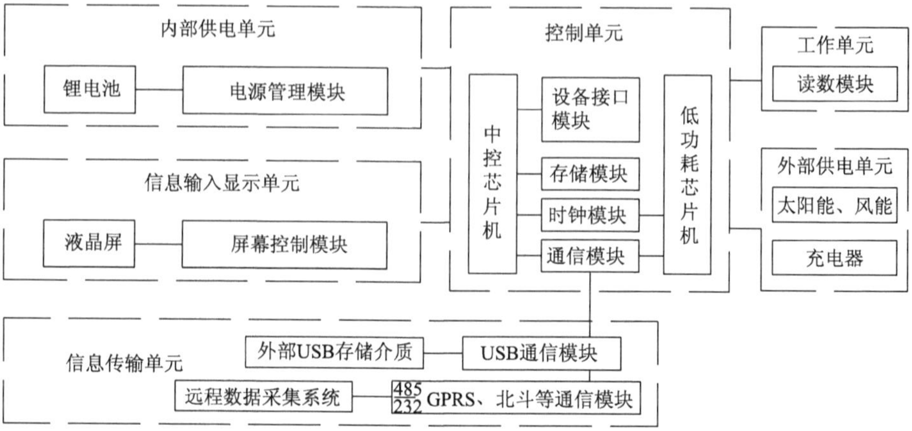

图 4.79　仪器内部模块连接示意图

例如采用大容量锂电池供电，充电一次可以满足测量仪器正常工作 1 个月以上。电源管理模块根据仪器各个功能单元工作电压、电流进行合理分配，对仪器的各个功能单元的工作电流、电压、温度进行监控，对过流、过压情况进行报警并自动保护，并且对锂电池充放电电流、电压、温度进行自动监控和管理，对欠压、过流、过温度等情况进行报警和保护，延长电池工作寿命，保证设备正常工作。

(5)外部供电单元，用于提供外部电源供仪器待机和锂电池充电使用，包括太阳能电池板、小型风力发电机和充电器。充电器用于将太阳能电池板和风力发电机的输出电流整流和变压供仪器使用，并具备外部 220V 电源接口，满足多类型供电需求，提高了供电的安全性。

(6)信息输入显示单元，用于输入控制命令，显示仪器工作状态等，包括液晶屏和屏幕控制模块。该单元为仪器安装人员提供了现场调试的界面，在仪器现场安装和日常维护修理时，可以设置仪器工作参数，查看仪器工作状态，处理仪器工作故障等。

基于各测量模块的几何关系，通过实测数据即可算出渠道全断面的冻胀变化量。不破坏被测土体的原始状态，利用测量模块直接量测原状土体表面的冻胀变形，并将测量数据实时地记录到控制系统中，可保证监测的准确性、实时性，克服间接测量带来的误差。该套传感器设计合理、工艺简单、易于加工、主要配件价格低廉，从而使得该全断面冻胀变形仪器具备较高的成本优势，适用性广，数据传输方式灵活多样，安装简便。

仪器基本原理如下：输水渠道是典型的长距离水工建筑物，其冻胀问题可以视为平面应变问题，当渠道的地质条件和尺寸未发生较大变化时，可以通过测量某一断面的平面冻胀变化量来了解该区域整个渠道的冻胀变形情况；而渠道断面的对称结构，可以进一步简化成研究渠道半边断面的冻胀变化量问题。故而，通过在渠道底部布设一根基准桩作为整套系统的基准点(即不动点)，通过量测左半部分或者右半部分渠道表面相对基准点的角度和位移变化量，根据三角函数和渠道表面几何尺寸，即可算出渠道表面的冻胀量的大小和方向。

量测包括以下步骤：在渠道底部布设一根基准桩，作为整套系统的不动点，桩长要超过当地冻胀变形深度 1m，将测角和位移模块沿渠道的表面从渠道底部一只接一只一直布设到渠道顶部，在渠底将测角和位移模块与基准桩相连；自动测量仪器安装完毕后，仪器依据控制指令对各个测角和位移模块进行测量，并将测量数据自动存储到仪器自带的存储模块中，该仪器与外部存储介质之间设有信息传输通道，自动测量仪器由该信息传输通道将采集的数据传输至外部存储介质中；通过得到的渠道表面各部位冻胀时的角度和位移变化量，根据三角函数和渠道的表面几何尺寸，即可计算得到所测区域冻胀变形的大小和方向。

仪器技术参数如下：仪器测斜量程±30°；仪器灵敏度≤9″；仪器测量精度≤0.02%F.S.；仪器位移测量范围 0～200mm；仪器的温度测量范围−40～80℃；仪器耐水压力≥1MPa。

通过多组串联的方式，全断面冻胀位移计首次实现了在工程现场测量出整个渠道断面的整体冻胀位移数据，为后续研究渠道冻胀破坏机理提供了翔实的监测资料。

2) 仪器测量方法

自动量测渠道全断面冻胀变形仪器的测量方法如下：

仪器在安装调试好后，由工作人员设置初始参数，包括测量的间隔时间、单个数据重复测量的次数、测量的精度、测量不合格时重复测量的次数、各个量测点的编号等。

仪器到达设定的测量时间或收到测量命令后，为了防止雷击等异常状况导致整个系统被破坏，低功耗芯片机先断开外部电源，切换成内部供电单元供电，接通中控芯片机电源，唤醒中控芯片机，低功耗芯片机进入休眠模式；在中控芯片机控制下，仪器开始整体自检；在中控芯片机控制下读数模块按照设定顺序，逐个读取角度测量模块和位移测量模块中的数据；数据传输至中控芯片机进行精度评判，符合设定要求的数据将传输至存储模块存放，精度不合格的数据由中控系统控制读数模块重新测读，多次测读均不能满足精度要求时生成错误信息，并跳过该角度测量模块和位移测量模块，对下一个角度测量模块和位移测量模块进行测量；以同样的方式逐个读取每个角度测量模块和位移测量模块的测值后，按照设定的格式生成一条包括测量开始时间、测量用时、各模块的测量精度、内部电池开始测量和测量结束时的电压等信息的测量日志；中控芯片机通过信息传输单元将本次测量的数据和测量日志等文件传输至上位机；中控芯片机在规定时间内收到上位机接收成功的反馈信号后，将本次数据和测量日志标记为已发送，否则将其标记为未发送，下次通信模块发送数据时，该数据和测量日志将再次被发送，直至发送成功为止；中控芯片机唤醒低功耗芯片机，中控芯片机自动关机；低功耗芯片机启动后，根据时钟模块的计时，在设定的时间间隔后，断开中控芯片机等其他功能模块的电源，只保留信息传输单元等极少必要模块的电源，接通外部电源，对内部供电单元进行充电，并为整套系统供电；到达规定的测量时间或信息传输单元收到指令后，低功耗芯片机再次切断外部电源，接通中控芯片机电源，唤醒中控芯片机，自身进入休眠状态，直到开始下一次自动化测量。

3) 仪器安装方法

自动量测渠道全断面冻胀变形仪器安装方法步骤如下：

(1) 用人工或者机械的方式将仪器安装位置的地面整平，在渠道左侧或右侧较为有利的位置采用人工或机械的方式开挖出深 5～10cm、从渠顶到渠底半侧区域的浅槽，浅槽中心线与渠道水流方向垂直，浅槽宽 20cm，浅槽表面人工或机械压实、整平。

(2) 在浅槽的中心线和渠道的底部中心线处，采用人工或者机械的方式将作为基准桩的带弹簧片的锚头部分和锚杆逐根压入待测量的土体中，锚头入土深度要超过冻胀区 1m，锚头到达安装位置后，将锚杆向外拔出 3～5cm，保证锚头处的弹簧片全部张开，起到固定锚杆的作用。

(3) 将 1 号测量杆的一头通过连接装置与基准桩连接，另一头通过连接装置与 2 号测量杆连接；在 1 号、2 号测量杆连接处，人工压入一般固定锚头，锚头压入 23cm 后再拔出 3cm，其头部与连接装置相连。

(4) 重复步骤(3)，将作为测量模块的测量杆一根根连接好，直至连接到渠道的渠顶附近。

(5)选取一处地势较高、通信信号好的位置，开挖 0.5m×0.5m、深度超过 60cm 的坑，坑内浇筑混凝土，并埋设一根长 2m 左右刷过防锈漆的钢管；在坑的附近再开挖一个深度超过冻胀区的深坑，并将锂电池仓埋设到坑底，做好防护措施后，将电源线经穿线管保护后引出，回填原状土，并人工压实。

(6)待混凝土凝固后，将中控系统保护箱固定在钢管上，将太阳能板调整好位置固定在钢管的顶部。

(7)通过电缆线将采集发布装置、冻胀变形测量装置和电池仓连接起来。

(8)通过信息输入显示单元或配套的控制软件设置初始工作参数，并启动仪器工作，进行试验性读数，查看仪器是否工作正常。

(9)采用人工的方式回填浅槽，并人工压实，压实过程中要不间断读数，密切观察各个测量模块的工作状态。

本套新型传感器具有以下特点：设计合理、工艺简单、易于加工、主要配件价格低廉，从而使得该自动化量测仪器具备较高的成本优势，适用性广、数据传输方式灵活多样、安装简便。该自动化量测仪器采用表层安装的形式，避免了传统仪器在渠道通水后的仪器保护问题，同时不对渠道原状土进行破坏，保证了测量的准确性。该自动化量测仪器不依赖于外部电源和通信线路，对安装的地点没有特殊的要求，特别适合我国北部少人或无人、基础建设薄弱的地区，具有广泛的市场应用前景。

2. 传感器现场试验研究

基于前期室内传感器研究成果，为了有效验证新型全断面冻胀变形传感器在现场应用的可行性，利用输水干渠检修时机，将新型全断面冻胀变形传感器布置到干渠渠坡位置。

1)新型全断面冻胀变形传感器试验段布置方案

根据数值模拟结果和多年的渠道运行经验可知，越靠近渠道底部，渠道冻胀破坏现象越明显。为了研究渠道冻胀变形的变化规律，在总干渠 19+160 断面安装了新型全断面冻胀变形传感器。

(1)现场试验段情况简介。

根据前期钻孔结果，19+160 段渠基地层构成如下：0～4.5m 为人工回填砂砾石层，4.5m 以下为砂砾岩；砂砾岩中含石英颗粒，且黏粒含量较大，含少量黄色、青色泥岩；砂砾岩颜色为棕色，砾石尺寸以 3～10cm 为主，砾石成分以石英为主，砾石磨圆度中等到好。

目前渠道底部已将之前的倒梯形平底渠底改成圆弧形渠底形式，在渠道底部换填了透水性较好的戈壁料和砂砾石料，并在渠底中心线下 1m 位置铺设了排水管，用于收集渠道漏水，并将其排出，以降低渠水渗漏对渠基土的影响。

(2)现场布置方案。

如图 4.80 所示，考虑到渠道的对称形式，只在渠道一侧的渠堤上安装冻胀变形传感器，监测整个低温期间渠道边坡的冻胀变形情况，为后期研究渠坡破坏过程与机理提供基础数据。为了研究冻胀变形在不同高度下的分布规律，基于前期的冻胀变形数值模拟成果和现场冻胀破坏现象，从渠道中心线开始，沿渠道表面布置一套冻胀变形传感器。依据前期冻胀力数值模拟成果和现场调查，确定试验段所在位置最大冻融深度为 2.2m，考虑到极端天气影响以及锚固强度，设计固定桩入土深度 4m，视现场具体情况可以适当加深。为更好测量到渠基土的冻胀变形过程，每隔 3～4m 布置一套倾角位移传感器，两个传感器之间安装一个锚固点，锚固点深入土体，从而提高冻胀变形仪器与渠基土表面的锚固力。

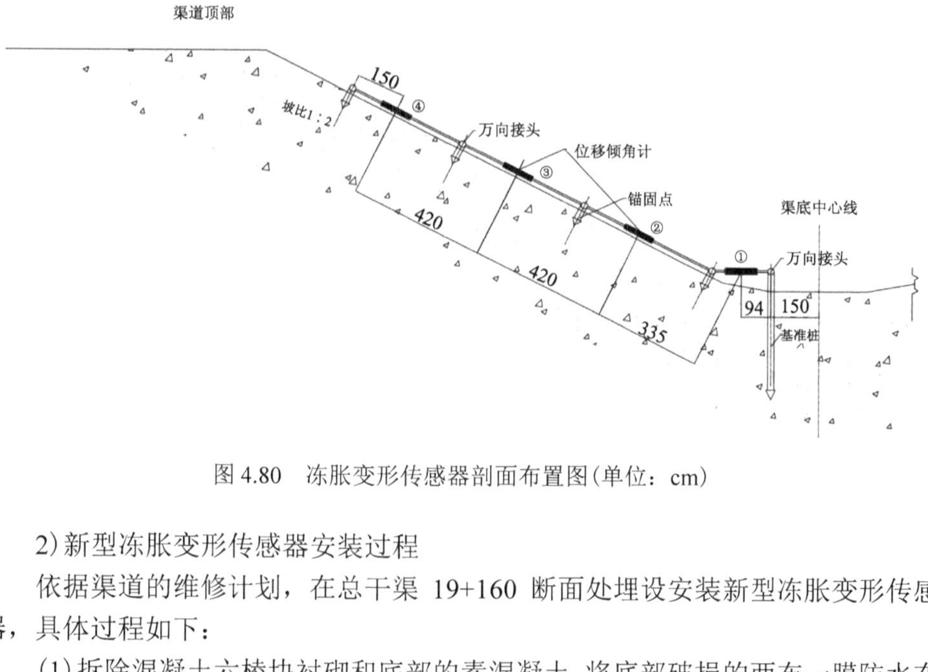

图 4.80　冻胀变形传感器剖面布置图(单位：cm)

2)新型冻胀变形传感器安装过程

依据渠道的维修计划，在总干渠 19+160 断面处埋设安装新型冻胀变形传感器，具体过程如下：

(1)拆除混凝土六棱块衬砌和底部的素混凝土，将底部破损的两布一膜防水布拆除(图 4.81)；

(2)按照设计位置放样，定好仪器的安装位置，按照传感器的安装说明进行安装(图 4.82～图 4.85)；

(3)仪器安装完毕后，进行自动化测量试验，检查整套冻胀变形传感器的运行状态(图 4.86)；

(4)回填电缆沟，恢复两布一膜防水布，铺 10cm 左右的素混凝土，最上层铺混凝土六棱块衬砌；

图 4.81　露出渠基土的渠道全貌

图 4.82　仪器布设安装

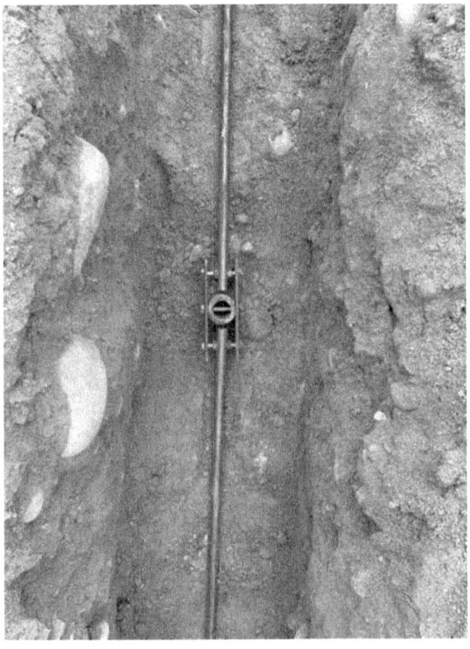

图 4.83　用于固定仪器的锚头装置

图 4.84　仪器电缆沟全貌

图 4.85　仪器电缆保护

图 4.86　自动化采集装置安装及测量

(5) 整套冻胀变形传感器平稳运行一个星期左右后，取仪器测值作为冻胀变形传感器的初值。

3) 监测数据分析

经过一个冻胀期的测量，现场试验数据如图 4.87 和图 4.88 所示。

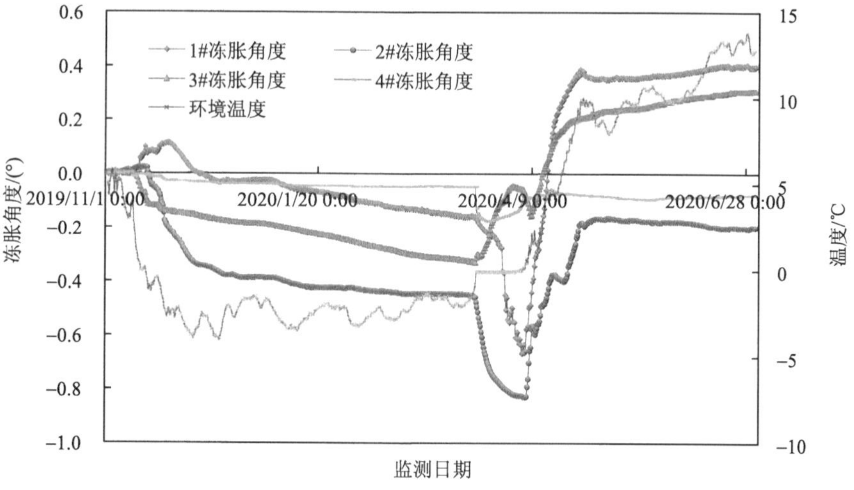

图 4.87　各段冻胀角度随监测日期变化图

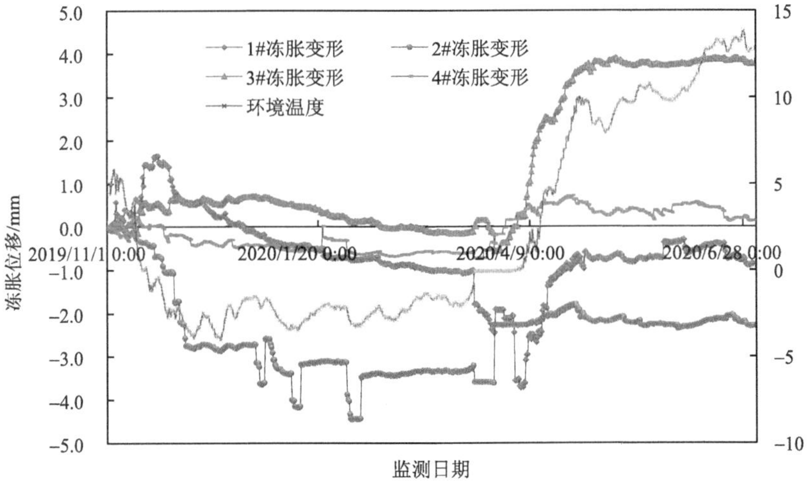

图 4.88　各段冻胀位移随监测日期变化图

从以上时程图(图 4.87 和图 4.88)可知：

(1)实测渠基土冻胀变形无论从角度量上还是从位移量上反映，变化幅度都很小，说明本试验段的老渠道通过渠底改造和渠坡表面土体换填后，能有效降低冻胀变形的变化幅度。

(2)从冻胀变形角度变化量上看，随着环境温度下降到 0℃以下，各段冻胀角度在初期均有一个较快的变化，后随着时间的延长以相对稳定的变化速率持续增长，当环境温度上升至 0℃附近时，冻胀角度以较快的速度恢复；从数值上看，处于渠底与渠坡交汇处的部位冻胀变形角度变化最大，其最大变化值为– 0.46°，是冻胀角度变化最小值– 0.05°的 9.2 倍，说明渠道各部位冻胀变形差异大。

(3)从冻胀变形位移变化量上看，整个冻胀期间冻胀变形位移总量变化较小，在环境温度下降到 0℃以下后与冻胀角度变化的规律一致，冻胀位移有一个较快的发展，并随着冰冻时间的延长以较为恒定的速率变小；从数值上看，处于渠底与渠坡交汇处的部位冻胀变形位移变化最大，其变形量为–3.21mm，是冻胀位移变化最小区域– 0.12mm 的 26.75 倍，说明渠道各部位冻胀位移的差异更大。

(4)从具体数值上看，无论是冻胀变形角度还是冻胀变形位移，当环境温度恢复到 0℃以上后，各段的测值均不能完全恢复到整个冻胀期之前的数据，其中冻胀变形角度最大残留了– 0.18°，冻胀变形位移最大残留了–1.79mm，说明渠基土的冻胀变形包含弹性变形和塑性变形，每次冻融循环后均会残留部分塑性变形；本次从角度上看塑性变形占总变形的 39.13%，从位移上看塑性变形占总变形的 55.76%。

(5)从本期冻胀变形监测数据上看，最大的冻胀变形发生在渠底与渠坡交汇处的部位，其角度变化了– 0.46°，位移变化了–3.21mm。

4.3.2　三维冻胀力传感器研发与试验

上文基于寒区渠道冻胀试验与数值模拟，揭示了渠道衬砌冻害机理与冻胀融沉规律。在此基础上开展冻胀力测量装置的研发工作，提出冻胀力测量装置的设计思路，综合监测高寒区渠道渠基、防渗体、混凝土衬砌及其接触面在冻胀融沉过程中的受力状态，揭示其演变规律，为渠道的优化设计、安全运行与维护提供技术支撑。

1. 研发背景

传统的冻胀力量测需要将仪器预先埋设在渠道内，工程量大，埋设复杂，特别是仪器安装埋设需要破坏渠道的原状土，改变了局部土体结构，对冻胀测量结果有较大影响(为保护测量设备，回填土基本采用人工回填压实，导致仪器周边土体的密度和压实度与原有土体不一致，测量出的冻胀力相较实际土层的冻胀力有偏差)。工程中所用的冻胀力仪多采用应变片的工作原理，其耐低温性能差，长期使用零点漂移严重，不利于冻胀力的长期监测；很多冻胀力仪采用人工测量的方式，耗时耗力，对于新疆等偏远地区，输水工程多分布在地广人稀的地域，经常出现人工测量不及时、恶劣天气下经常无法测量的情况，导致测值不连续，不能很好地反映渠道冻胀的特点。

近年来随着国家和行业对输水工程多年运行安全性认识的逐渐深入，工程界迫切需要一种安装简便、适用性广、成本低廉、可自动化测量的渠道冻胀力测量系统。

2. 三维冻胀力传感器研发

1) 主要研发内容与技术指标

自动量测冻胀力仪器由锚固部分、量测部分和采集发布部分组成(图 4.89)。

锚固部分由锚头、连接锚杆和安装板组成，锚头为一端带有尖锥状钻头的金属杆，金属杆的外壁上布有若干弹簧片，弹簧片底端通过焊接或锚固的方式与锚头相连，弹簧片顶端加工成60°的折角，折角方向朝外，使得弹簧片的顶端更向外部突出。当锚头向下压入土体的时候，由于侧向土压力的作用，弹簧片会被紧紧压在锚头上，当锚头压入预定位置，开始向上拔动时，由于弹簧片特殊的形状，其会慢慢向外部张开，并嵌入周围土体内，提高了锚头的抗拔力，保证在设计量程内锚头不会被拔出来；安装板包括顶板和垂直于顶板的两个相邻侧底板；连接锚杆一端和锚头连接，另一端和安装板连接；三套测力模块分别设置于顶板和两个侧底板上，测量三维方向的冻胀力。

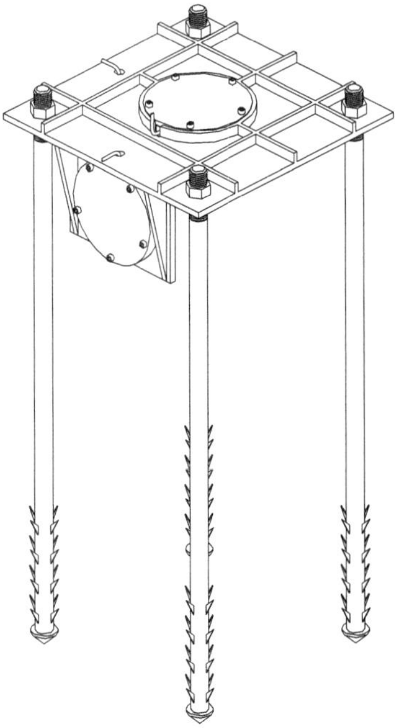

(a) 仪器三维立面图

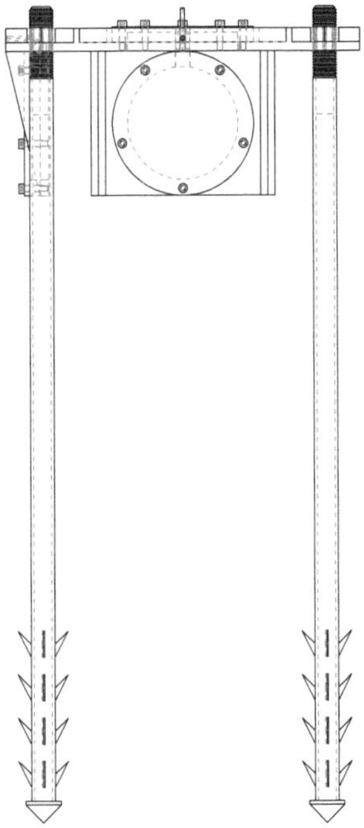

(b) 仪器侧面图

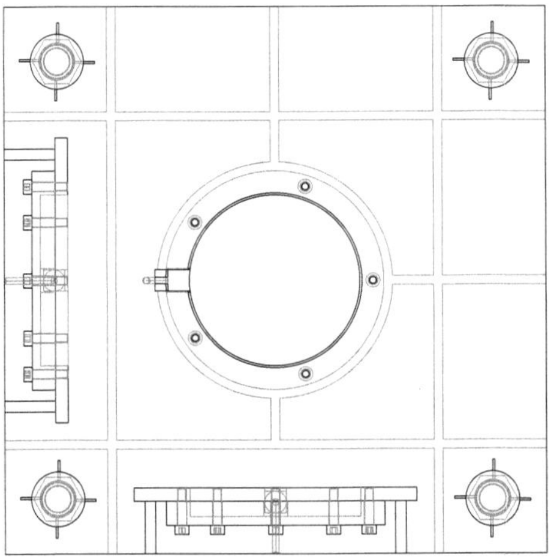

(c) 仪器俯视图

图 4.89　三维冻胀力监测传感器设计图

量测部分包括三个集测量冻胀力和温度于一体的测力模块。测力模块包括油囊、液压测量装置和高精度温度计，当土体发生冻胀时，土体膨胀挤压油囊，通过油囊中液压油的力传导，将冻胀力传递至油囊后部的液压测量装置上，液压测量装置根据控制单元指令进行测量。量测部分通过锚固部分安装在渠道原状土内，长期稳定可靠工作。仪器依据控制单元的控制指令对冻胀力进行测量，并将测量到的冻胀区域土体的三维冻胀力数据自动存储到控制单元的存储模块中，该仪器与外部存储介质之间设有信息传输通道，自动测量仪器利用该信息传输通道将采集的数据传输至外部存储介质中；工作人员通过对测量结果进行分析计算，可得到所测点的冻胀力大小及方向。

采集发布部分用于控制三个测力模块依次进行测量，控制信息传输和进行数据传输，由控制单元和分别与控制单元连接的内部供电单元、信息输入显示单元、信息传输单元和外部供电单元组成。工作单元和量测部分连接，内部供电单元用于给工作单元供电，外部供电单元用于给所述内部供电单元补充能源。

本三维冻胀力自动化量测仪器具有以下特点：

(1) 该仪器在安装过程中不会对原状土体产生较大的干扰，保证了所测量土体的原始状态，仪器测量精度高；

(2) 该仪器可以从三个方向测量被测土体的冻胀力，从而避免了以往人为选择冻胀力的量测方向，其所算出的冻胀主应力的大小和方向符合土力学的基本原理，解决了传统现场冻胀力系统无法精确得到冻胀主应力的缺陷，为后续渠道的管理和设计积累了翔实的实测数据；

(3) 该仪器安装简便，对渠道破坏小，既可以在渠道建设期安装，也可以在渠道运行期安装，适用性广；

(4) 仪器采用双芯片控制方式，有效降低了日常耗电量，延长了无故障工作时间，降低了运行维护成本；

(5) 仪器测量工作期间，完全断开外部电源，只利用自身内部供电单元供电，可以有效降低整套仪器的运行风险，保证了仪器长期工作性能；

(6) 该自动化量测仪器可以采用有线、无线等方式进行数据传输，并能够根据现场情况采用太阳能、风能、蓄电池等多种供电方式，其配套功能灵活多样，可广泛适用各种现场环境；

(7) 该自动化量测仪器采用模块化设计，结构简单，能有效地降低生产成本，便于日常维护。

2) 仪器测量方法

渠道三维冻胀力自动化量测仪器测量具体步骤如下：

(1) 启动测量工作模式；

(2) 根据预设的测量顺序，开始逐个对冻胀力模块测量；

(3) 对冻胀力模块连续测量三次冻胀力和土体温度，并计算三次的测量误差；

(4) 满足预设的测量误差时，进行下一个冻胀力模块测量，否则重新开始步骤

(3)测量，并在测量日志中进行记录；

(5)如果连续3次测量该冻胀力模块不能满足测量误差，则进行下一个冻胀力模块测量，并在测量日志中进行记录；

(6)在下一个冻胀力模块开始步骤(3)的工作，直至所有冻胀力模块全部测完；

(7)记录测量到的土体冻胀力和相应的温度，并自动存储；

(8)仪器自动将本次测量的所有信息写成一条测量记录，并自动保存，然后进入步骤(9)(即进入工作结束步骤)；

(9)中控芯片机通过信息传输单元，将本次测量数据发送至上位机，如收到上位机数据接收的回复，则进入步骤(10)；如果在规定的时间内没有收到上位机的回复，则自动对该条数据进行标注，下次测量时继续传输；

(10)中控芯片机唤醒低功耗芯片机后，进入关机状态；

(11)低功耗芯片机在规定时间间隔后，断开中控芯片机电源，并开启外部供电单元，为内部供电单元充电和为整个系统供电，整套系统进入待命状态。

3)仪器安装方法

该三维冻胀力自动化量测仪器的安装步骤如下：

(1)将现场仪器安装位置的地面整平，人工开挖0.6m×0.6m、深5～10cm的浅坑，通过顶部结构框架的顶板进行安装放样；

(2)采用人工开挖的方式，挖出底部两侧底板的安装空间，开挖过程中要不断校核尺寸，防止超挖或者欠挖；

(3)现场将带弹簧片的锚头部分和连接锚杆连接好，在放好样的位置采用人工或者机械方式将带弹簧片的锚头部分和锚杆逐渐压入待测量的土体中，锚头入土深度要超过当地冻胀区1m，锚头到达安装位置后，将锚杆向外拔出3～5cm，保证锚头处的弹簧片全部张开，发挥固定锚杆的作用；

(4)现场拼接顶部结构框架，并将三套冻胀力量测模块安装到位，临时接通仪器采集装置，检查整套系统是否能正常工作；

(5)将顶部结构框架放到之前确定好的位置，通过螺栓将其与之前的螺杆连接好，通过水准尺校准，保证顶部结构框架的顶板与地面平行；

(6)选取附近一处地势较高、通信信号好的位置，开挖0.5m×0.5m、深度超过60cm的坑，坑内浇筑混凝土，并埋设一根长2m左右刷过防锈漆的钢管；从顶部结构框架安装位置开挖电缆沟至2m钢管处，穿电缆保护管后，将测力模块的电缆线引到钢管处，回填压实电缆沟；

(7)在该坑的附近再开挖一个深度超过冻胀区的深坑，并将锂电池仓埋设到坑底，做好防护措施后，将电源线经过穿线管保护后引出，回填原状土，并人工压实；

(8) 待混凝土凝固后，将采集发布的信息采集保护箱固定在钢管上，将太阳能板调整好位置固定在钢管的顶部；

(9) 连接采集发布装置、冻胀力测量装置和电池仓之间的电源和通信线路；

(10) 通过配套的控制软件设置初始工作参数，并启动仪器工作，进行试验性读数，查看仪器是否工作正常；

(11) 回填顶部结构框架安装位置的浅坑，小心碾压密实；

(12) 通过一个星期的连续定时采集，待读数稳定后，将稳定后的读数设置为初始读数，作为后期冻胀力计算的初值。

该自动化量测仪器与传统的冻胀力测量仪器相比有以下优点：仪器安装过程不对原状土进行破坏，保证了测量的准确性；仪器安装在渠道表面，对渠道破坏小，既可以在渠道建设期安装，也可以在渠道运行期补装，安装时间灵活；仪器可以测量三个垂直方向的冻胀力，通过计算可以得到测量土体冻胀力的主应力大小和方向，为了解渠道冻胀危害提供了基础数据，而传统渠道冻胀力测量仪器所测量的方向为人为选定，且只能测量一个方向上的冻胀力，测量结果受制于安装人员经验。该自动化量测仪器不依赖于外部电源和通信线路，对安装的地点没有特殊的要求，特别适合我国北部少人或无人、基础建设薄弱的地区，该自动化采集仪器具有广泛的市场应用前景。

3. 新型冻胀力传感器现场试验研究

基于前期室内传感器研究成果，为了有效验证新型冻胀力传感器现场应用的可行性，利用输水干渠检修时机，将新型冻胀力传感器布置到干渠渠坡位置。

1) 新型冻胀力传感器试验段布置方案

根据数值模拟结果和多年的运行观测记录可知，越靠近渠道底部，渠道冻胀破坏现象越明显。为了研究渠道冻胀力变化规律，分别在总干渠 19+160 断面不同高程安装了两套新型冻胀力传感器。

(1) 现场试验段情况简介。

根据前期钻孔结果，19+160m 段渠基地层构成如下：0～4.5m 为人工回填砂砾石层，4.5m 以下为砂砾岩；砂砾岩中含石英颗粒，且黏粒含量较大，含少量黄色、青色泥岩；砂砾岩颜色为棕色，砾石尺寸以 3～10cm 为主，砾石成分以石英为主，砾石磨圆度中等到好。

目前渠道底部已将之前的倒梯形平底形式改成圆弧形渠底形式，在渠道底部换填了透水性较好的戈壁料和砂砾石料，并在渠底中心线下 1m 位置铺设了排水管。

(2) 现场布置方案。

如图 4.90 所示，考虑到渠道的对称形式，只在渠道一侧的渠堤上不同高程安装三维冻胀力传感器，监测整个冰冻期间渠道边坡的冻胀力变化情况，为后期研究渠坡变形破坏过程与机理提供基础数据。为了研究冻胀力在不同高度下的分布规律，基于前期的冻胀力数值模拟成果和现场冻胀破坏现象，笔者选择了两个典型高度，即从渠道中心线开始，沿渠道表面每 5m 间隔布置一套冻胀力传感器(图 4.91)。依据前期冻胀力数值模拟成果和现场调查，确定试验段所在位置最大冻融深度为 2.2m，考虑到极端天气影响以及锚固强度，设计锚杆入土深度 4m，视现场具体情况可以适当加深。为便于了解最大冻胀主应力的方向，设定 *X* 向冻胀力传感器安装方向为垂直水流方向，向渠底方向为正，向渠顶方向为负；*Y* 向为顺水流方向，向下游方向为正，向上游为负；*Z* 向为垂直于渠道表面的方向，向上为正，向下为负。

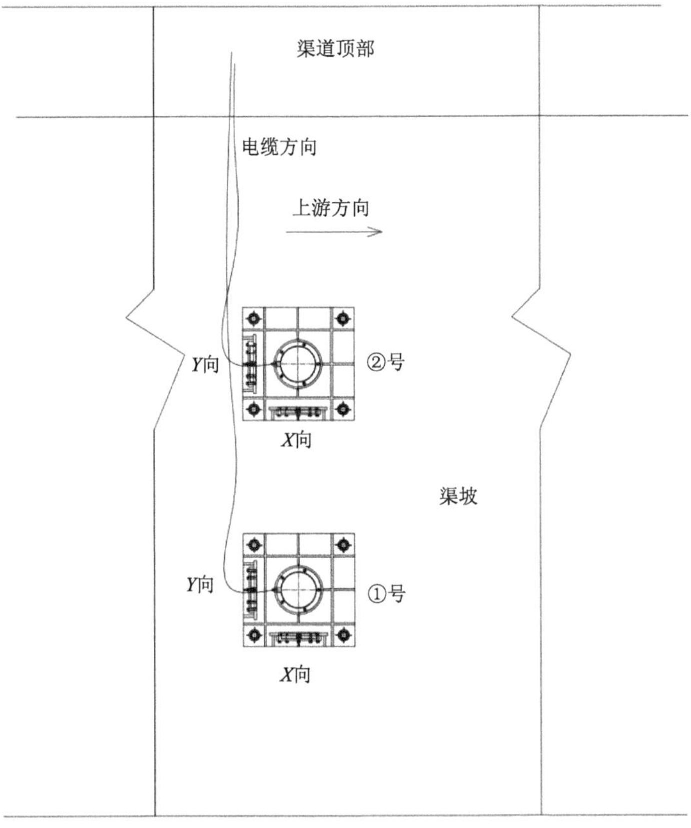

图 4.90　三维冻胀力传感器水平布置图

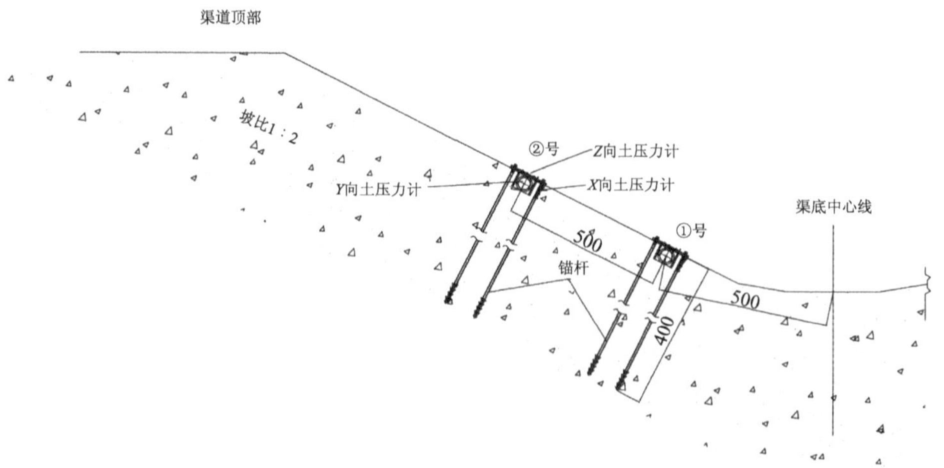

图 4.91　三维冻胀力传感器剖面布置图(单位：cm)

2) 新型冻胀力传感器安装过程

依据渠道的维修计划，在总干渠 19+160 断面处埋设安装新型冻胀力传感器，具体过程如下：

(1) 拆除混凝土六棱块衬砌和底部的素混凝土，将底部破损的两布一膜防水布拆除(图 4.92)；

(2) 按照设计位置放样，定好仪器的安装位置，按照传感器的安装说明进行安装(图 4.93 和图 4.94)；

图 4.92　露出渠基土的渠道全貌

图 4.93　锚杆安装到位

(3) 仪器安装完毕后，进行自动化测量试验，检查整套三维冻胀力传感器的运行状态(图 4.95)；

(4) 回填电缆沟，恢复两布一膜防水布，铺 10cm 左右的素混凝土，最上层铺混凝土六棱块衬砌；

(5) 整套三维冻胀力传感器平稳运行约一个星期后，取仪器测值作为冻胀力传感器的初值。

图 4.94　仪器侧面和仪器顶面安装图

图 4.95　自动化调试安装和竣工图

3) 监测数据分析

经过一个冻胀期的监测，现场试验数据如图 4.96～图 4.101 所示。

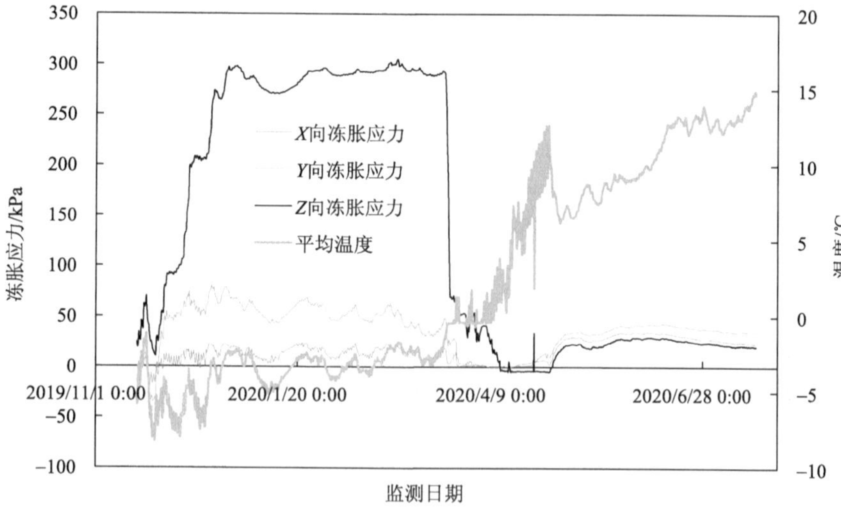

图 4.96　1 号冻胀力传感器三向冻胀力时程图

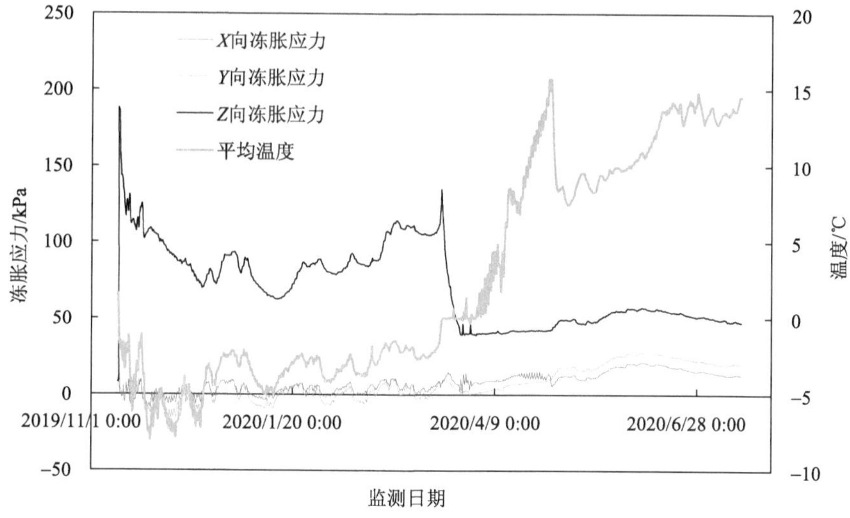

图 4.97　2 号冻胀力传感器三向冻胀力时程图

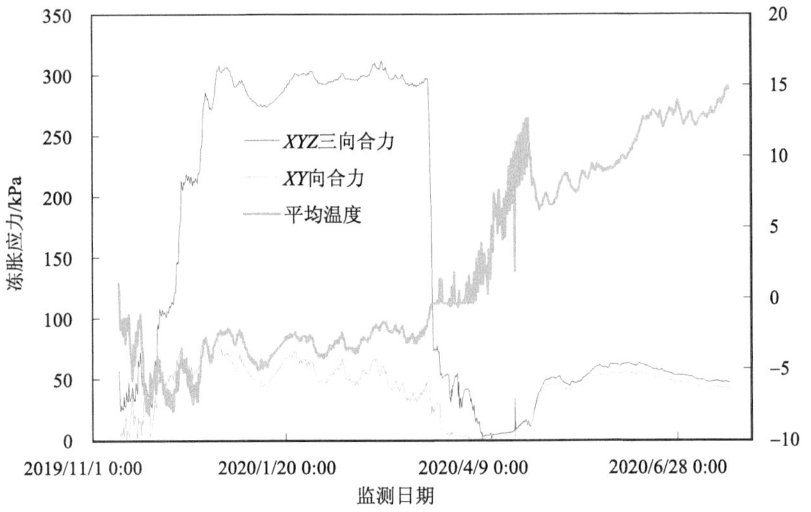

图 4.98　1 号冻胀力传感器冻胀合力时程图

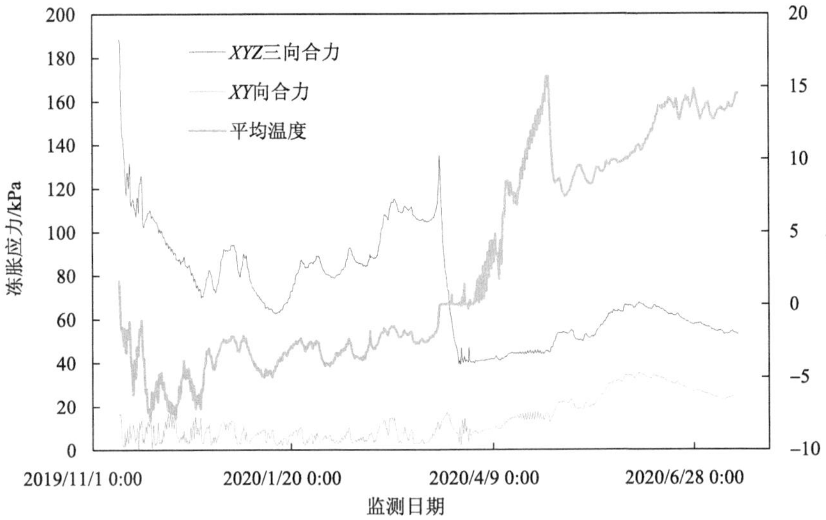

图 4.99　2 号冻胀力传感器冻胀合力时程图

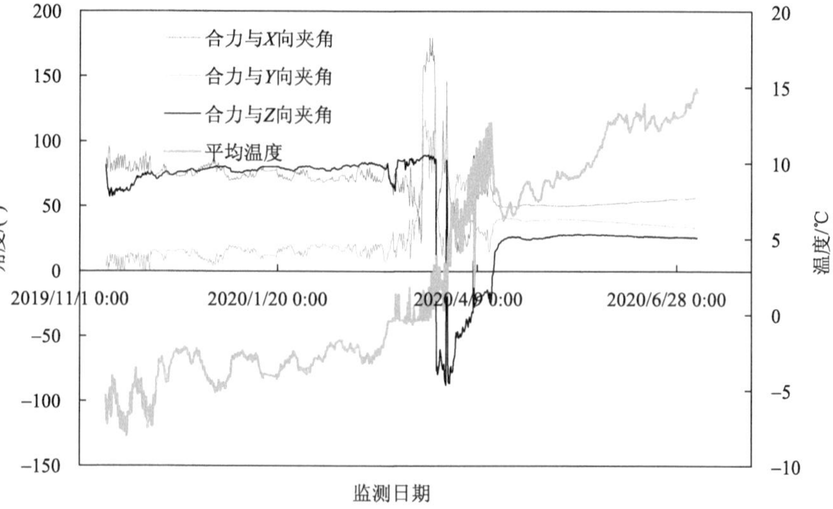

图 4.100　1 号冻胀力传感器冻胀力夹角时程图

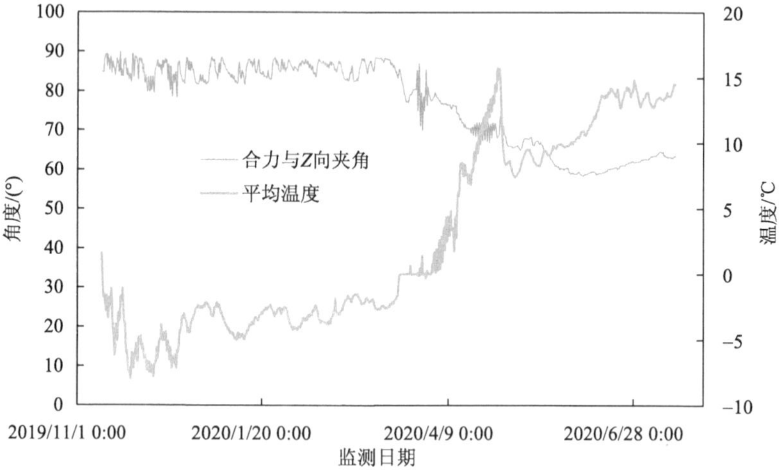

图 4.101　2 号冻胀力传感器冻胀力夹角时程图

从图 4.96～图 4.101 时程图可知：

(1) 实测渠基土冻胀力在 *X*、*Y*、*Z* 三向上以 *Z* 值最大，其中 1 号冻胀力传感器 *Z* 向最大为 305.5kPa，而同期 *X* 向为 20.9kPa、*Y* 向为 55.8kPa，*Z* 向是 *X* 向的 14.62 倍，是 *Y* 向的 5.47 倍，从数值上看，*Z* 向与 *X*、*Y* 向不在同一数量级，其值远大于 *X*、*Y* 向冻胀应力数值，说明渠基土发生冻胀时，主要的冻胀应力方向为 *Z* 向，即垂直于渠基表面的方向；

(2) 1 号三维冻胀力传感器各个方向的冻胀应力均大于 2 号三维冻胀力传感

器，其中 1 号冻胀主应力最大为 311.26kPa，而 2 号冻胀主应力最大为 113.83kPa，1 号是 2 号的 2.73 倍，说明实际冻胀时，越靠近渠底的部位冻胀应力越大；

(3) 在冻胀期间，冻胀主应力的大小并不是恒定不变的，而是随着土体温度的变化而变化；1 号点和 2 号点的规律都是一致的，均为随着温度的降低而减小；

(4) 在冻胀期间，冻胀力的数值虽然随着土体温度的变化而变化，但是冻胀主应力与 Z 轴的夹角基本上稳定不变，无论是 1 号还是 2 号冻胀力传感器，主应力与 Z 轴的夹角基本都在 80°左右摆动，没有大的变化；

(5) 随着 3、4 月份试验段所在区域环境温度开始抬升至 0℃以上，无论是 1 号点还是 2 号点冻胀力数值均在短时间内下降至零点附近，下降速度非常快；

(6) 渠道通水后，受渠水的影响，仪器监测的温度有所下降，而土体的应力有所增大，且 X、Y、Z 向增大的幅度大致相当。

参 考 文 献

[1] 张光斗, 王光纶. 水工建筑物(下册)[M]. 北京: 水利电力出版社, 1994.
[2] R. A. 弗里泽, J. A. 彻里. 地下水[M]. 吴静方译. 北京: 地震出版社, 1987.
[3] 任天培. 水文地质学[M]. 北京: 地质出版社, 1986.
[4] 刘杰. 土石坝渗流控制理论的发展及实践[J]. 水利管理技术, 1994, (1): 23-26.
[5] 白永年, 等. 中国堤坝防渗加固新技术[M]. 北京: 中国水利水电出版社, 2001.
[6] 郭诚谦, 陈慧远. 土石坝[M]. 北京: 水利电力出版社, 1992.
[7] 日本电力土木技术协会. 最新土石坝工程学(修订版)[M]. 陈慧远, 等译. 北京: 水利电力出版社, 1986.
[8] 吴玉龙. 基于分布式光纤测温技术的堤坝渗漏监测研究[D]. 南京: 南京理工大学, 2014.
[9] Nikles M, Vogel B H, Briffod F, et al. Leakage detection using fiber optics distributed temperature monitoring[C]. Proceedings of SPIE—The International Society for Optical Engineering, 2004, 5384: 18-25.
[10] Myles A. Permanent leak detection on pipes using a fibre optic based continuous sensor technology[C]. Pipelines Conference 2011, Seattle WA, 2011: 744-754.
[11] Côté A, Carrier B, Leduc J, et al. Water leakage detection using optical fiber at the Péribonka dam[C]. International Symposium on Field Measurements in Geomechanics, Boston, 2007: 1-12.
[12] 肖衡林, 鲍华, 王翠英, 等. 基于分布式光纤传感技术的渗流监测理论研究[J]. 岩土力学, 2008, 29(10): 2794-2798.
[13] 刘海波, 杨华舒, 陈刚, 等. 利用分布式光纤定位监测土石坝管涌[J]. 科学技术与工程, 2010, 10(26): 6463-6467.
[14] 陆艳梅, 陈建生, 董海洲, 等. 大坝渗漏传热模型及拉氏变换解[J]. 岩土工程学报, 2007, 29(2): 274-278.
[15] 董海洲, 寇丁文, 彭虎跃. 基于分布式光纤温度监测系统的集中渗漏通道流速计算模型[J].

岩土工程学报, 2013, 35(9): 1717-1721.
[16] 邓翔文. 基于分布式光纤温度传感技术的渗漏监测模型试验研究[D]. 武汉: 湖北工业大学, 2011.
[17] 徐翔宇. 基于分布式光纤温度传感技术的渗漏监测方法研究[D]. 武汉: 湖北工业大学, 2012.
[18] 吴善荀. 基于分布式光纤测温的渗漏监测系统研究[D]. 北京: 清华大学, 2010.
[19] Johansson S, Farhadiroushan M. 分布式光纤传感器在瑞典堤坝渗流和应力监测中的应用背景与经验[C]. 大坝安全与堤坝隐患探测国际学术研讨会, 西安, 2005: 92-93.
[20] 韦斌. 基于分布式光纤传感器的黄河大坝可视化安全监测系统[D]. 济南: 山东大学, 2005.
[21] Barnoski M K, Jensen S M. Fiber waveguides: a novel technique for investigating attenuation characteristics[J]. Applied Optics, 1976, 15(9): 2112-2115.
[22] Rogers A J. Polarization-optical time domain reflectometry: a technique for the measurement of field distributions[J]. Applied Optics, 1981, 20(6): 1060-1074.
[23] 丁睿, 刘浩吾. 分布式光纤传感技术在裂缝检测中的应用[J]. 西南交通大学学报, 2003, 38(6): 651-654.
[24] Hartog A H. A distributed temperature sensor based on liquid-core optical fibres[J]. Journal of Lightwave Technology, 1983, 1(3): 498-509.
[25] 程光煦. 拉曼、布里渊散射——原理及其应用[M]. 北京: 科学出版社, 2001.
[26] Tkach R W, Chraplyvy A R, Derosier R M. Spontaneous Brillouin scattering for single-mode optical-fibre characterization [J]. Electronics Letters, 1986, 22(19): 1011-1013.
[27] Shimizu K, Horiguchi T, Koyamada Y, et al. Coherent self-heterodyne Brillouin OTDR for measurement of Brillouin frequency shift distribution in optical fibers[J]. Journal of Lightwave Technology, 1994, 12(5): 730-736.
[28] 宋牟平, 范胜利, 陈好, 等. 基于光相干外差检测的布里渊散射 DOFS 的研究[J]. 光子学报, 2005, 34(2): 233-236.
[29] 宋牟平, 章献民. 34km 传感长度的布里渊光时域反射计的设计与实现[J]. 仪器仪表学报, 2005, 26(11): 1155-1158.
[30] Bernini R, Minardo A, Zeni L, et al. An accurate high-resolution technique for distributed sensing based on frequency domain Brillouin scattering[J]. Photonics Technology Letters, 2006, 18(1): 280-282.
[31] 国兵, 隋青美, 韦斌. 基于布里渊散射的分布式光纤传感器的发展[J]. 信息技术与信息化, 2009, (3): 56-58.
[32] 李建蜀, 江毅, 黄尚廉. 光缆拉伸应变分布测量的新方法——布里渊光纤时域分析技术[J]. 半导体光电, 1996, 17(1): 56-59.
[33] Garcus D, Gogolla T, Krebber K, et al. Brillouin optical-fiber frequency-domain analysis for distributed temperature and strain measurements[J]. Journal of Lightwave Technology, 1997, 15(4): 654-662.
[34] Wait P C, Newson T P. Landau Placzek ratio applied to distributed fiber sensing[J]. Optics

Communications, 1996, 122(4-6): 141-146.

[35] Souza K D, Lees G P, Wait P C, et al. Diode-pumped Landau-Placzek based distributed temperature sensor utilizing an all-fibre Mach-Zehnder interferometer[J]. Electronics Letters, 1996, 32(23): 2174-2175.

[36] Kee H H, Lees G P, Newson T P. Technique for measuring distributed temperature with 35-cm spatial resolution utilizing the Landau-Placzek ratio[J]. Photonics Technology Letters, 2000, 12(7): 873-875.

[37] Maughan S M, Kee H H, Newson T P. A calibrated 27-km distributed fiber temperature sensor based on microwave heterodyne detection of spontaneous Brillouin backscattered power[J]. Photonics Technology Letters, 2001, 13(5): 511-513.

[38] Alahbabi M N, Cho Y T, Newson T P, et al. 100 km distributed temperature sensor based on coherent detection of spontaneous Brillouin backscatter[J]. Measurement Science Technology, 2004, 15(8): 1544-1547.

[39] Alahbabi M N, Cho Y T, Newson T P, et al. 150-km-range temperature sensor based on coherent detection of spontaneous Brillouin backscatter and in-line Raman amplification[J]. Journal of the Optical Society of America B, 2005, 22(6): 1321-1324.

[40] 刘扬, 侯思祖. 基于拉曼散射的分布式光纤测温系统的分析研究[J]. 电子设计工程, 2009, 17(1): 23-25.

[41] 李勤松. 第一位亚裔诺贝尔奖获得者——C·V·拉曼[J]. 物理教师, 2007, 28(5): 57.

[42] Derickson D. Fiber Optic Test and Measurement[M]. New Jersey: Prentice Hall, 1998.

[43] 杨淑雯. 全光光纤通信网[M]. 北京: 科学出版社, 2004.

[44] 曹磊. 光纤测试与光时域反射(OTDR)技术在宽带网建设中的应用[C]. 2007 信息通信网技术业务发展研讨会, 北京, 2007.

[45] 国兵, 牟志华, 姜明顺, 等. 单模光纤分布式喇曼温度传感系统设计[J]. 光通信研究, 2009, 4: 47-49+63.

[46] 邹建. 分布式光纤温度测量系统关键技术研究[D]. 重庆: 重庆大学, 2005.

[47] 常程, 李铮, 周荫清. 基于后向喇曼散射分布式光纤测温系统温度解调方法研究[J]. 航空学报, 2001, 22(S1): 53-56.

[48] 程刚, 王振雪, 朱鸿鹄, 等. 基于分布式光纤感测的岩土体变形监测研究综述[J/OL]. 激光与光电子学进展, 1-35.

[49] 陈向军, 李志敏. 考虑渗流场影响的大坝非稳定温度场[J]. 长沙理工大学学报（自然科学版), 2008, 5(1): 44-47.

[50] 何宁, 丁勇, 吴玉龙, 等. 基于分布式光纤测温技术的堤坝渗漏监测[J]. 水利水运工程学报, 2015, (1): 20-27.

[51] 刘康康. 基于 ROTDR 的渠道渗漏监测技术研究[D]. 南京: 南京理工大学, 2018.

[52] 丁勇, 施斌, 隋海波. 隧道结构健康监测系统与光纤传感技术[J]. 防灾减灾工程学报, 2005, 25(4): 375-380.

第 5 章　高寒区供水渠道预警预报系统与应用

高寒区长距离供水渠道工程穿越线路长，多数地段荒无人烟，冬季气候极端寒冷，昼夜温差非常大，现场工程预警预报等传统的安全监测方法遇到很大的挑战；现场监测是确保高寒区渠道安全运行的重要手段之一，而国内外尚未研发出能精准测量高寒区渠道冻胀量和冻胀力的传感元器件，缺乏精确定位渗漏异常和变形破坏区段的成熟测试技术。因此，亟须探索和研发适应高寒区渠道运行的监测设备、技术及预警预报体系。本章首先围绕高寒区供水工程预警预报系统总体设计，阐述了预警预报系统私有云平台构架设计、数据监测及采集方案设计、信息数据结构设计、安全设计及信息管理与预警预报系统设计；其次围绕预警预报系统建设和应用，阐述了预警预报信息数据监测采集设施安装与实施、信息管理与预警平台系统集成，以及预警预报系统的功能拓展与升级冗余；最后围绕预警预报系统的未来发展，展望了预警预报标准体系的完善和发展、关键参数监测设备的研发，以及自动监测采集设施互联网化的发展。通过以上内容的阐述，读者对高寒区长距离供水渠道监测技术、实施和预警预报有较为全面的了解。

5.1　供水渠道预警预报系统研究现状

长距离跨区域的供水工程预警预报研究一直是岩土工程中的一个重要课题，也是水利工程实践中的热点问题之一。随着互联网、云计算、GIS 等数字信息技术发展，提高供水工程运维效益、管理效率和社会服务水平，推动水利工程信息化建设，实现供水工程预警预报“信息技术标准化、信息采集自动化、信息传输网络化、信息管理集成化、警情预报及时化”，成为迫切的现实需求。

以往长距离供水工程预警研究重点多聚焦于施工安全监测，研究人员对于工程局部工点的重点监控或重要时间节点的监测做了较为深入的研究。张超伟研究了南水北调瀑河渠道倒虹吸工程安全监测与控制措施[1]。朱发昇等结合引洮一期供水工程输水结构安全监测，设计了合理的施工及冬季运营管理方案保障措施[2]。王珍萍等研究了南水北调中线干线工程在充水试验期和应急供水期安全监测的实际情况，分析监测成果并对工程安全进行了评价阐述[3]。张颖军研究了长距离输调水工程安全监测设计和施工之间遇到的实际问题及解决对策[4]。傅文骏等研究了渠道典型场景处工程建筑输水工程结构安全信息监测系统[5]。钟华等研究了水利工程野外冻土数据自动采集技术[6]。

早期的这些安全监测系统软件开发大多采用 C/S 架构，软件模块之间耦合性差、可复用度低、可扩展性差、系统维护困难。而对于长距离跨区域供水工程运营期间的预警预报，多数采用传统的人工预警预报方式，这种方式在工程管理上突显出来的时滞性和被动性制约了工程的安全正常运营，该方式也缺乏工程全寿命期在役预警预报软件管理系统提供的技术支持。

近年来随着智能感知技术的快速发展，以光纤传感技术为代表的各类岩土工程安全监测仪器得到了广泛开发和实践应用。李秋硕研究了光纤传感技术在边坡监测中的应用与发展[7]；宋占璞等研究了大体积混凝土水化热温度变化光纤监测技术[8]；周虎研究了光纤光栅岩土内部二维变形监测技术[9]；王兴等研究了分布式光纤监测技术在桩基测试中的应用[10]；亓军强等研究了地源热泵系统地埋管温度场监测中分布式光纤监测技术[11]。这些技术的运用和发展给本项目的研究提供了可借鉴的技术路径。

同时互联网技术和 Web 服务技术的不断发展和普及，促使供水工程预警预报系统架构从单一的 C/S 模式发展为 B/S 模式，并逐渐发展为面向对象的服务架构[12-24]。Web 服务技术能够实现分布式异构网络环境下的互操作，面向服务的软件体系架构能最大限度地提升模块的复用性，还能很好地解决数据共享和互操作问题，为实现元数据共享提供了新的思路。目前预警预报系统具有扩展性强、可靠性高等特点，能够适应需求变化、功能扩展等系统建设要求，建设规模适度且能灵活扩充和滚动发展的预警预报系统成为现实可能。

本项目供水工程预警预报系统的智能化实现充分利用以无线传感网络为基础的物联网，能够实现各类水位、压力、位移等传感单元与监测中心平台的互联，实现供水工程运营的实时监测、智能预警、供水工程安全预警预报的自动化处理功能，提升了智能化管理水平。

5.2　高寒区供水渠道预警预报系统总体设计

高寒区供水工程预警预报系统总体设计包括监测系统集成(传感器系统的集成)、人工数据交互设定系统、信息采集与处理系统、软件前台设计、软件后台设计等。基于物联网的供水工程预警预报系统利用各类传感器对工程结构特征信息进行采集，通过高精确度传感器的采集、无线网络等技术将传感器所采集的数据传输到互联网中的私有云平台，系统利用高性能计算机和分析软件，经过设计的算法对数据进行处理、分析，从而形成能够对高寒区长距离供水工程运行安全状况进行监测、对结构安全状况进行评估的一套预警预报系统，使技术人员更加精细化、智能化地管理供水工程的安全运营。

(1) 传感器系统。通过各种类型的传感器来采集供水工程运行的特征信息，并将监测的物理量转化为电信号。传感器主要包括压力传感器、温度传感器、位移传感器等，这是信息采集的基础。

(2) 人工数据交互设定系统。人工数据交互作为传感器的补充校验，具有机动、灵活、交互性强的特点，是整个系统中基础的、重要的数据来源，也是系统数据初始设置的关键环节。

(3) 信息采集与处理系统。包括信息采集及数据存储设备等，接收传感器系统中的数据并进行简单的处理和存储。

(4) 信息通信与传输系统。通过互联网将采集的信息处理后安全可靠地传输到信息分析与预警预报系统。

(5) 信息分析与预警预报系统。利用计算机和分析软件对所获得的数据进行智能自动分析，确定工程结构损伤以及损伤发生的位置和程度，对结构不良状况进行及时评估和预警预报。

(6) 软件前台设计。软件前台设计主要基于 Bootstrap 框架进行设计，开发语言为 JAVA、CSS、HTML 和 JavaScript。界面简洁、友好，可操作性强，对当前市面上的主流浏览器兼容性强。用户根据管理员提供的地址可通过浏览器直接进入系统的前台。为了系统安全，在进入前台前设计了一个权限登录界面。

(7) 软件后台设计。后台核心设计部分是设计数据库构架，设计选择 MongoDB 作为后台数据存储池。MongoDB 的高效、安全、稳定、跨平台等优点保证了系统的可用性和高效性。系统兼容当前市面上大部分主流浏览器，管理员根据权限可通过给定地址进入后台对数据进行相关操作；同时为了系统安全设计了一个登录界面，管理员只有输入正确的用户名和密码后才能进入后台对数据进行增删改查。根据用户需求，系统还设计了数据批量导入和批量删除等功能，确保系统的实用性和对用户的友好性。

5.2.1　预警预报系统私有云平台构架设计

私有云平台(Private Clouds)是为一个或多个特定客户使用而构架的独立网络平台系统，故其数据的安全性、服务质量的有效控制是其最大的特点，可通过系统的防火墙、IPS、IDS 等方式保证系统的安全性。虽然目前公有云平台较多，如阿里云、百度云等，但对于有保密或专项管理要求的工程项目，私有云是最佳的选择，其核心属性是服务的专有性，主要有以下优势：

(1) 数据安全性。私有云平台是为了服务于特定的用户群或者某一应用而构建的，因而对数据安全性和服务质量提供了最有效保障。对水利工程项目而言，监测数据是其核心，是非常重要的无形资产或数据资产，这也决定了将此类工程的监测、分析、预警和预报系统放在私有云上运行是一条合适的技术路径，而私有云平台可部署在工程管理单位局域网内，这是私有云在安全方面的优势。

(2)服务质量高。因为私有云平台一般是针对特定用户而构建的，并不是所有用户都可以登录访问，所以无论工程管理人员在内网还是外网访问这些私有云平台的应用，它的用户体验都应该比较好且稳定，不存在像公有云对外开放存在的安全攻击。公有云分为独享带宽和共享带宽，当选择共享带宽时与其他公有云应用并发，可能会受到网络不稳定的影响；私有云为应用的出口带宽提供了专属使用的保障，因此在用户访问服务质量上是有保障的。长距离供水工程项目需要稳定的网络带宽，一方面可以保证用户的访问不间断，另一方面可以保证数据抓取不遗漏。

(3)可充分利用已有的硬件资源。在建设私有云时可以充分利用现有的硬件资源不至于浪费。对于大型引调水工程项目，为保证每个渠道工程的安全运行，都会建立很多监测子系统，这些监测系统是保证渠道工程安全运行的核心系统，类似高寒地区长距离供水渠道监测预警预报系统这种专业化系统，其数据量未来可能不断地快速膨胀。利用私有云能很好地赋予现有硬件基础扩展性和灵活性，可以更好地实现应用和数据扩展，能够及时应对突发故障，有效地避免公用网络安全事件对使用的影响而导致数据漏采。因为私有云的高扩展性，其不仅可以很好地利用现有的硬件资源，同时也为未来应用的不断扩展提供了平滑的过渡和衔接。

(4)部署方式灵活。部署方式灵活性不仅体现在可以充分利用现有基础设施，可以自行部署和选择在已有的服务器上的运行方式。用户的访问量和数据的抓取量如果存在几何级数的增长，就要求私有云要实时适应需求不断地膨胀，通过私有云的 HA[高可用性(high availability)，指通过尽量缩短因日常维护操作(计划)和突发的系统崩溃(非计划)所导致的停机时间以提高系统和应用的可用性，与被认为是不间断操作的容错技术有所不同，是目前企业防止核心计算机系统因故障停机的最有效手段]技术应用的负载均衡特点灵活地扩展应用，就可以满足应用膨胀的需求。在机房自身条件已经不能满足要求的情况下，也可以平滑地将私有云平台迁移至第三方专业服务机构或行政管理机构的数据中心中，这样将大大降低工程管理的成本和后期的运营成本，未来服务器中应用和数据的迁移的复杂性也得到了一定的降低。

1. *私有云平台的构架层次*

私有云平台的构架示意图如图 5.1 所示，主要分为平台层、功能层及服务层三个层次。

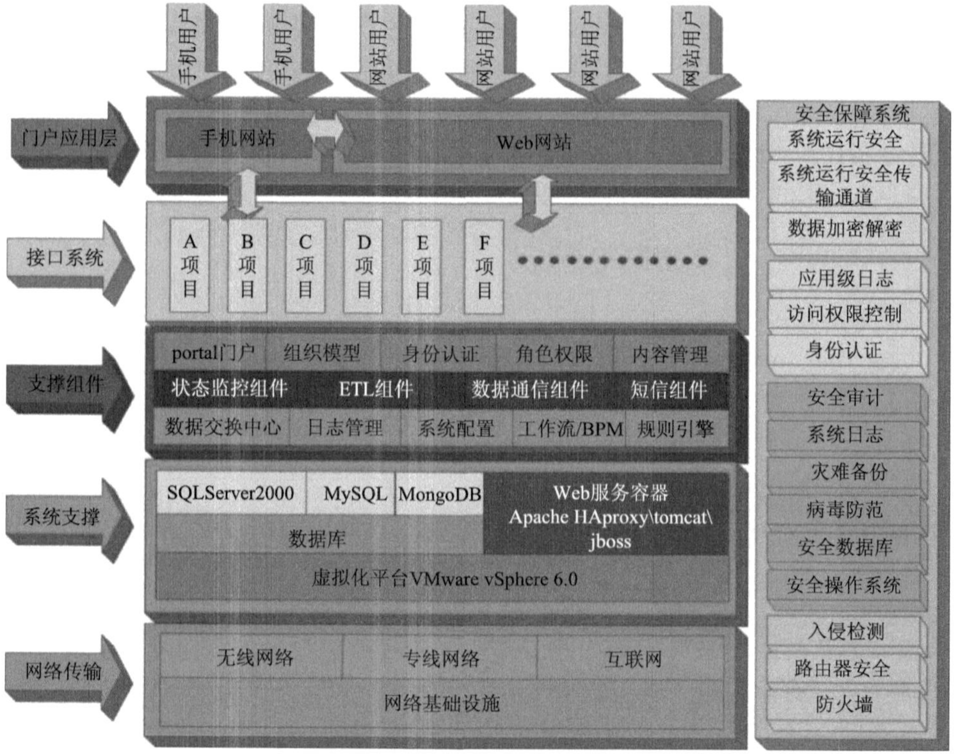

图 5.1 私有云平台的构架图

平台层主要由以下三个系统组成：

(1) 大数据分布式存储系统：针对数据不断增长的挑战，需要研究大规模、非结构化数据的存储问题，突破大数据的存储、管理和高效访问关键技术，当前需要构建至少 PB 级存储能力的大数据平台才能满足一般的科研和应用需求。

(2) 分布式数据挖掘系统：针对大数据挖掘算法运行的挑战，突破 MapReduce 技术的局限，研究有效支持迭代、递归、层次及集成机制的海量数据挖掘编程模型的系统，构建大数据运行系统。

(3) 智能数据中心联合调度系统：针对大数据存储和挖掘的挑战，研究多数据中心的智能联合调度、负载均衡技术，整合多个数据中心的存储和计算资源，构建基于多智能中心的大数据服务平台。

功能层主要实现如下几项技术：

(1) 高可扩展性大数据挖掘算法：针对大数据挖掘的挑战，研究基于云计算的分布式大数据处理与挖掘算法，构建高可扩展性的大数据处理与挖掘算法库，实现 TB 级数据的建模能力。

(2) 大数据安全与隐私保护技术：针对数据挖掘“软件即服务”(SaaS)模式

的需求，研究开发数据挖掘在云环境下的隐私保护、数据审计和节点数据挖掘技术，确保大数据挖掘过程中的数据安全，保证用户的隐私不被泄露。

(3) 分布式工作流引擎：针对大数据挖掘分布式调度的挑战，研究基于云计算的分布式工作流调度、负载均衡技术，构建高效分布式工作流执行引擎。

(4) 交互式可视化分析技术：针对传统分析方法交互性和可理解性不足的问题，研究启发式、人机交互、可视化数据挖掘新技术，实现大数据挖掘的高度人机交互功能。

服务层则要实现如下两项技术：

(1) 基于 Web 的大数据挖掘技术：突破传统的基于单机软件的数据挖掘技术，创新基于 Web 的大数据挖掘方法和流程，实现易于使用的基于 Web 的大数据挖掘技术，构建基于 Web 的大数据分析环境。

(2) 基于 Open API 的大数据挖掘技术：突破传统的基于软件的数据挖掘技术，创新基于 Open API 的大数据挖掘方法，研究大数据挖掘开放接口、开放流程，构建基于 Open API 的大数据分析模式。

2. 私有云平台构架创新

大数据分析平台要突破传统的基于软件和高端服务器的数据挖掘传统技术体系，采用基于云计算的大数据存储和处理架构、分布式数据挖掘算法和基于互联网的大数据存储、处理和挖掘服务模式。实现这一目标需要做如下创新：

(1) 系统架构创新：突破传统的基于软件和高端服务器的数据挖掘技术体系，研发基于互联网和云计算的大数据存储、处理和挖掘的数据中心系统架构，支持多用户、多任务的大数据分析环境。

(2) 服务模式创新：突破传统的一次性软件销售或软件租赁的高价解决方案，创新基于互联网的大数据存储、处理和分析服务模式，为用户提供按需、廉价的大数据存储、处理和分析服务。

(3) 使用模式创新：突破传统的使用单机软件的方式，创新基于互联网的大数据存储、管理和分析服务，提供多终端(台式机、笔记本、平板电脑、手机等)、多途径(浏览器访问、Open API 调用等)的用户使用模式。

5.2.2 预警预报数据监测及采集方案设计

所有的数据来源于各个水利工程预先安置在断面的监测设备，各个水利工程提供采集地点具体的断面布置图。监测设备包含采集温度、含水率、土压力等的设备。每台设备在安装完成后都需要采集设备的初始值，并记录到系统中。由数据集成服务将各个设备的数据由各个采集点集中到云平台的数据库中，其结构示意图见图 5.2。

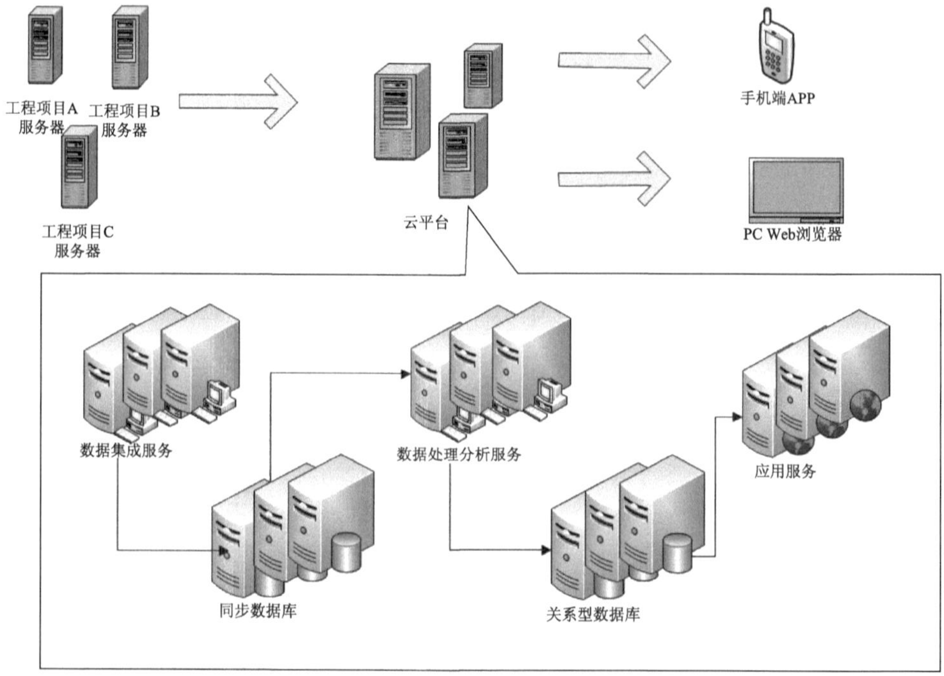

图 5.2　监测及采集方案关系图

原始数据来源于不同水利工程的断面安装的不同监测设备，需要通过 ETL 工具将各个监测设备提取到统一的数据库 MongoDB。在提取各个监测设备时首先需要记录各个设备的初始值和阈值(合理有效的数据范围)，对 MongoDB 中的数据使用 ETL 工具进行计算和分析形成分析数据后录入 MySQL 数据库中，通过开发一套预警预报软件将 MySQL 的数据展现出来。数据库工作流程见图 5.3。

5.2.3　预警预报信息数据结构设计

1. 预警预报信息数据库

预警预报信息数据库是高寒区长距离供水渠道工程预警预报系统的重要基础，所有通过传感器采集和人工采集的监测数据都将在数据库子系统中进行存储与管理。由于测量周期长、传感器种类多及采集频率高等原因，会形成海量且种类繁多的数据，势必降低监测系统的运行效率；因此，设计并实现一个结构合理、功能齐全且稳定可靠的监测数据库，是整个预警预报系统研究的重要环节。本项目中运用 SQL Server+Oracle+MongoDB+MySQL 平台对系统数据库进行分析和设计，数据库子系统功能如图 5.4 所示，包括数据查询、数据管理等主要功能。

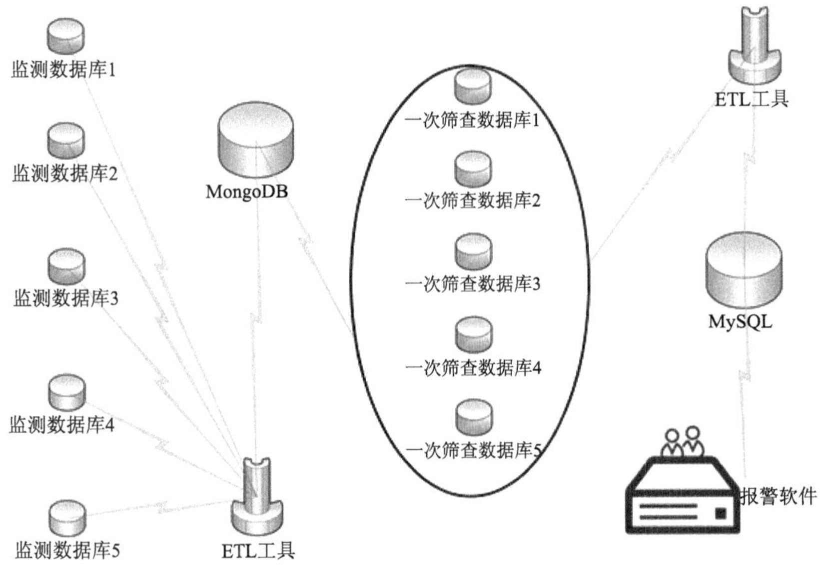

图 5.3　数据库工作流程图

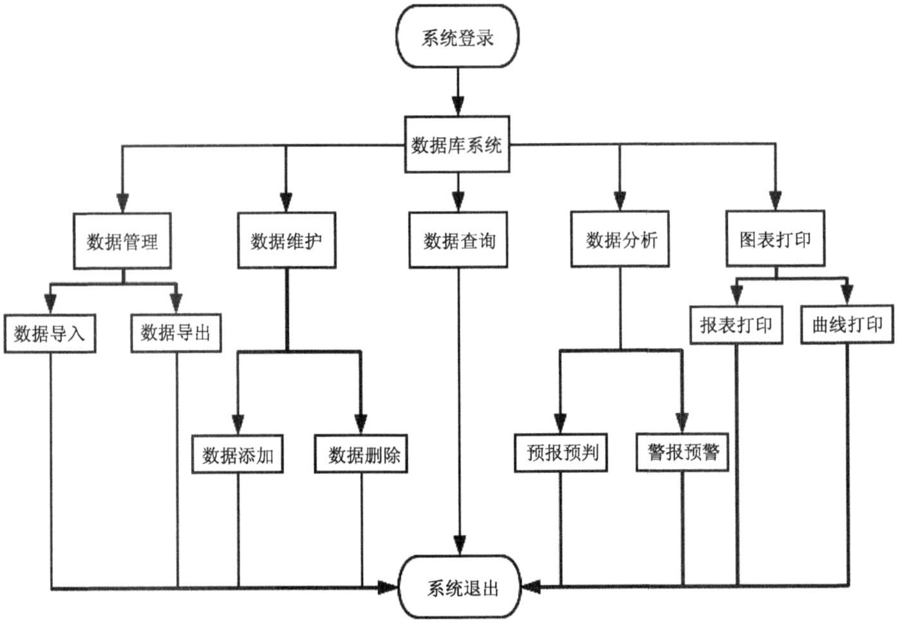

图 5.4　数据库系统功能

2. 预警预报信息数据库数据表结构设计

经过需求分析、概念设计及逻辑设计与分析，高寒区长距离供水渠道工程预警预报信息数据库分为管理数据库和工程数据库。

管理数据库中包括 5 个表，分别为用户管理表、用户登录表、异常登录表、项目管理表、特约专家登录表；工程数据库包含 11 个表，分别为渠系建筑物信息表、基准点分布表、监测点分布表、仪器设备信息表、气象信息表、冻胀量监测信息表、冻胀力监测信息表、渗流压力监测信息表、水位监测信息表、土壤含水率监测信息表、土的初始冻胀状态信息表。数据库中表结构图如图 5.5 所示。

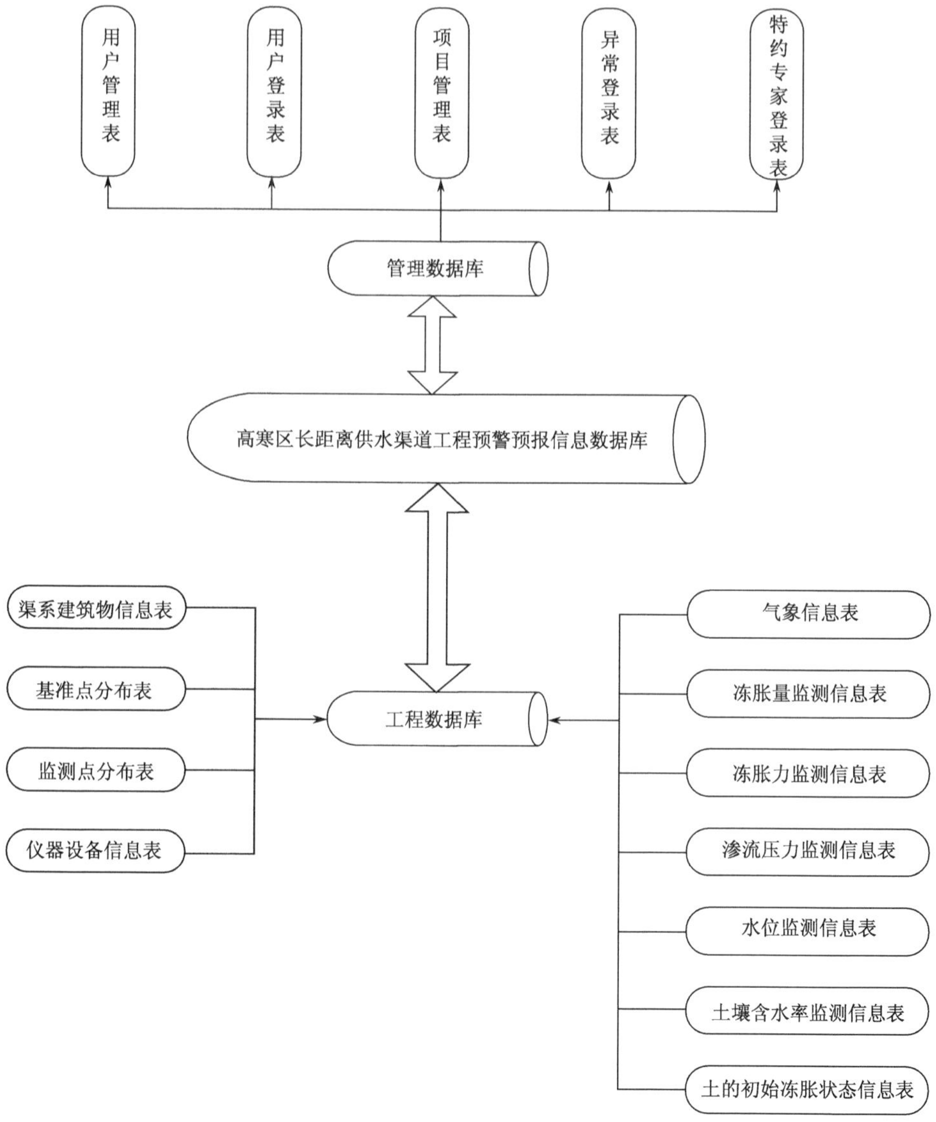

图 5.5　数据库中表结构图

通过表单实体属性部分等对数据表进行具体结构设计，主要任务包括字段的选取、字段类型、字段索引、主键(PK)及外键(FK)的选取、合法性检验及相关说明等。

5.2.4 预警预报信息数据安全设计

信息数据安全设计主要采取三个机制来实现。

1) 使用 SAN 存储架构保证数据的集中存储和数据的统一

SAN 存储架构基于整合、共享、管理的理念目标，将各种存储装置诸如磁盘阵列、光盘机、磁带机、磁带库等机器通过局域网构成专门提供存储的网络架构；应用服务管理系统部署在服务器上通过光纤交换和存储矩阵连接为前端客户端提供服务。SAN 存储架构主要使用 TCP/IP 协议通过局域网 LAN 进行连接。随着大数据应用的快速增长，存储容量亦爆炸性增长，SAN 存储架构允许独立地增加存储容量。SAN 存储架构允许任何服务器连接到任何存储阵列，不受到地域空间的限制，采用了光纤接口，服务器可直接存取所需的数据，具有更高和更稳定的带宽。VMware vSphere 支持硬件 RAID 阵列、SSD 磁盘以及 PCIe SSD 卡在内的内部连接磁盘设备，这些存储形式一般与单一服务器直接连接。SAN 存储架构提供了一个高可用性、弹性的共享存储平台，为多个服务器部署环境提供公共存储，如今多数存储厂商支持 VMware vSphere，提供比本地存储部署更好的性能和扩展。VMware vSphere 通过 SAN 的存储架构为 HA 的容灾及备份提供了很好的硬件支撑环境，通过 SAN 存储架构实现了虚拟机的秒级迁移，为私有云应用不间断服务提供了支撑，同时提供了高效的数据传输性能，不再受地域空间的限制。

2) VMware HA

VMware 是全球桌面到数据中心虚拟化解决方案的领导厂商，全球不同规模的客户依靠 VMware 来降低成本和运营费用，确保业务持续性，加强安全性并走向绿色，使企业可以采用能够解决其独有业务难题的云计算模式。私有云平台建设中，为保证数据资源的可靠性，整个私有云平台系统的容灾显得尤为重要。利用 VMware HA 可以不中断服务在主机之间迁移正在运行的虚拟机。HA 支持的故障层次包含主机、虚拟机、应用程序，利用配置为群集的多台物理主机，为虚拟机中运行的应用程序提供快速中断恢复，可大大地降低运维成本和运营成本。设置 HA 群集之后，群集内的所有虚拟机无须多余配置就支持故障切换。HA 可以将所管理的物理主机中的虚拟机集中在群集内，群集中的主机均会受到监控，如果发生故障，故障主机上的虚拟机将在备用主机上重新启动，从而为虚拟机提供高可用性。

使用 HA 的优势在于：

(1) 减少了硬件成本和设置。使用 HA 时，必须拥有足够的资源来通过 HA 保护的主机进行故障切换，至少是两台以上的物理服务器；虚拟机在主机之间迁移可充当应用程序的移动容器，避免管理员使用传统方式在多台计算机上进行重复安装和配置，vCenter 会自动管理资源并配置群集。

(2)提高了应用程序的可用性，虚拟机内运行的任何应用程序的可用性变得更高。虚拟机可以从硬件故障中恢复，提高了在管理范围内启动的所有应用程序的可用性，而且没有额外的软件和应用的安装，即使该应用程序本身不是群集应用程序也一样。通过监控和响应 VMware Tools 检测信号并重新启动未响应的虚拟机，可防止客户机操作系统崩溃。

(3)DRS 和 vMotion 集成。如果主机发生了故障，并且在其他主机上重新启动了虚拟机，则 DRS 会提出迁移建议或迁移虚拟机以平衡资源分配；如果迁移的源主机和(或)目标主机发生故障，则 HA 会帮助从该故障中恢复，如图 5.6 所示。

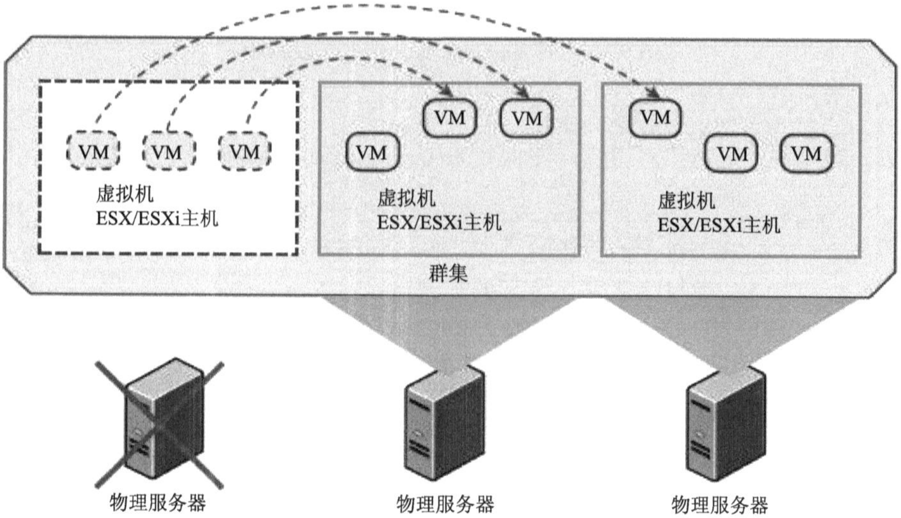

图 5.6　数据安全设计逻辑关系图

3)数据备份与恢复方案

备份流程简要过程：备份程序使用 VMware vSphere API[应用程序接口(application programming interface)，是一些预先定义的函数，或指软件系统不同组成部分衔接的约定，目的是提供应用程序与开发人员基于某软件或硬件得以访问一组例程的能力，而又无须访问原码或理解内部工作机制的细节]接口程序建立和虚拟机的连接，并备份虚机的配置信息；使用 VMware vSphere API 创建快照，保证应用或者文件系统一致性；对该磁盘调用 API 接口，获取它与上次备份时磁盘之间发生了变化的数据块列表；调用 API，读取发生了变化的数据块的内容并写入存储中进行备份；依次处理其他磁盘；所有磁盘处理完毕后，删除快照，并断开与虚拟机的连接(图 5.7、图 5.8)。

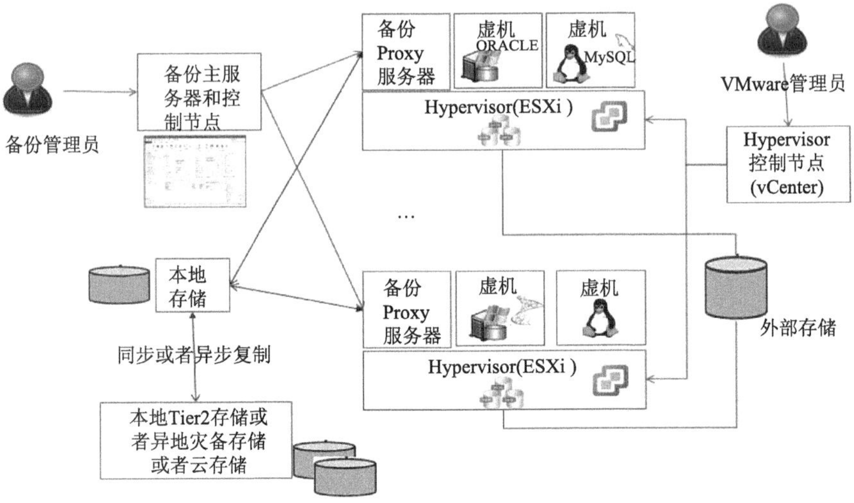

图 5.7　数据备份与恢复设计逻辑关系图

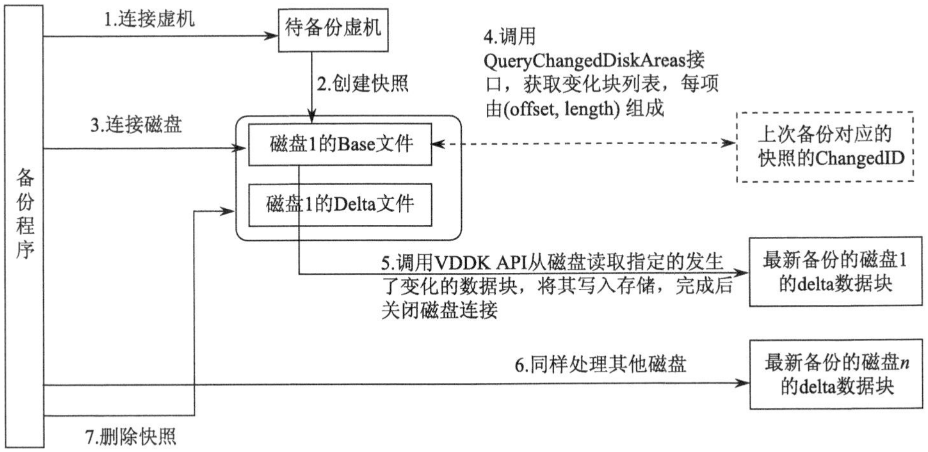

图 5.8　数据备份流程图

备份流程特点：利用快照功能，保存虚拟机在某个时间点上的状态和快照，很短时间之后虚拟机就可以照常运行；备份结束，快照会被删除，这样虚拟机的性能也就不受到影响了。利用 API，只读取两次备份之间磁盘上发生了变化的数据块(第一次是必须做全备份)，只将变化的数据块写入后端存储，也就是说后端存储必须负责维护第一次全备份和以后每次备份之间的关系，相当于将快照管理功能挪到了备份软件的后端存储。

恢复流程简要过程：备份程序使用 VMware vSphere API 建立和待恢复虚机的连接，并恢复虚机的配置信息；使用 API 创建快照，来保证应用或者文件系统一致性；使用 API 建立和快照的第一个磁盘的连接；对该磁盘调用 API 接口，获取它与上次备份时磁盘之间发生了变化的数据块列表；调用 API 从所存备份中读取变化块的数据，再写入快照磁盘的相应位置，该磁盘的所有变化块写入完成后，关闭与磁盘的连接；依次处理其他磁盘；将虚机恢复到已恢复快照；删除快照，并断开与虚机的连接。

恢复流程特点：在操作前，需要确保虚机处于关机状态；同样也利用快照，然后利用 API 获取本次快照和上次备份所对应快照之间发生变化了的数据块，再使用已保存的备份中的数据将发生了变化的快照磁盘中相应的数据块覆盖掉；快照的磁盘 vmdk 文件都被恢复后，执行快照恢复；结束后，删除快照。虽然备份时上传的是数据块，但是在做恢复时，需要读取全部的数据块。

5.2.5　预警预报信息管理系统设计

系统任务要求是建立预警预报信息管理数据库。从信息范畴、数据属性以及空间特征来划分，整个数据库可分为两个子数据库，分别为管理数据库、工程数据库。各子数据库在信息范畴上各自归类且相互独立，但可以通过各数据库的唯一编码将其结合起来，形成一个整体。因此，为提高系统的服务性以及稳定性，数据库设计的合理性是整个预警预报信息管理系统的关键环节。预警预报信息管理系统设计主要包括信息数据结构的统一及集成、信息数据库设计、预警指标体系的建立和阈值确定、预警模型的建立、监测数据预报的数值模型选择。

1. 信息数据结构的统一及集成

信息数据结构的统一及集成主要有两个部分：一是制定对监测传感器信息分类和编码的规则，便于以后对大量工程使用传感器的统一管理；二是对各类型传感器所采集的数据进行格式的相应转换和集成，为今后建立大数据私有云平台提供基础。

1) 数据规则及技术标准

由于高寒区长距离供水渠道工程预警预报系统信息数据的复杂性和多样性，为了便于统一平台管理和大数据的集成，制定了相应的数据规则，主要包括信息分类与编码、供水工程渠线属性规则、模型创建等部分。信息分类与编码采用层次码结构，由 5 层 10 位阿拉伯数字组成，代码结构如图 5.9 所示，具体见表 5.1。

第一层为信息模型渠系分类代码，如梯形断面为“01”、弧形断面为“02”、U 形断面为“03”等；第二层为信息模型主代码，如仪器自动监测代码为“01”、人工监测代码为“02”；第三层为模型监测点土壤分类代码，如黏性土代码为“01”、砂土代码为“02”、砂砾石代码为“03”等；第四层为模型监测类型代码，表示渠系监测的具体类型，如气象信息代码为“01”、冻胀量信息为“02”、冻胀力信息为“03”等；第五层为监测对象属性代码，表示某一类型监测对象的属性，监测对象属性主要包括几何信息和冻胀信息(物理信息、力学信息、热学信息)，其中几何信息包括渠线走向、截面尺寸、连接逻辑关系、监测点坐标等信息，冻胀信息包括物理信息、力学信息、热学信息等技术特征参数信息。根据数据信息管理和分类的需求，将数据信息分为水、热、力、形四大类型，如："水"即水位、水头、水压力等，代码为"01"；"热"即温度，代码为"02"；"力"为力学指标，代码为"03"；"形"为变形指标，代码为"04"。

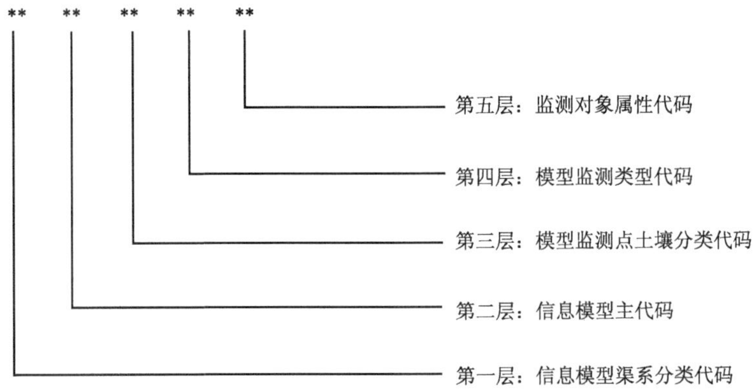

图 5.9　信息分类与编码层次码结构示意图

表 5.1　模型监测点土壤分类代码

代码	类别
0101010102	梯形断面仪器自动监测黏性土点位气象信息
0101010204	梯形断面仪器自动监测黏性土点位冻胀量信息
0101010303	梯形断面仪器自动监测黏性土点位冻胀力信息
0101010401	梯形断面仪器自动监测黏性土点位冻渗流压力信息
0101010501	梯形断面仪器自动监测黏性土点位水位监测信息
0101010601	梯形断面仪器自动监测黏性土点位含水率监测信息
0101010704	梯形断面仪器自动监测黏性土点位初始状态冻胀信息

本项目预警预报信息模型建模软件完成创建后，可具备三维可视化、编辑、统计等功能，包含完整的属性信息，并能够与其他专业模型、分析计算软件实现数据交换。

2) 各类型厂家仪器设备的数据转换和集成

传感器是整个预警预报系统中最基本的单元，通过各种类型的传感器，将岩土结构中测试的物理、力学、热学参数转变为电信号后，实现系统信息的自动采集。不同生产厂家生产的不同仪器具有各自特点，以及各自匹配的商业软件平台在信息模型的存储和表达方式上不同，导致相互之间数据接口不能友好地支持。本项目安装仪器较多，解决这一问题，可通过以下关键技术改进实现。

各类传感器所采集的原始数据均由各厂家提供采集软件存储到文件当中，其中包括按一定规则存储至纯文本文件、SQL Server 数据库、Excel 文件中等。转换这些数据并进行集成，首先要取得这些文件存储的规则，使这些数据能在新建立的中间数据库中“对号入座”，如时间、编号、类型、采集的原始数据(模数值)等；其次，根据掌握的规则可导出为私有云平台支持的模型文件格式，模型属性数据方面则可通过 ODBC(Open Database Connectivity)进行关联集成。ODBC 是用于访问数据库的统一界面标准，能够保证软件数据库中的各种数据和信息无差错地、有序地被开发的相关软件读取和存入，为实现数据的共享和交换奠定基础。将传感器数据导出至私有云平台中与 ODBC 数据库关键字段连接，实现模型与属性信息的集成展现。本节实际操作示例的相关内容，将在后续 ETL 数据集成中进行详细的介绍。

2. 信息数据库设计

数据库系统目前有很多种，现将流行使用的各种数据库进行如下介绍，供读者根据工作需要选用。

SQL Server 数据库，是美国 Microsoft 公司推出的一种关系数据库系统。它是一个可扩展的、高性能的、为分布式客户机/服务器计算所设计的数据库管理系统，实现了与 Windows NT 的有机结合，提供了基于事务的企业级信息管理系统方案。

Oracle 数据库(Oracle Database)，又名 Oracle RDBMS，或简称 Oracle，是甲骨文公司的一款关系数据库管理系统。它是在应用领域一直处于领先地位的产品。Oracle 数据库系统是目前世界上流行的关系数据库管理系统，系统可移植性好、使用方便、功能强，适用于各类大、中、小、微机环境。它是一种高效率、可靠性好且适应高吞吐量的数据库系统。

MongoDB 数据库，是一个介于关系数据库和非关系数据库之间的产品，是非关系数据库当中功能最丰富、最像关系数据库的。其支持的数据结构非常松散，是类似 json 的 bjson 格式，因此可以存储比较复杂的数据类型。MongoDB 最大的特点是其支持的查询语言非常强大，其语法有点类似于面向对象的查询语言，几乎可以实现类似关系数据库单表查询的绝大部分功能，而且还支持对数据建立索引。

MySQL 数据库，是一种开放源代码的关系型数据库管理系统(RDBMS)，使用最常用的数据库管理语言——结构化查询语言(SQL)进行数据库管理。由于 MySQL 是开放源代码的，因此任何人都可以在 General Public License 的许可下下载并根据个性化的需要对其进行修改。MySQL 因为其高速度、可靠和广适应而备受关注。

3. 预警指标体系的建立和阈值确定

基于预警预报信息关系数据的破坏预警指标体系的建立及预警阈值的确定是预警预报系统软件开发的基本信息数据模型，关系到预警预报软件程序的有效性和精准度。

在深入研究了冻胀预警破坏的信息数据模型后，提出一种基于关系数据样本集提取识别的渠道冻胀信息以及冻胀破坏预警模型构建方法，该方法采用人工监测和仪器自动监测获取信息样本数据，冻胀信息提取路径与预警模型建立采用统一的量化尺度。其关键核心流程为“三级识别、二层判别、四序预警、二类警报”，最终做出工程的冻胀预警。冻胀预警指标体系的构建流程如图 5.10 所示。冻胀指标识别和冻胀指标阈值确定是冻胀预警指标体系建立的关键步骤。

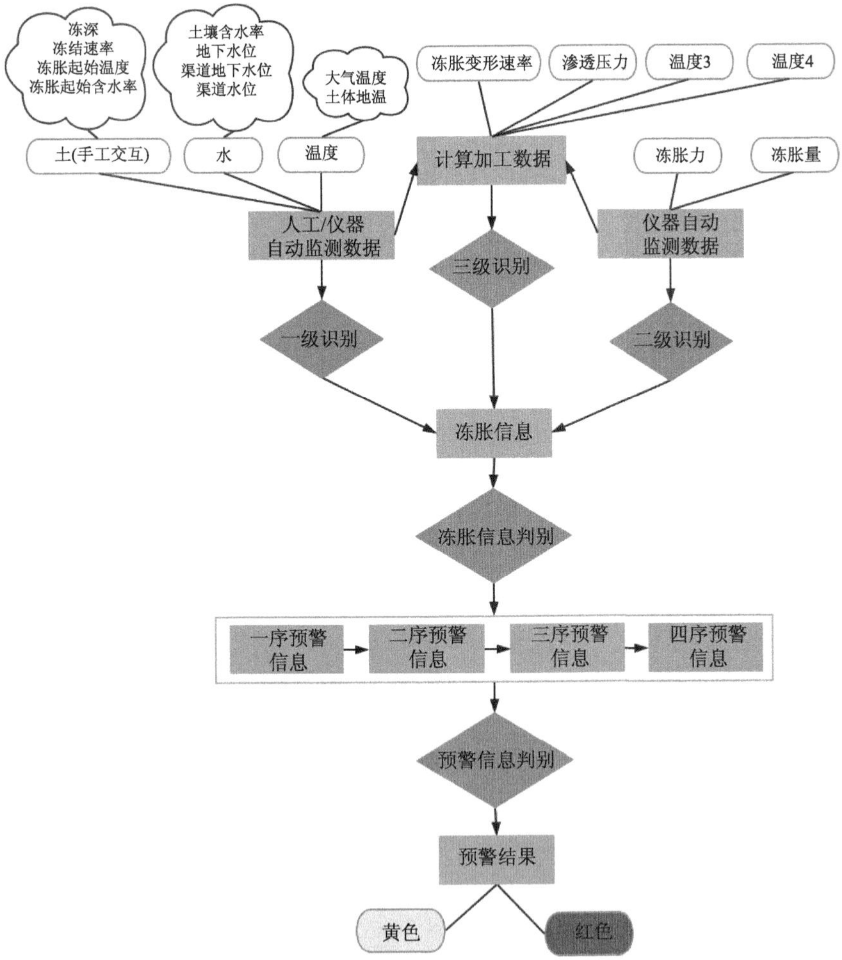

图 5.10　冻胀预警指标体系的构建流程图

冻胀指标识别：冻结深度、冻胀力、冻胀量等土的冻胀指标的计算与应用，在《水工建筑物抗冰冻设计规范》(GB/T 50662—2011)、《渠系工程抗冻胀设计规范》(SL 23—2006)中有全面的理论分析和计算。为了便于更加直观地进行冻胀信息的判别，采用冻胀信息识别分级方法，将渠道土、水、热、力参数数据样本进行分级识别。人工监测的数据、既能人工监测又能仪器自动监测的数据列为一级识别指标；自动监测的数据列为二级识别指标；计算加工数据为三级识别指标(详见图 5.10)。一级识别指标包括土(冻深、冻结速率、冻胀起始温度、冻胀起始含水率)、水(土壤含水率、地下水位、渠道地下水位、渠道水位)、温度[温度 1(日大气最低温度)、温度 2(土体温度)]；二级识别指标包括冻胀力、冻胀量；三级识别指标包括冻胀变形速率、渗透压力、温度 3(日大气最低温度连续 D 天平均值)、温度 4(土体温度连续 D 天平均值)。

冻胀指标阈值确定：根据《水工建筑物抗冰冻设计规范》(GB/T 50662—2011)、《渠系工程抗冻胀设计规范》(SL 23—2006)等相关规范和前人的研究成果，结合本项目的研究分析，选取了温度 1、温度 2、温度 3、温度 4、冻结速率、含水率、冻胀量、冻胀力、渗透压力 9 个技术参数综合构建冻胀预警的指标体系，并对其进行相应的逻辑判断，判断结果为预警指标提供样本参数，其阈值根据测试点位土的类型选定，在系统中人工设定。冻胀指标的逻辑判据见表 5.2。

表 5.2　冻胀指标逻辑判据表

逻辑判断项目		单位	阈值	True	False
温度 1	日大气最低温度	℃	−2.0	≤	>
温度 2	土体温度	℃	−1.0	≤	>
温度 3	日大气最低温度连续 D 天平均值	℃	冻结起始温度	≤	>
温度 4	土体温度连续 D 天平均值	℃	冻结起始温度	≤	>
冻结速率	—	mm/d	临界速率	≥	<
含水率	—	%	起始冻胀含水率	≥	<
冻胀量	—	cm	1,　3.5	≥3.5	$1\leq\Delta h<3.5$
冻胀力	—	kPa	20,　50	≥50	$20\leq p<50$
渗透压力	—	m	0.5,　0.9	≥0.9	$0.5\leq p<0.9$

4. 预警模型的建立

本项目深入研究冻胀破坏预警的信息数据，预警模型建立是基于预警指标体系的建立和阈值确定的路径，后续路径包括预警指标影响排序和预警等级判断两大步骤。

预警指标影响排序：土的冻胀量、冻胀力最能直观反映冻胀破坏的特征，温度(温度 1、温度 2、温度 3、温度 4)和地下水的信息可间接反映存在潜在冻胀破坏的特征。冻胀指标逻辑判断结果是预警指标的样本库，预警指标的判断流程根据预警信息的优先级先后顺序进行。冻胀量逻辑参数优于冻胀力逻辑参数，冻胀力逻辑参数优于“温度. 逻辑值 AND 地下水位. 逻辑值”计算参数。预警指标先后序列见表 5.3。

表 5.3　预警指标序列详表

预警信息序列	冻胀信息逻辑值
1 序预警指标	冻胀量.逻辑值
2 序预警指标	冻胀力.逻辑值
3 序预警指标	(温度 3.逻辑值　OR 温度 4.逻辑值) AND 地下水位.逻辑值
4 序预警指标	(温度 1.逻辑值　OR 温度 2.逻辑值) AND 地下水位.逻辑值

预警等级判断：预警指标体系的建立，解决了单一冻胀信息的特征样本难以建立准确的预警结果、存在多解性等问题，而多维度冻胀信息逻辑判断构成的预警指标体系提高了预警可靠度。本体系在消除了渠道周围环境复杂的影响、减少仪器工作干扰、减轻人工监测缺陷的信息处理流程上，增加冗余，预警信息经排序后再次进行顺序逻辑判断，可实现对全部冻胀信息数据的识别和判断，并按先后顺序满足逻辑判据即提取出预警识别信息，可在程序设计上避免漏判、误判的可能。预警指标逻辑判据见表 5.4。经过上述一系列数据处理后获得预警结果，预警结果红色提示为危险状态，预警结果黄色提示为警戒状态。

表 5.4　预警指标逻辑判据表

预警信息序列	False(黄色)	True(红色)
1 序预警指标	冻胀量.False	冻胀量.True
2 序预警指标	冻胀力.False	冻胀力.True
3 序预警指标	温度 3.True　AND 地下水位.True	温度 4.True　AND 地下水位.True
4 序预警指标	温度 1.True　AND 地下水位.True	温度 2.True　AND 地下水位.True

5. 监测数据预报的数值模型选择

监测数据的预报是预警预报管理系统中一个重要的子功能，冻胀破坏预警模型中的部分一级识别指标[水(土壤含水率、地下水位、渠道地下水位、渠道水位)、温度(温度 1、温度 2)]、二级识别指标(冻胀力、冻胀量)、全部的三级识别指标(冻胀变形速率、渗透压力、温度 3、温度 4）等技术参数都设计了预报的功能衍生。其时间序列的数据预报模型选择典型时间序列分析法的自回归滑动平均模型（auto-regressive and moving average model，ARMA）法。ARMA 法是研究时间序列的重要方法，由自回归模型（简称 AR 模型）与滑动平均模型（简称 MA 模型）为基础混合构成。

时间序列分析是一种动态数据处理的统计方法。该方法基于随机过程理论和数理统计学方法，研究随机数据序列所遵从的统计规律，以用于解决实际问题。它包括一般统计分析、统计模型的建立与推断，以及关于时间序列的最优预测、控制与滤波等内容。经典的统计分析都假定数据序列具有独立性，而时间序列分析则侧重研究数据序列的互相依赖关系。后者实际上是对离散指标的随机过程的统计分析，所以又可看作是随机过程统计的一个组成部分。时间序列分析是根据系统观测得到的时间序列数据，通过曲线拟合和参数估计来建立数学模型的理论和方法。它一般采用曲线拟合和参数估计方法（如非线性最小二乘法）进行。时间序列分析在本项目的监测数据预报上具有较大的优势和适用性。

5.3　预警预报系统建设和应用

高寒区长距离供水渠道工程预警预报系统，是一套以在线自动分析仪器为核心，运用现代传感器技术、自动测量技术、自动控制技术、计算机应用技术以及相关的专用分析预测软件和通信网络所组成的一个综合性的在线自动监测和预警预报体系。其可尽早发现工程的异常变化，预测工程某部位、某段的未来变化趋势，为防止工程出现险情做出预警预报，及时追踪工程运行状态指标，从而为工程管理者提供决策服务。由于预警预报监测系统在获取连续的实时监测数据、有效地监控工程运行现状和研究其变化趋势等方面能发挥重要作用，同时可以极大地降低工程管理人员的劳动强度，因此这些相关技术工作得到了许多学者的重视，越来越多的技术在工程实践中得以应用并受到了广泛深入的研究。

高寒区长距离供水渠道预警预报系统的建设，其基础是建立相应的监测系统，通过不间断的长期监测取得大量的监测数据，方可实现对工程的预警和未来运行状态的预报。随着科学技术的发展，水利工程的监测技术也在不断发展，许多新的监测仪器和监测技术都不断地运用到水利工程监测中。目前的工程监测技术主要包括外部监测和内部监测两个方面。外部监测指的是对工程的外部变形进行监测，其技术主要有大地测量法、垂线测量法、准直法、静力水准法。外部监测的仪器更多，主要有水准仪、经纬仪、测距仪、全站仪、垂线坐标仪、引张线、激光准直或扫描系统、GPS、雷达干涉等；这些技术中较为古老的是经纬仪器测量等方法，而随着技术的发展，先进的 GPS 测量、3D 激光扫描等方法逐渐应用到监测中，新技术的应用使得对工程的监测变得更加精准。内部监测的内容包括很多方面，如应力、应变、沉降、变形、温度、水位、孔隙水压力等，目前使用的监测仪器有差动电阻式仪器、差动电容式仪器、差动电感式仪器、步进马达式仪器、电荷耦合器件(CCD)式仪器和振弦式仪器等，而以差动电阻式和振弦式仪器最为常用，其中典型的振弦式仪器有 TDC220D 型含水率仪(使用温度范围–10℃～70℃，含水率测量精度优于 1%)、RT-1 型电阻温度计(测温范围–40℃～+80℃，精度±0.3℃，耐水压>1MPa)、VWP-G 型水位计(测量范围 0～20m，测量精度<0.1%F.S.，测量时自动进行温度修正和气压补偿)、VWP 型振弦式渗压计(测量范围 0～350kPa，测量精度 0.1%～0.5%F.S.)、监测土体冻胀力的 VWE 型振弦式土压力计(测量范围 0～1000kPa，测量精度 0.1%～0.5%F.S.)、监测土体冻胀变形的 VWD-200C 型振弦式土体位移计(测量范围 0～200mm，测量精度 0.1%～0.5%F.S.，灵敏度<0.08mm)等。同时，为了实现对监测数据的自动采集，采用 MCU-32 型分布式模块化自动测量单元，可自动测量各类传感器的频率、电压、电流、电阻、电容、格雷码、开关量、脉冲量、数字量等测量数据，可适应水利工程气候环境变化并能正常工作，具有防水、防雷、抗电磁干扰等能力，采集周期设定方便，自身存储功能强大，采用公共移动网络(GPRS/CDMA)可随时对当前数据进行查看、设定，并提取至本地数据库中。以上监测、自动采集设备及技术均保证了监测系统的建立。

5.3.1　预警预报信息数据监测采集设施安装与实施

对于高寒区长距离供水渠道工程预警预报信息数据的监测系统建立，要求综合几方面进行考虑，如工程各段所处的地理、地质及气候特点、渠基土质、断面形式、防渗方法、保温方式等。建立监测断面、设备及采集方式的选择将从以下几个方面进行介绍。

1)信息采集断面的选择

工程预警预报信息数据监测采集断面位置的选择，首先应考虑此工程环境条件最不利的渠段，如工程穿越极端低温地区；其次应考虑工程的建设技术难度大、渠基条件差的渠段，如深挖方、高填方、湿陷性土和盐胀性土等渠段；最后应兼顾工程后续维修和监测方便，选取受人为干扰少、维护方便的渠段。基于以上三方面的考虑，则可建立有关键点和代表性的渠道监测断面，为工程的预警预报信息数据监测采集奠定良好的基础。

2)信息监测采集参数的选择和仪器的选择

高寒区长距离供水渠道工程监测系统的建立，其目的是全面掌握高寒区渠道工程长期的运行工况，保障工程的安全运行，因此系统所需监测参数的选择将十分重要。根据渠基土冻胀、盐胀等的机理分析，需要监测大气温度、渠基土体温度、孔隙水压力、界面土压力、土壤含水率、表面变形、渠基土体冻胀量、冻胀力等众多参数，一般设置 4 个方面的监测系统。

(1) 温度信息采集：大气、地表和土体温度，可选择振弦式或差阻式温度计(图 5.11)，土体温度也可通过其他仪器自有温度监测功能进行测量；

(2) 渠基土物理信息采集：渠基土的含水率，可用电流式含水率仪、土壤导电仪等测量(图 5.12)；

(3) 渠基中水位信息采集：可通过振弦式或差阻式水位计或孔隙水压力计进行监测(图 5.13)；

(4) 渠基变形信息采集：土体单元的冻胀融沉量或力可采用电阻式土体冻胀量和冻胀力仪进行三维变形或应力监测，混凝土板变形量可通过振弦式或差阻式位移计对混凝土衬砌板的表面位移和相对基岩竖向变形(隆起量)进行监测；渠基土中土压力可采用振弦式或差阻式土中土压力计测量(图 5.14)，而混凝土板-渠基土界面的土压力可采用振弦式或差阻式表面土压力计对混凝土衬砌板底部所受土体应力进行监测；对混凝土建筑物物理量监测，除温度监测外，还可增加混凝土应力及应变监测，通过振弦式或差阻式应变计测量，混凝土自身体积变形则采用无

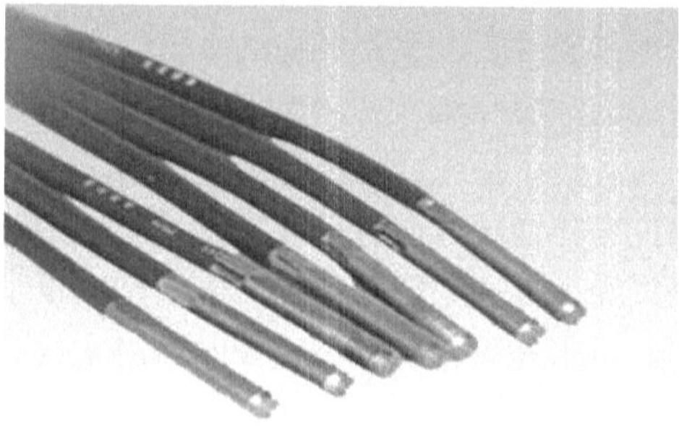

图 5.11　RT-1 型温度传感器图

图 5.12　土壤湿度传感器

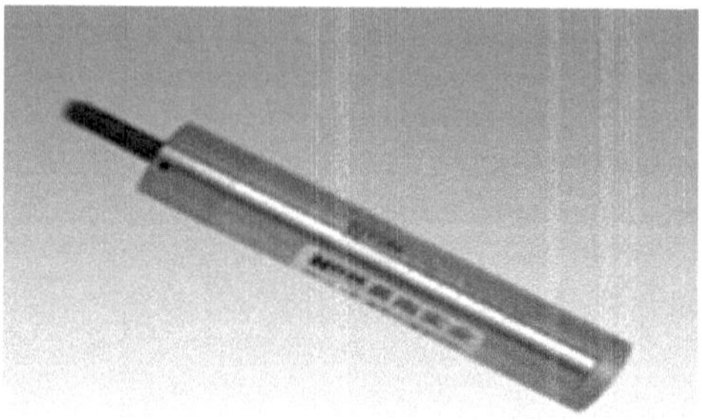

图 5.13　VWP-0.16 型孔隙水压力传感器

图 5.14　VWE-0.4 型土压力传感器

应力计配合应变计进行测量，混凝土中钢筋应力则可通过振弦式或差阻式钢筋计进行监测；对表面变形监测，可通过精确的全站仪、水准仪等测量方法进行定期或不定期的监测。

3) 监测仪器安装埋设位置的选择

我国目前对水工建筑物中混凝土坝、土石坝等均有相应的安全监测技术规程，其中监测仪器安装埋设位置在规程中均有一定的要求和建议，但对高寒区长距离供水渠道工程尚无指导性规程要求，因此一般均按“断面中监测仪器布置应与监测目的相对应，仪器种类设置应以实现监测目的为准，尽量全面真实反映此断面的工作状态”为原则。以下将以几个工程渠道监测断面设置实例，介绍渠道监测设备安装埋设位置的选择。

(1) 工程一示例。

工程一是一个已运行多年的渠道的改造项目。原渠道工程此段为挖方渠道、梯形断面，设置复合土工膜(150g/0.6mm/150g)防渗及混凝土表面衬砌，未设监测设备。经多年运行，由于渠堤排水不畅，含水较高，冬季渠堤产生冻胀，开春时期经常发生滑坡破坏，故对此段渠道进行了改造。首先，将原梯形渠底改为弧形渠底，同时增加了纵向排水；其次，在渠坝边每隔 500m 增加集水井；最后，为了监测改造后排水效果，增加了相应的监测设备。此断面安装埋设仪器设备的目的是，通过工程改造增加了纵向排水和渠坝集水井后，采集渠堤的水位、含水情况，放水、退水及运行三个时期渠堤浸润线的情况和集水井对渠堤水位的影响等信息。结合以上监测目的，本断面首先安装埋设了振弦式水位计和孔隙水压力计(渗压计)两种设备，不仅可以掌握渠堤水位变化情况，而且可以通过渗压计了解渠堤浸润线的变化；其次从渠底、渠坡至渠堤上部在不同高程均对应分别埋设了水位计和渗压计，充分保证了对三个时期、集水井工作时与不工作时渠堤水位及渗透压力的全面了解，详见图 5.15。

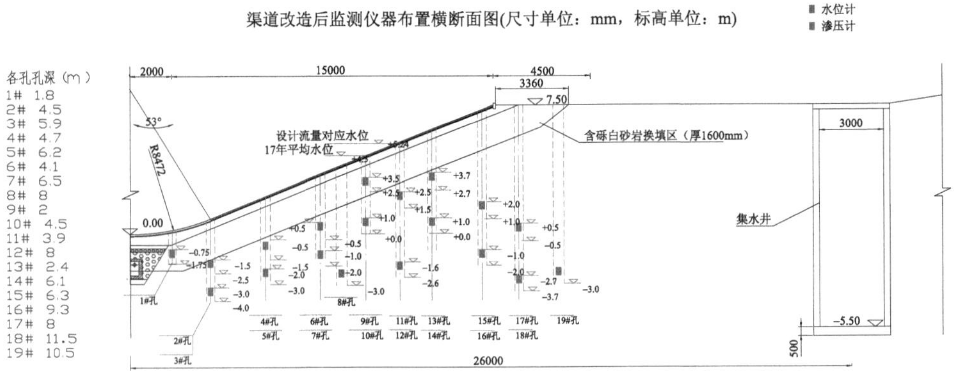

图 5.15　工程一渠道监测仪器设备埋设情况

(2) 工程二示例。

本研究项目在北疆某处建设了一段原型渠道，安装埋设了大量仪器设备，此监测平台所需监测参数的选择将十分重要。根据渠基土冻胀、盐胀的机理分析，需要监测大气温度、渠基土体温度、孔隙水压力、界面土压力、土壤含水率、变形等众多参数。本书选取一个断面进行介绍。此试验段的结构剖面如图 5.16 所示，基土采用北疆地区典型盐胀性盐渍土，采用 30mm 的 M10 水泥砂浆找平层，找平层上方铺设 30mm 厚的高压闭孔板作为保温层，保温层上方铺设 0.6mm 厚的两布一膜防渗，最后铺设厚 80mm 的预制六棱混凝土块。此段监测仪器埋设的平面布置和两剖面布置见图 5.17～图 5.19。

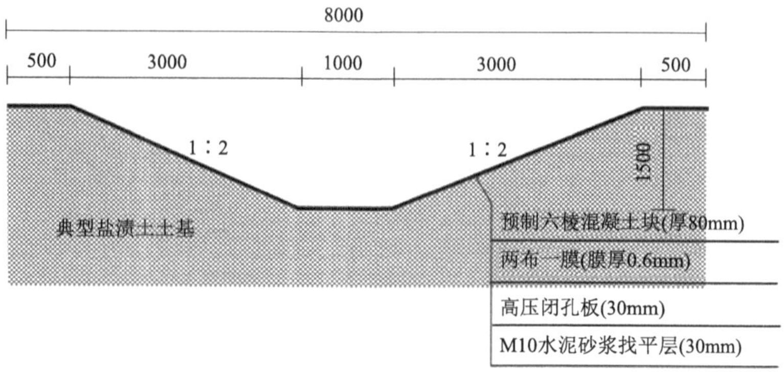

图 5.16　渠道断面示意图(单位：mm)

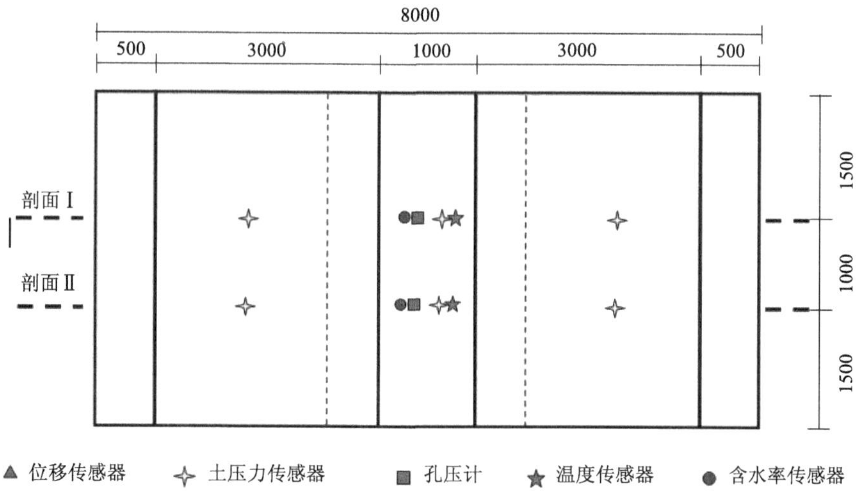

图 5.17　渠道监测段平面布置图(单位：mm)

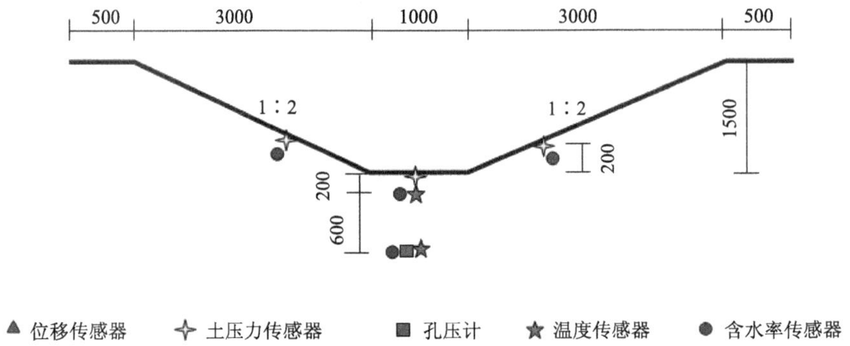

图 5.18　渠道监测剖面 I 监测设备布置图(单位：mm)

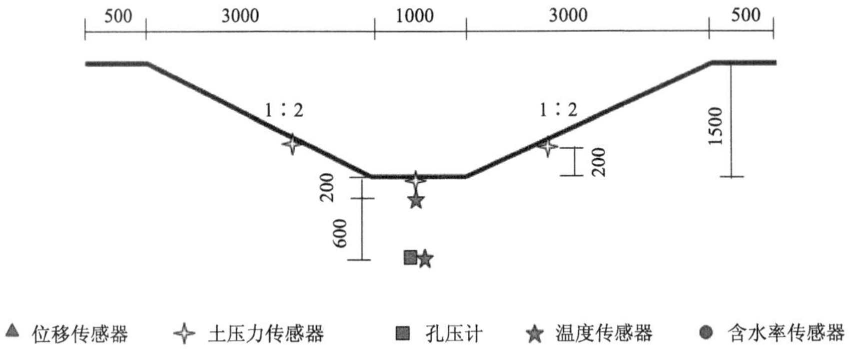

图 5.19　渠道监测剖面 II 监测设备布置图(单位：mm)

首先，此监测段中温度是重要监测指标之一。渠基土的温度是判断衬砌下土体冬季是否冻结以及渠基土冻结深度的重要指标，故本次现场试验在渠道两侧的坡面衬砌下表面以及底部渠道衬砌下的不同深度处埋设了 RT-1 型电阻式温度计，见图 5.17～图 5.19。

其次，冻胀、盐胀均与渠基土体含水量密切相关，不同测点含水率是重要监测指标之一[15]。为全面掌握渠基土冻胀变形与渠基土含水率之间的关系，本次现场试验采用 MP-406 型精密土壤湿度传感器，埋设在渠道两侧的坡面衬砌下表面以及底部渠道衬砌下的不同深度处。该传感器由一个内含电子器件的防水室和与之一端相连的四个不锈钢针组成的探针构成，设备由环保材料制成，全密封，可长期埋设在地下任意深度，对土壤的湿度进行连续的测量，见图 5.17～图 5.19。含水率传感器的埋设方法如下：在渠道相应测点开挖探槽后，在探槽上方铺设一层细砂，水平放置传感器后再用细砂包裹传感器，之后回填渠基土至相应的压实度。

然后，土体冻胀、盐胀对混凝土衬砌所产生的土压力是造成混凝土衬砌变形破坏的主要原因，故表面土压力也是重要监测指标之一。土体冻结后将发生膨胀，在土体膨胀受到限制的情况下，冻结土体将对约束冻胀的结构产生法向和切向的力作用即冻胀力。对于设置了混凝土衬砌的输水渠道，渠基土的冻胀变形对衬砌产生冻胀作用力，造成渠道的冻胀破坏，从而加剧输水渗漏。在本次现场试验段渠道衬砌的下表面安装了界面土压力计，用以量测衬砌受到的法向冻胀力。本次土压力计采用 VWE-0.4 型界面土压力计，土压力计布设在水泥砂浆找平层之下。

接着，渠道中的水向渠基的渗透使渠基土含水增加，土体孔隙水压力不断上升，因此渗透压力也是重要监测指标之一。输水渠道在冻害破坏后，输水渗漏会使部分渠基土处于饱和状态，尤其是未设防渗层或防渗层失效时，基于此考虑，本次现场试验段在渠道底部衬砌下 800mm 处设置了 VWP-0.16 型孔隙水压力计。

最后，冻胀、盐胀所产生的宏观渠体变形量也是监测重要指标之一。在渠基土冻胀、盐胀作用下，衬砌将发生相应的变形，故采用 VWD-100 型振弦式位移计对渠道的变形进行监测，该位移计由万向节、不锈钢护管、二级机械负放大机构、观测电缆、振弦及激振电磁线圈组成。位移计的埋设方法如下：首先在渠道底部开挖至基岩面，用电钻在基岩上钻一个深约 200mm 的钻孔，然后放入螺纹钢筋，最后用水泥浆将钻孔处灌封密实，确保钢筋在渠道冻胀力作用下不会滑动。然后将位移计下端的万向节拧紧在加长钢筋上，位移计上端的万向节与加长钢筋拧紧后固定在渠道表面混凝土衬砌板上。位移计的结构及安装如图 5.20 所示。

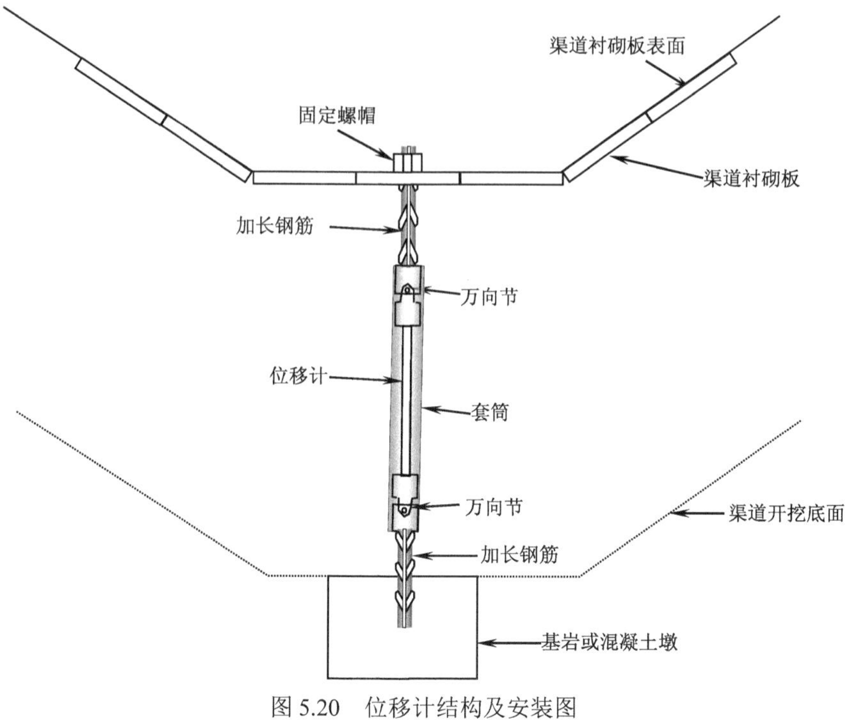

图 5.20　位移计结构及安装图

综合以上监测实例，监测断面选定需要结合这段的工程特点和监测目的，并根据安装埋设施工所具备的条件合理选择仪器安装埋设位置和数量，保证监测数据的准确可靠，为今后的预警预报提供科学的依据。

4) 监测数据采集及传输方法

监测仪器的数据采集和传输是实现对高寒区长距离供水渠道工程预警预报的基础。目前监测仪器的数据采集和传输主要有如下两种方式：

(1) 手工采集。对监测仪器的数据采集，最为直接和经济的是手工采集，仅需要购置一台全功能读数仪即可，此类仪器可用于测读振弦、差阻、电流、电压及数字量输出的传感器信号。现在这种全功能读数仪有自动识别读取传感器参数、模数数据自动换算为物理量、设置自动定时读取数据、基准值设置、存储、提示、U 盘数据导出等功能。手工采集数据需导入电脑后才可进行数据分析，此方式多用于安装埋设初期的临时监测，不适合长期监测。

(2) 自动采集。模块化自动测量单元适用于单台或多台组网自动采集各类传感器的频率、电压、电流、电阻、电容、格雷码、开关量、脉冲量、数字量等的测量数据，能适应岩土工程气候环境正常工作，并具有防水、防雷、抗电磁干扰等能力。并且此测量单元支持多种通信方式，如 RS485、光缆、TCP/IP 网络、无线数传电台、无线网桥、电话网络、公共移动网 (GPRS/CDMA) 等。测量单元可灵活设置多种测量方式，如自报方式、召测方式、单机存储方式或多种方式的组合，一般内置数兆存储器可以存储传感器满接时单点近万次的测量数据。

以上的模块化自动测量单元可通过 TCP/IP 网络、无线数传电台、无线网桥、电话网络、公共移动网 (GPRS/CDMA) 实现远程监测，实现对监测仪器数据的实时采集，也可设置定期采集并定期导入电脑数据库中。此种采集方式适合长期监测，为后续的数据分析、预警预报系统提供了基础。

通过以上四个方面和工程实例的介绍，读者可以对高寒区长距离供水渠道工程预警预报信息数据的监测系统建立初步的了解。

5.3.2 预警预报信息管理平台系统集成与技术实现

1. 开发运行环境

预警预报信息管理平台系统的开发，首先应根据需求搭建符合要求的开发运行环境，主要做好以几方面准备工作。

(1) 操作系统：Ubuntu 16.04 或者 Windows Server 2008；开发语言：J2EE 运行 JVM 环境 JRE1.5 版本以上；中间件：Tomcat 8.0；支持平台：iOS、Android、Linux、Windows；开发工具：Eclipse。

(2) 性能要求：在 95%的情况下，一般时段响应时间不超过 3s，高峰时段不超过 10s；在推荐配置环境下，登录响应时间在 3s 内，刷新栏目响应时间在 2s 内，刷新条目分页列表响应时间在 2s 内；在非高峰时间，根据编号和名称特定条件进行统计分析，最长可以在 10s 内得到搜索结果。

(3) 兼容性要求：系统支持 iOS、Android、Linux、Windows 操作系统。

(4) 稳定性要求：对输入有提示，对数据有检查，防止数据异常；系统稳健，应该能处理系统运行过程中出现的各种异常情况，如人为操作错误、输入非法数据、硬件设备失效等，系统应该能正确处理并恰当回避；因软件系统的失效而造成不能完成业务的概率要小于 5‰，系统缺陷率每 1000h 最多发生 1 次故障。

2. 私有云平台建设实现

VMware 的服务器虚拟化解决方案目前是一个比较成熟的商业化 IAAS 的解决方案，帮助用户实现服务器虚拟化，对现有 IT 资源进行整合，充分解决单一服务器资源利用率低的问题，降低了 IT 系统部署复杂性，有效地根据应用拓扑和访问的需求来部署各个服务器应用，以虚拟化的方式为用户提供多方位的服务。VMware 虚拟化通过 vCenter 能更好地管理整个虚拟化数据中心平台的所有资源，实时可视化监控各个物理服务器和虚拟机资源使用情况，使用 VMware 的模板克隆快速分配虚拟服务器，大大缩短服务应用的部署时间，极大地提高了 IT 运营效率，节约了人力与物力成本；VMware 虚拟化平台通过利用 CloudVirtual Storage vMotion 技术实现 HA 集群技术，实现业务连续性和高可用性，即使服务器硬件、虚拟机操作系统、应用程序任何一层出现故障，通过 HA 技术实现虚拟机迁移就不会影响业务的正常运行；VMware 虚拟化平台具有良好的扩展性，CPU、内存、存储、网络等硬件资源均可以实现扩展，在出现硬件资源不足的情况时，可在不影响现有业务正常运行的前提下实现硬件扩展；VMware 为用户提供一系列的操作解决方案，不仅仅支持服务器的虚拟化，同时还提供虚拟化网络、vCenter、VSAN、安全解决方案、数据备份解决方案、虚拟云桌面等。

3. ETL 数据采集

ETL 分别是“Extract”“Transform”“Load”三个单词的首字母缩写，也就是“抽取”“转换”“装载”，但日常往往简称其为数据抽取。ETL 是 BI/DW(商务智能/数据仓库)的核心和灵魂，按照统一的规则集成并提高数据的价值，是负责完成数据从数据源向目标数据仓库转化的过程，是实施数据仓库的重要步骤。ETL 包含了三方面，首先“抽取”，将数据从各种原始的业务系统中读取出来，这是所有工作的前提；其次“转换”，按照预先设计好的规则将抽取的数据进行转换，使本来异构的数据格式能统一起来；最后“装载”，将转换完的数据按计划增量或全部导入数据仓库中，如图 5.21 所示。

数据清洗(data cleaning)是对数据进行重新审查和校验的过程，目的在于删除重复信息、纠正存在的错误，并达成数据一致性。数据清洗从名字上也看得出就是把“脏”的“洗掉”，指发现并纠正数据文件中可识别的错误的最后一道程序，包括检查数据一致性、处理无效值和缺失值等。因为数据仓库中的数据是面向某一主题的数据的集合，这些数据从多个业务系统中抽取而来而且包含历史数据，这样就避免不了有的数据是错误数据，有的数据相互之间有冲突，这些错误或有冲突的数据显然是我们不想要的，称为“脏数据”，要按照一定的规则把“脏数据”“洗掉”，这就是数据清洗。而数据清洗的任务是过滤那些不符合要求的数据，将过滤的结果交给业务主管部门，确认是过滤掉还是由业务单位修正之后再进行抽取。不符合要求的数据主要有不完整的数据、错误的数据、重复的数据三大类。

Kettle 是一款国外开源的 ETL 工具，纯 Java 编写，绿色无须安装，数据抽取高效稳定。其中文名应该叫“水壶”，起源正如该项目的主程序员 Matt 在某论坛所言：希望把各种数据放到一个“壶”里，然后以一种指定的格式流出。Kettle 中有 Transformation(转换)和 Job(作业)两种脚本文件，Transformation 完成针对数据的基础转换，Job 则完成整个工作流的控制。Kettle 有两种保存方式，一种是资源库方式(数据库），一种是文件形式(XML)。使用 Kettle 来实现数据的抽取，将不同来源的数据统一导入 MongoDB 数据库中，实现数据来源统一并集中到一个数据源中。

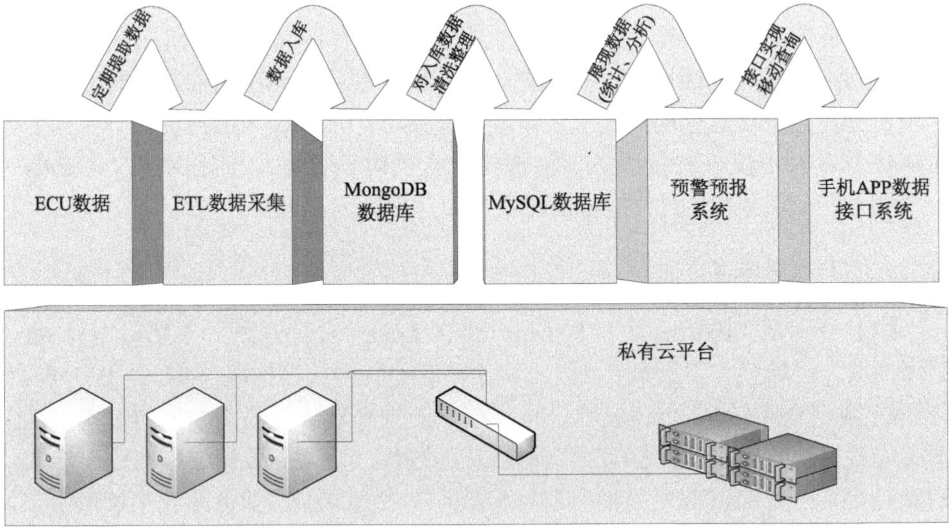

图 5.21　ETL 的管理工具流程图

通过 ETL 工具编写数据抽取脚本(不同数据、不同维度的脚本)，将各个水利项目中探测数据同步到云平台的 MongoDB 数据库中。通过 ETL 的管理工具(Web 管理工具)可以实时查看各个数据抽取脚本的定时任务运行状态，可以查看抽取运行数据与数据报错日志。通过 ETL 工具编写数据转换脚本，将 MongoDB 中的数据进行清洗(转换)生成统计汇总数据放入 MySQL 数据库中。通过开发预警预报系统，使用统计报表和图表将 MySQL 中的统计汇总和预警数据进行展现。通过手机 APP 数据接口系统与预警预报系统对接，将所有统计报表和图表显现在手机中。

4. 开发平台

1) 软件开发平台架构

系统的开发符合业务报表平台基本架构模式。将核心业务集中到核心业务系统，系统采用两个维度的划分策略。按业务垂直拆分，便于将复杂的系统通过组件和模块化的思路使之简单化，并通过 SOA 的方式实现功能的整合；按技术实现水平拆分，将业务、技术分离，将千变万化的业务规则和稳定的业务逻辑分离，实现系统在业务和技术两个维度的扩展。

总体软件系统架构如图 5.22 所示，系统采用三层架构模式：中台主要负责核心业务逻辑和核心数据存取，包括用户中心、资料中心、业务系统、搜索引擎、推荐引擎等核心子系统；前台为面向用户的子系统，从使用模式分首页和管理后台，主要是业务功能的实现，完成面向用户的业务请求，包括从 APP 和浏览器过来的业务请求；后台系统主要是面向报表、数据层，主要做数据质量、读取速度、预处理等相应支撑工作。

2) 软件开发平台组件架构

组件架构从开发组件的角度定义各子系统的功能组件，明确系统的逻辑结构。用户系统组件架构分三层：数据存储层、核心业务层、业务应用层。数据存储层采用 MySQL 和 MongoDB 结合的方式，由 MySQL 负责数据的持久化存储，MongoDB 负责数据读取加速，解决数据层压力问题；核心业务层分用户信息中心和 group 中心，用户信息中心主要负责用户数据保存、更新、删除、校验等逻辑；业务应用层则完成核心业务工作，例如预警预报功能等。

5. 手机端开发

智能手机的普及和高速 4G 乃至 5G 网络通信平台，都为我们在工作中增加了新的客户端——手机，手机不再只有简单通信一种功能，现在的智能手机可以完成很多电脑的工作。因此，开发基于移动终端手机上的 APP 不仅能为工作带来诸多便利，而且是未来发展的趋势。下面将讲述手机端开发的相关问题。

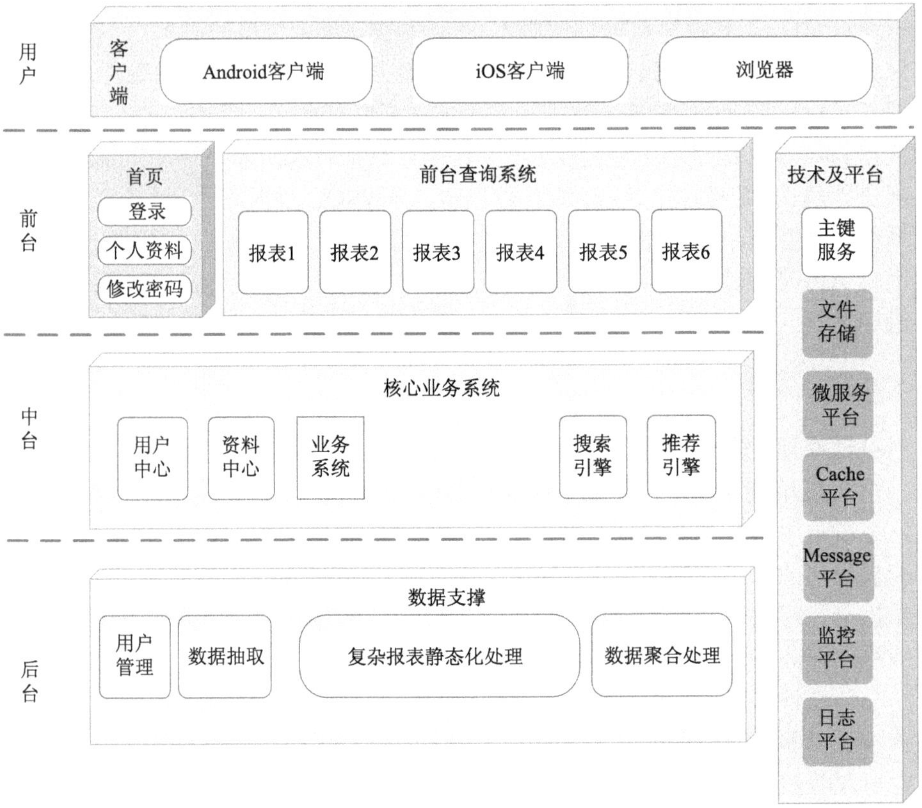

图 5.22　软件开发平台架构图

1)主流技术种类

目前主流的 APP 运行平台主要为 iOS 版本和 Android 版本。早期 APP 的开发，两个版本需要分开独立进行，分别使用 Objective-C/Swift 和 Java 语言，这些 APP 也称为 Native APP，即原生系统。由于 Native APP 开发成本高、难度大，随着技术的发展，出现了 Hybrid(混合)APP 开发，即支持跨平台或支持原生+H5 相结合的 APP。除此之外，还有一种称为 Web APP 的移动端 Web 系统，其完全使用 Web 技术进行开发，与手机所采用的操作系统无关。

2)开发种类的比较

(1)原生 Native 开发。

原生 Native 开发应用于早期的移动端开发中，现在多用于大型的应用软件或频繁调用移动设备基础功能的应用。优点有可访问手机所有功能(GPS、摄像头)、性能高、用户体验好、可离线使用、支持图形和动画，缺点是开发及维护成本高、支持设备有限(系统只能运行在一个平台上)、新版本需重新下载应用等。

(2) Web 技术开发。

Web 技术开发可谓第二代开发技术，其优点有基于浏览器运行、可跨平台、开发工具选择多、不需要安装、控制更新容易、对开发人员要求相对低、开发成本低，缺点是只能使用有限的硬件设备能力、安全性低、必须联网、用户体验不是很好、性能低。

(3) Hybrid 混合模式开发。

Hybrid 混合模式开发是目前最新的开发技术，可以混合使用原生 Native 和 Web 技术，其优点有可以跨平台、开发成本比原生 Native 低、可以利用手机的多种功能、可离线使用；缺点是用户体验不如原生 Native、性能稍慢。

3) 技术选型

Hybrid 混合模式开发 APP 技术是近年来出现的跨平台移动开发技术，它综合了原生开发和移动 Web 应用程序的优点，使用 HTML5 来创建用户界面，但将 HTML 包装到本机的容器中。它既具有移动 Web 应用程序易于开发的特点，又能够像 Native APP 开发一样具有访问设备的能力，同时具有很好的跨平台特性，使得一次开发能够在多种移动操作系统中部署。Hybrid APP 混合开发模式的特点高度契合工程项目的各项要求，故选择了 Hybrid 混合模式完成预警预报手机端项目的开发。

由于 HTML5 的逐步普及，混合移动应用开发变得炙手可热，其主要的开发语言就是 JavaScript。混合应用的主要原理就是在 WebView 平台上运行 JS 和 CSS 代码，比如 Android 的 WebView，iOS 的 UIWebView，并且 Cordova 就是基于 WebView 写的一个运行平台，原理和手机浏览器一样，如图 5.23 所示。

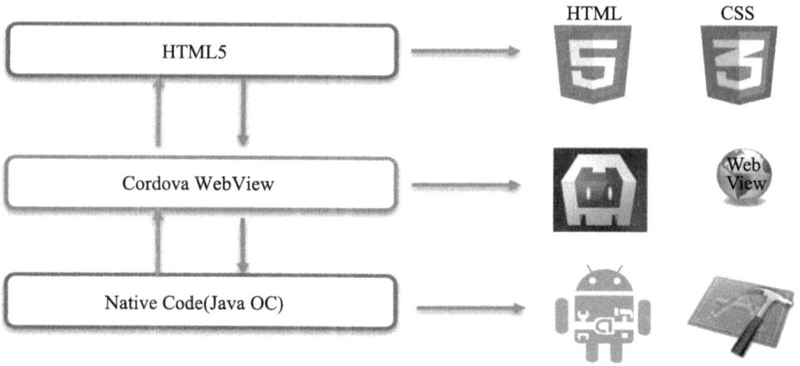

图 5.23 软件开发平台架构图

Hybrid APP 混合开发框架和层次结构如图 5.24 及图 5.25 所示，其主要分为两个部分：

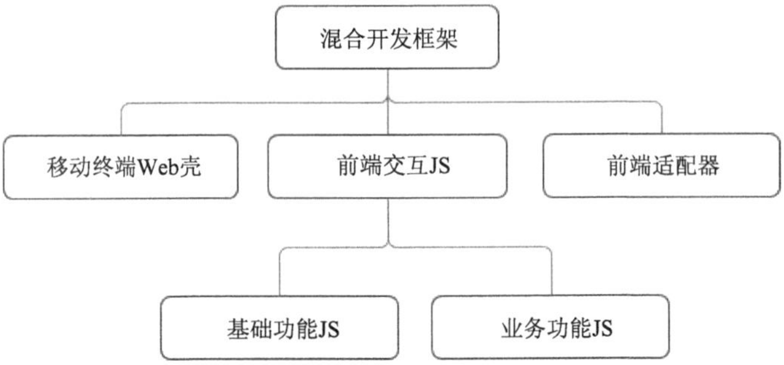

图 5.24　混合开发结构图

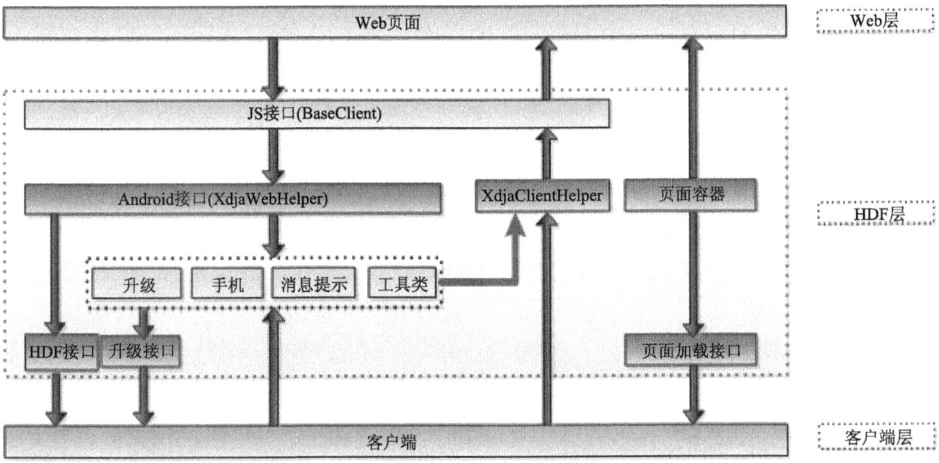

图 5.25　混合开发层次结构图

(1)混合开发结构。移动终端 Web 壳(以下简称“壳”)是使用操作系统的 API 来创建嵌入式 HTML 的渲染引擎，其主要功能是定义 Android 应用程序与网页之间的接口，允许网页中的 JavaScript 调用 Android 应用程序，提供基于 Web 应用程序的 Android API，将 Web 嵌入 Android 应用程序中；前端交互 JS 包括基础功能 JS 和业务功能 JS；前端适配器适配不同的终端，如 Pad、Android、iOS、WAP 等。

(2)混合开发层次结构。页面容器(XdjaWebView)类是整个框架的核心和基础，主要用来实现页面的加载，以及对页面加载完成后的后续操作提供支持，例如文件下载、JS 支持、文件上传、数据缓存、进度条等；页面加载接口对页面的加载过程进行跟踪，例如页面加载进度百分比、页面开始加载、页面加载出错、页面加载完成等。如果需要将框架中的方法返回值通知给 JS 方法，可以通过 XdjaClientHelper 类来实现；应用系统调用 JS 功能，应用系统通过 XdjaClientHelper

来实现对 JS 功能的调用；应用系统调用 HDF 功能，应用系统可以调用框架集成的工具类、消息提示框、升级模块以及手机上常见的打电话、发短信等功能。

4) 手机端开发环境

系统需要跨平台在移动端设备上运行，目前主流的移动端平台主要包含 Android 和 iOS，开发环境可以搭建在 Windows、Linux 或 Mac 上。支持的移动平台中，Android 要求 Android 4.4 以后的版本，因为 Android 4.4 对 WebView 做了很大的改进，对 H5 支持更加友好。

5.3.3　预警预报系统的功能拓展与升级冗余

1. 大数据挖掘

水利工程建设作为国家的基础产业，在日常工作中已经积累了大量有关的数据，再加上工程安全监测、工程遥感等技术的发展，采集水利工程数据的能力得到提升，可收集到更多更广的数据。这些数据分属不同的工程、不同的项目，对供水工程而言有渠道、渡槽、倒虹吸等。如何集成于一个大数据系统平台，如何挖掘其中的可利用信息，这些都将是预警预报系统未来功能拓展的方向[25-29]。

麦肯锡认为，大数据是“无法在一定时间内用传统数据库软件工具对其内容进行抓取、管理和处理的数据集合”；Gartner 认为，大数据是“需要新处理模式才能具有更强的决策力、洞察发现力和流程优化能力的海量、高增长率和多样化的信息资产”。而判别大数据的主流标准是其是否具备“4V”特征：①大容量 (volume)，存储空间大、计算量大；②多样性 (variety)，来源多、格式多；③快速 (velocity)，增长速度快、处理速度快；④价值 (value)，数据中包含着有价值的信息。

水利工程信息化长期的业务实践积累了大量分布异构独立的业务数据。遥感、GIS、传感网和射频技术等现代化、信息化技术的发展与应用，全面拓展了水利工程信息的空间尺度和要素类型。水利工程监测数据已逐渐呈现出多源、多维、大量和多态的大数据特性。在经过大量调研的基础上，水利工程大数据的特征可概括为以下五点。

(1) 数据量大：水利数据量在数百 TB (万亿字节) 或 PB (千万亿字节) 以上；

(2) 来源及形式多样：包括监测、测量、管理等多种来源，以及长时间序列的结构化、半结构化数据和大量非结构化数据；

(3) 持续增长：在水利工程各领域和环节的信息化应用不断增加，监测密度及指标不断提升，数据累积速度不断加快；

(4) 数据价值高：水利工程信息数据是水利工程建设、管理及水行政业务处置的依据，蕴含较高的价值；

(5) 实时或准实时要求：部分水利工程数据（如水利工程安全监测、地质监测等）是判别应急事件的依据，存在实时或准实时处理的需求。

针对广泛的水利工程大数据应用，可构建大量高效的通用性或定制性服务，例如水库大坝的安全监测、高寒区长距离供水工程监测和评估评价、运行维护等水利工程安全管理应用，及面向防洪、发电、航运、农业、生态的水资源多目标优化调度等。通过对用户和业务数据的分析挖掘，智能地获取用户最感兴趣的数据指标。同时，利用“水利一张图”和统一门户，可通过统一简洁的界面，直观地向水利工程管理的用户展示各种实时和历史信息以及分析预报的结果，以帮助用户正确理解和应用分析成果。

大数据技术推动着水利数据采集、管理及应用的迅速发展。可提出一种基于大数据技术的水利数据中心架构，以促进水利大数据在获取、管理、应用方面的能效提升。分布式文件系统、实时数据处理组件的引入，可满足多源、多结构水利数据统一存储和处理的需求；而以 MapReduce 为代表的大数据处理技术，可突破传统数据分析的视角，以截然不同的方式分析海量水利工程数据，其成果展示方式也将随之改变。随着大数据技术在水利行业不断地深入应用，行业用户的思维方式将迅速转变，越来越多的应用需求也将随之涌现，基于大数据技术的水利工程数据中心的研究范围和深度也将得到极大的提升和拓展。

2. 水利视频监控

视频通信设备是一种“可视化+通信化”的沟通方式。传统的方式只有语音交流，现在是“真实视觉+双向语音沟通”，这种变化带给工程建设和管理监督的是一种充分沟通的方式。传统的沟通只是建立在语音对讲的情况下，沟通不充分，无法对现场突发事件进行准确描述，无法让远程人员第一时间了解现场情况并做出决策；现在视频通信的到来，语音变成了一种决策的手段，视频更加直观、真实，简单地呈现出现场情况。

水利工程作为国家的重要资产，在水的管理方面有着举足轻重的作用。对水利工程实行科学、安全、自动的管理，在现阶段已是一个符合国情而又非常迫切的要求。水利工程拟实现无人值守及安全监控，将通过高速的 5G 网络实现以下功能：汛期的水库安全防卫工作，时刻注意水库的水位，如果水位到了警戒线，出现险情，马上报警；水利工程重点区域的防范，随时注意闸门、大坝的工作情况和稳固程度；水利工程水面情况的实时远端监控，水面上是否有漂浮物（如白色垃圾）、漂流物（如泄漏的原油）；水利工程护岸情况的实时远端监控，岸上的物体（如人、兽）是否进入危险区（如闸门口、大堤上），是否有可疑的情况（如有人想要破坏水库）；随时检测水利工程中水的水质，并将信息传到远端，发现水质超标，马上报警；工程现场天气情况的实时监控。

基于 5G 高速网络的工程视频及数据监控，未来效果可期。5G 无线监控系统由前端采集设备、服务器和客户端组成，可实时查看水利工程各地的视频图像和工程运行信息。前端采集设备包括高清摄像机、各类传感器和遥测终端机。工程运行信息和视频图像以 5G 无线网络发送，其中包括服务器提供数据中转、用户权限管理等，客户端提供用户查看工程运行信息和视频的界面；遥测终端机采集来自传感器的数据，通过无线网络进行数据透明传输，能把来自串口的传感器信息通过 5G 网络传输到数据中心；摄像机采集高清信号编码成 H.264 后，通过 5G 网络发送到监控中心，而无线高清摄像机具备双码流编码，客户可以根据实际要求自行调整，满足需求即可。5G 无线路由器支持定时上下线或短信上下线控制，为用户节省费用。监控中心有服务器和客户端。服务器提供数据和视频的转发服务，以及设备的接入、数据的存储等服务，同时提供权限配置管理，运行于 Linux 操作系统，相比 Windows 具有安全性高、稳定性好、无病毒等多重优势；数据库软件采用 Oracle，满足视频的海量存储；根据服务端设置的权限，客户端有相应的权限添加、删除设备并观看相应设备的视频图像。

5.4　预警预报系统的未来发展

我国水利信息化的发展主要经历了三个阶段。

水利信息化建设从 20 世纪 80 年代到 21 世纪初为第一发展阶段，也可以说是启蒙阶段。在这个发展阶段中，开始对水利信息化建设进行研究，水利信息化建设的相关工作才慢慢开始进行，其工作主要围绕水情信息的收集和整理来进行。

21 世纪初的前十五年是水利信息化建设的第二发展阶段。在这个阶段中，加大了对水利信息化建设的研究深度，人们意识到水利信息化建设的重要性，相关研究工作得以全面开展，其工作主要以对水利信息化基础设施研究和保障环境建设为主。

从 21 世纪初的十五年后到现在都是水利信息化建设的第三发展阶段。在这个阶段中，由于国家经济和科学技术得到了快速的发展，水利信息化建设工作不再局限于一些简单的基础建设工作，而是提出了许多新的发展理念；其中智慧水利建设就是在这个阶段研究的成果，在未来许多年的发展时间内，这都是最为主要的研究方向。

当前，以物联网、云计算、大数据、机器人等为代表的新一代信息技术不断取得突破，创新应用风起云涌，催生新兴产业快速发展；电子商务、互联网金融和社交网络等互联网经济体的形成加速了产业价值链体系的重构。新一代信息技术与经济社会的融合不断深入，推动着各行各业的转型升级，人类的经济生产和社会生活方式正在发生深刻变革。协同、智能、绿色、服务型制造、个性化定制、透明供应链、众创、众包、众需、生产消费者等新理念、新模式、新角色等正在深刻影响着经济社会的核心价值取向，形成新的竞争优势和比较优势。跨界融合渗透已经成为经济社会发展的常态，从而催生新产业、新业态、新技术和新模式。各行各业都处于一个信息化快速发展的模式之下，为了适应信息化的发展速度，需要对传统的水利工程发展模式进行适当的转变，以水利信息化建设来带动水利工程的现代化建设。

高寒区长距离供水渠道工程预警预报系统未来的发展，要结合物联网、云计算、大数据、AI 等新信息技术手段，以智慧水利为发展目标。其中近期需要面对的问题主要有预警预报数据结构、大数据系统的集成、统一标准化体系、监测设备的精准化和智能化以及基于“互联网+”技术的云平台建设[30,31]。

预警预报数据结构的统一和标准化管理，是未来大数据集成的基础。目前，我国关于工程监测专业标准主要有两个，一个是电力行业标准 DL/T 5178—2016《混凝土坝安全监测技术规范》，一个是水利行业标准 SL 551—2012《土石坝安全监测技术规范》。同样是水电工程安全监测标准，由于其在规范结构、术语和定义、安全监测工作阶段等方面不统一，各行业安全监测工作人员操作起来有一定困难；而且两规范均未结合目前互联网信息高度发达的技术环境，在监测数据结构的统一要求、监测变量的命名规则、数据库字段的定义等方面没有进行要求，致使目前在用的工程安全监测自动化系统均无法实现跨工程的数据整合、共享和综合分析。

而对于采集的信息如何确定是否出现异常现象，是根据什么原则进行评价的，这也是工程监测必须要考虑的。通过监测仪器对高寒区长距离供水渠道工程进行监测采集到的数据量非常庞大，需要对这些信息进行整理分析，并根据一定安全标准，来判定高寒区长距离供水渠道工程是否出现异常状况，及时预警并对异常状况及时处理。而这些都要通过不同类型的渠道工程的监测数据分析与工程异常现象相结合，通过大数据系统进行计算、分析、判断，并产生合理的数值模型，以预报工程未来的运行工况。

综上所述，应从以下两个方面完善高寒区长距离供水渠道工程预警预报标准体系：

(1) 数据结构标准化。预警预报系统的信息化、智能化必须建立在监测系统自动化和标准化的基础上，其中监测指标的命名、数据结构的标准化是基本的工作。目前，国内外生产监测仪器、采集设备的厂家众多，每个厂家对监测仪器和设备所采集的原始数据及计算数据均有不同的命名规则，数据格式也不尽相同，这都影响了大数据系统的集成。因此，有必要颁布类似《水文基本术语和符号标准》(GB/T 50095—2014) 的国家标准，对各厂家生产的监测指标进行符号定义，并对各数据的结构进行规定。例如，大气(环境)温度：Atmp+数字，不同测点以尾数字区别，浮点型，保留 1 位小数，单位为“℃”；测点温度：Ptmp+数字，不同测点以尾数字区别，浮点型，保留 1 位小数，单位为“℃”；土壤含水率：Smc+数字，不同测点以尾数字区别，浮点型，保留 2 位小数，单位为“%”；孔隙水压力：Pwp+数字，不同测点以尾数字区别，浮点型，保留 2 位小数，单位为“kPa”。通过颁布标准对监测指标符号和数据结构进行统一化、标准化，使类似工程的所采集数据能够集成于一个大数据系统当中，为工程的预警预报提供全面数据支撑。

(2) 预警预报体系的科学化、精准化。高寒区长距离供水渠道工程一般有着复杂的地质和气象条件：具备冬寒夏热、降水少、蒸发大、昼夜温差大等特点的欧亚大陆腹地高纬度温带大陆性寒冷气候是其典型气象环境；渠道修建、输水运营、工程周边的农业灌溉等动态的人类工程活动影响其原有空间环境特征变化；渠道工程基础和环境土处于冻结状态持续时间小于 1 年的季节冻土中，性质变化较大，冻土空间环境变化较大，冻土现象强烈发育，含冰特征为少冰冻土，弱冻胀、冻胀、强冻胀、特强冻胀等各种冻胀性土层无规律地广泛分布，坚硬冻土、塑性冻土、松散冻土在渠线空间上呈区域块状分布，尤其是严寒冬季渠道输水过流的复杂工况下，会急剧改变原有渠道土-水-热的平衡，温度场、渗流场、应力场等特征参数发生较大改变，给渠基冻胀变形、渗透变形等病害的产生和发展提供了适宜的空间环境条件。根据上述情况，目前这些病害的预警往往是单一因素的预警，如突然的急剧降温、渠基水位过高等，但工程实际中这些病害常是由多个因素引起，科学的预警则需要结合渠基土的性质、温度的变化过程、渠基土含水率、内部温度场和冻胀力等多种因素，通过土-水-热-力四元复合场计算并综合分析判断，才能为工程提供科学的预警信息；同时，需要深入研究和监测不同断面结构、渠基土类型、气象变化等条件下，病害产生的各因素的临界值，提出科学可靠的预警阈值和预报模型。

参 考 文 献

[1] 张超伟. 南水北调瀑河渠道倒虹吸工程安全管理与控制[J]. 价值工程, 2011, (21): 73-74.

[2] 朱发昇, 陈武, 张东. 引洮一期供水工程冬季安全输水运行技术措施研究[J]. 水利规划与设计, 2013, (2): 1-4.

[3] 王珍萍, 刘枫, 马洪亮. 南水北调中线干线工程中的安全监测[J]. 人民长江, 2015, 46(23): 91-94.

[4] 张颖军. 长距离输调水工程安全监测设计问题探讨[J]. 水科学与工程, 2009, (6): 64-66.

[5] 傅文骏, 张瞳. 基于 B/S 结构的输水工程安全监测系统设计与实现[J]. 管理工程师, 2015, 20(6): 57-60.

[6] 钟华, 张滨, 汪恩良, 等. 冻土远程实时监测软件系统的开发与应用[J]. 黑龙江水利, 2015,

(10): 1-4.
[7] 李秋硕. 探究光纤传感技术在边坡监测中的应用与发展[J]. 学术争鸣, 2016, (45): 18-19.
[8] 宋占璞, 张丹, 方海东, 等. 大体积混凝土水化热温度变化光纤监测技术研究[J]. 工程地质学报, 2014, 22(2): 244-249.
[9] 周虎. 光纤光栅岩土内部二维变形监测技术研究[J]. 科技创新导报, 2015, (36): 87-88, 91.
[10] 王兴, 施斌, 张丹, 等. BOFDA 分布式光纤监测技术及其在桩基测试中的应用[J]. 工程勘察, 2015, (12): 13-17.
[11] 亓军强, 王宝军, 施斌, 等. 分布式光纤监测技术在地源热泵系统地埋管温度场监测中的应用[J]. 防灾减灾工程学报, 2015, 35(6): 758-762.
[12] 张文川. 无线传感网络技术在地下工程监测中的应用研究[D]. 南京: 东南大学, 2015.
[13] 张晓波. 寒区渠道衬砌监测技术应用研究[J]. 黑龙江水利科技, 2015, 43(2): 29-30.
[14] 刘自豪, 魏高奇. 水利工程大坝的安全监测技术分析[J]. 建筑工程技术与设计, 2018, (34): 2623.
[15] 王怀义, 黄英豪, 贺传卿, 等. 咸寒区灌渠冻害原型段及监测系统的建立[J]. 水利科技与经济, 2015, 21(1): 9-12.
[16] 谢向荣, 程翔, 李双平. 安全监测技术在膨胀土渠道监测中的应用[J]. 人民长江, 2015, 46(5): 26-29+34.
[17] 艾明明, 王珍萍, 马洪亮, 等. 南水北调渠道填筑质量与安全监测方法[J]. 东北水利水电, 2016, (7): 63-65.
[18] 胡长华, 杨定华. 三里坪水利水电枢纽安全监测设计[J]. 人民长江, 2012, 43(6): 96-99.
[19] 王兴伟, 李婕, 谭振华, 等. 面向“互联网+”的网络技术发展现状与未来趋势[J]. 计算机研究与发展, 2016, 53(4): 729-741.
[20] 张润博. 水利信息化之水利自动化发展趋势探讨[J]. 农业科技与信息, 2018, (24): 111-112.
[21] 胥照. “互联网+智慧水利”在水利施工现场管理中的应用探讨[J]. 江苏水利, 2018, (2): 30-32.
[22] Liu R. The analysis and design of urban bridge safety early-warning management system[C]. Proceedings of the 2010 IEEE International Conference on Industrial Engineering and Engineering Management, Macao, 2010: 1786-1790.
[23] C. Bernstone. Long-term monitoring of uplift pressures in hydropower concrete structures based on TDR[C]. 19th International Congress, COMADEM 2006, Sweden, 2006: 455-466.
[24] 马旺, 江力, 李姝倩. 浅论“互联网+”智慧水利的研究与应用[J]. 通讯世界, 2018, (10): 274-275.
[25] 施斌, 徐学军, 王镝, 等. 隧道健康诊断 BOTDR 分布式光纤应变监测技术研究[J]. 岩石力学与工程学报, 2005, 24(15): 2622-2628.
[26] Reshetyuk Y. Investigation and calibration of pulsed time-of-flight terrestrial laser scanners[D]. Stockholm: Royal Institute of Technology, 2006.
[27] 赵小平, 闰丽丽, 刘文龙. 三维激光扫描技术边坡监测研究[J]. 测绘科学, 2010, 35(4): 25-27.

[28] 陈致富, 陈德立, 杨建学. 三维激光扫描技术在基坑变形监测中的应用[J]. 岩土工程学报, 2012, 34(S1): 557-559.
[29] 于秀珍, 周爱霞, 贾廷见. 无线传感器网络的结构分析与加密方案[J]. 中州大学学报, 2009, 26(1): 119-121.
[30] 王钊, 李晶. 水利水电工程安全监测标准化问题的研究[J]. 城市建设理论研究(电子版), 2015, (16): 4370.
[31] 郝长江, 杜泽快, 季凡. 水利水电工程安全监测标准化问题的研究[J]. 大坝与安全, 2006, (5): 19-22.